Herausgeber Manfred Sundermann

Junkers.Dessau
Mechanische Stadt?

Anhalt Edition Dessau 2002

Impressum

© Anhalt Edition Dessau, Inhaber: André Erfurth
1. Auflage 2002, Printed in Germany
Herausgeber: Manfred Sundermann
mit Beiträgen von: Helmut Erfurth, Sebastian Gaiser, Christine Gräfenhain, Markus Potts, Jan Steinbrück, Manfred Sundermann, Michael Textor, Hanjo Todte, Daniela Ziebell
Buchgestaltung: Daniela Ziebell
Gesetzt in Weidemann Book und Futura Bold
Druck: Druckwerkstatt der Hochschule Anhalt (FH) in Dessau

ISBN 3-936383-06-5

Nachdruck, auch einzelner Teile, ist nicht gestattet. Das Urheberrecht und sämtliche weitere Rechte sind dem Verlag vorbehalten. Übersetzung, Speicherung und Verbreitung einschließlich Übernahme auf elektronische Datenträger sind ohne schriftliche Genehmigung des Verlages unzulässig.

Bibliografische Information Der Deutschen Bibliothek
Die Deutsche Bibliothek verzeichnet diese Publikation in der Deutschen Nationalbibliografie; detaillierte bibliografische Daten sind im Internet über http://dnb.ddb.de abrufbar.

Junkers.Dessau
Inhaltsverzeichnis

9
Vorwort
Manfred Sundermann

13
Dessau 1841-1941
Hanjo Todte
Eine Metamorphose des Charakters
und des Erscheinungsbildes
Industrialisierung Dessaus
Neues Bauen in Dessau
Ausbauetappen Dessaus zur
Industriestadt
Zwischenbilanz: Dessau in der
Weimarer Republik
Dessau im III. Reich
Zusammenfassung
Epilog: Zerstörung einer Stadt

51
Hugo Junkers: Wissenschaftler,
Konstrukteur, Visionär
Helmut Erfurth

73
Der Staatskonzern
Hanjo Todte
Ein Staatskonzern entsteht
Junkerskonzern unter dem Hakenkreuz
Die Waffenschmiede
Schlussbemerkung

87
Junkers - die Person
Markus Potts

Junkers.Dessau

Inhaltsverzeichnis

89
Das Unternehmen

Michael Textor
- Anfänge in Dessau
- Junkers in Aachen
- Junkers Motorenbau
- Flugzeugbau
- Junkers Fokker AG
- Junkers Flugzeug AG

Markus Potts
- Junkers im Ausland

Michael Textor
- Ausweitung des Unternehmens

Sebastian Gaiser
Christine Gräfenhain
- Junkers Geschäftsprinzipien

99
Das Bauhaus Dessau

Jan Steinbrück
- Das Bauhaus
- Kunst und Technik
- Reklame und Messearchitektur
- Junkers und Bauhäusler
- Inspiration Bauhaus

105
Corporate Identity

Daniela Ziebell
- Der Name Junkers
- Das Markenzeichen
- Ausstellungen und Messen
- Kontakte zur Design-Avantgarde
- Propaganda-Aufgaben
- Pressearbeit und Druckschriften

111
Industrie und Stadt

Sebastian Gaiser
Christine Gräfenhain
- Werksflugplätze
- Siedlungsbau

Junkers.Dessau

Inhaltsverzeichnis

127
Junkers - Produkte

Markus Potts
   Motoren

Jan Steinbrück
   Apparate
   Junkers Flugzeugforschung

Markus Potts
Jan Steinbrück
Michael Textor
   Junkers - das Baubüro

153
Junkers.Dessau

Manfred Sundermann
   Mechanische Stadt?

169
Junkers.Dessau

Helmut Erfurth
   Eine Chronologie

199
Autorenbiografien

203
Bildnachweis

Junkers.Dessau
Vorwort

Es war Hugo Junkers (1859-1935), der Erfinder, Wissenschaftler, Konstrukteur, Unternehmer und Visionär, der in Dessau die Junkers-Werke (1892-1946) gründete und großen Einfluss auf die Entwicklung von Technik und Zivilisation, in der Folge auch auf Stadt, Siedlung, Umwelt und Architektur nahm. Seine Leistungen und Beiträge sind uns heute weniger bewusst als die des historischen Bauhauses und seines Begründers Walter Gropius. Dies ist sicherlich auch eine Folge der Katastrophe von Politik und Technik zwischen 1933-45 und des Krieges: Das Bauhaus wurde 1932 in Dessau geschlossen, Hugo Junkers 1933 aus Dessau verbannt und aus den Junkers-Werken wurde 1935 der Luftrüstungskonzern „Junkers Flugzeug- und -Motorenwerke A.G.", eine für den Krieg produzierende Waffenschmiede. Das mechanische Prinzip besetzte das Denken der Menschen. Ingenieure, Architekten und Erfinder gestalteten schließlich Krieg, Zerstörung, Unterdrückung, Untergang und Tod. Sie huldigten der Maschine, nicht dem Menschen. Die Macht der Maschinen zeigt sich in der Ohnmacht des Menschen, der ihr Opfer wird.

    Ein Entwurfsprojekt des Studienganges Architektur der Hochschule Anhalt (FH) in Dessau war im Sommersemester 2001 das Thema: „Hugo Junkers und die Junkers-Werke: Studien zur Auswirkung von Technik und Industrie auf Stadt und Architektur". Zu entwerfen hieß zu forschen: Entwurf wurde als Projektion von Geschichte in Gegenwart und Zukunft verstanden. Das verunsicherte.

    Aufgabe war es, am Beispiel der Junkers-Werke und Dessau Topographien und Morphologien von Technik und Industrie aufzuzeigen, die Wirkung technischer Erfindungen, all der Geräte, Maschinen, Patente auf das Stadt-, Haus-, Bauwesen zu erfassen, um dann in einem möglichen nächsten Arbeitsschritt aus den Forschungsergebnissen künftige Projekte abzuleiten. Das ist uns nur mittelbar gelungen. Es ist nicht möglich, Geschichte fortzusetzen: Sie vollzieht sich in Brüchen - und die Frage, was und wie wir aus ihr lernen können, wird hier auch gestellt - aber, vielleicht ist uns nicht einmal das möglich!

    Es wird gezeigt, wie Technik sich als Industrie und Produkt mechanisch sprunghaft über Architektur, Stadt und Landschaft ausbreitet: Flächen überdeckt und beansprucht, die heute schon wieder brach liegen. Als mechanisch gesteigerter, industrieller Vorgang ist Technik willkürlich. Sie hat alle menschlichen Lebensbereiche und -formen erobert, verbraucht und zerstört sie. Wir reden heute von „Nachhaltigkeit", auch von „nachhaltiger Stadterneuerung", warum nicht von einer „nachhaltigen Industrie"? Sicherlich sind „Architektur

Junkers.Dessau
Vorwort

und Stadt" überkommene, irreführende Bezeichnungen für die sich zwischen 1841 und 1941 entwickelnden Industriestandorte: sie sind letztlich nur notwendige, zufällige Begleiterscheinungen für eine Epoche, die wir mit dem Wort „Industrialisierung" umschreiben. Ziel und diese Epoche prägend war die Technik als Vision auch von Architektur und Stadt. In diesem Zusammenhang sei an das Buch von Rudolf Schwarz „Wegweisung der Technik" (1929) u. a. erinnert.

Technischer Fortschritt und industrielles Wachstum werden als Aufstieg und Fall der sogenannten „Bauhausstadt Dessau" dargestellt. Die Ursache dieser Entwicklung, die Junkers-Werke, existieren seit 1946 nicht mehr und „die sozialistische Stadt" einer DDR fand 1989 ihr Ende. Industriebrachen sind geblieben, Altlasten, Erbe und Zeugnis dieser Epoche. Ihr „Wiederbeleben" ist ein oft fragwürdiges, nostalgisches Unterfangen. Die Zukunft ehemaliger Industrielandschaften ist ungewiss und offen. Sie ist ein Feld voller Fragen, auf dem leider allzu oft ohne Sinn und Verstand weitergebaut wird.

Die Projektarbeit der Architekturstudenten wurde von Vorträgen begleitet und unterstützt. Die Beiträge von Hanjo Todte und Helmut Erfurth, die Arbeitsergebnisse des Entwurfsseminars, an dem Christine Gräfenhain, Sebastian Gaiser, Markus Potts, Michael Textor und Jan Steinbrück, teilnahmen, sind hier veröffentlicht. Daniela Ziebell gestaltete das Buch als Semesterprojekt und wurde von Prof. Erhard Grüttner beraten. An dieser Stelle möchte ich den Studenten meine Anerkennung für ihren Mut, ihre Ausdauer und hervorragende Arbeit aussprechen.

Ihre Forschungsergebnisse werden durch eine Untersuchung über die Entstehung des Firmenzeichens der Junkers-Werke von Daniela Ziebell, die im Fachbereich Design der Hochschule Anhalt (FH) im Theorieseminar von Professor Dr. Joachim Krausse im Sommersemester 2001 entstand, ergänzt und durch meine nachträglich verfasste Zusammenschau zum Thema „mechanische Stadt" abgeschlossen. Der Vortrag von Professor Mirko Baum, RWTH Aachen, vom 16. 5. 2001 zum Thema „Häuser aus der Fabrik: Hugo Junkers und die Technisierung des Bauens" wird hier nicht veröffentlicht, aber zitiert. Gleiches gilt für die Vorstellung von „Studentenprojekten zum Thema Stahlbau" des Kollegen Prof. Dr. Ing. Rudolf Lückmann. Wir möchten Mirko Baum und Rudolf Lückmann an dieser Stelle noch einmal sehr herzlich für ihre aufschlussreichen Ausführungen und Joachim Krausse für seine kritische Durchsicht der Studentenarbeiten und Empfehlungen danken. Der programmatische Kurztitel dieser Schrift: „Junkers.Dessau", den ich

Junkers.Dessau
Vorwort

um den Zusatz „mechanische Stadt" ergänzte, ist sein Vorschlag, den wir dankbar aufgriffen.

Dank sei auch allen, die die umfassenden Recherchen durch Hinweise, Auskünfte, Einsicht in Materialsammlungen u. ä. unterstützt haben. Wir danken außerdem der Anhaltischen Landesbibliothek, der Hochschulbibliothek, dem Landesarchiv Oranienbaum, dem Stadtarchiv Dessau, der Stadtbibliothek und der Stiftung Bauhaus. Ohne Helmut Erfurth und Hanjo Todte aber wären das Projekt und seine Veröffentlichung ohne Gewicht geblieben. Als anregende Gesprächspartner und zum Thema „Junkers" ausgewiesene kompetente Historiker haben sie nicht nur das Entwurfsseminar und diese Veröffentlichung mit ihren Texten und Hinweisen bereichert und gefördert: Sie öffneten uns ihre Archive und stellten uns das Bildmaterial für dieses Buch zu Verfügung. Ihnen gilt unser ganz besonderer Dank. Und zu guter Letzt sind wir Herrn Bernd Junkers, München, außerordentlich verbunden, weil er mit finanziellen Mitteln dafür sorgte, dass die Ergebnisse des Projektes nun als Publikation vorliegen können.

Manfred Sundermann
Dessau, im Mai 2002

Die Kavalierstraße im Jahre 1930

Dessau 1841-1941
Eine Metamorphose des Charakters und des Erscheinungsbildes

Mit dieser Darstellung soll es sich nicht um eine stadthistorische Chronologie mit dem Anspruch auf Vollständigkeit handeln. Vielmehr erfolgt hier ein Versuch, bestimmte Details des Wandlungsprozesses von einer Residenz- zu einer pulsierenden, lebendigen Industriestadt herauszuarbeiten. Die kleine Zeitreise wird sich in erster Linie an analytischen Fakten und Daten orientieren. Es wird die Absicht verfolgt, sich mit Interesse und Neugier den evolutionären und revolutionären Veränderungen der Stadt Dessau zu widmen, über diese zu diskutieren.
Besonderen Wert wird folgenden Aspekten zugemessen:
- Wie erfolgte die Industrialisierung (mögliche Etappenbestimmung)?
- Welche „Messpunkte" unterstreichen nachhaltig den Wandlungsprozess (z. B. Einwohnerentwicklung, Industriestatistik, Wohnungs- und Gesellschaftsbau)?
- Wie verhalten sich politische und wirtschaftliche Entwicklungsprozesse zueinander (bedingen und ausschließen)?

Eine Metamorphose des Charakters und des Erscheinungsbildes

Wenn wir heute auf die Stadt Dessau und die Region Anhalt blicken, so werden wir mit einer nahezu 800-jährigen bewegten Geschichte konfrontiert, die von vielen positiven Schüben - aber auch von Niederlagen und Rückschlägen gekennzeichnet wird. Dank der verschiedenartigen Erfahrungen sollte Positives für die Zukunft abgeleitet werden. Der benötigte Tatendrang mündet letztendlich in das Widererstarken einer leistungsfähigen, innovativen und investitionsfreudigen Wirtschaft. Die Kommune ist durchaus attraktiv mit ihrer differenzierten Wohn- und Lebensqualität (ausreichender Wohnraum, gutes Kultur-, Bildungs-, Freizeit- und Erholungsangebot). Eine durch das „Gartenreich" geprägte Kultur- und Parklandschaft wirkt als Touristenmagnet.
     Es muss in absehbarer Zeit gelingen, die besondere geographische Lage zwischen den großen Wirtschaftsräumen Berlin und Halle/Leipzig auszunutzen und von dieser zu profitieren.
     Seit Jahren beschäftigt sich die örtliche Politik mit verschiedenen Konzepten für den Stadtumbau und für die Stadterneuerung. Dafür kann ein Blick in die Geschichte der städtischen Industrialisierung von Dessau für die Argumentation hilfreich sein. Das Profil der Stadt wurde nachhaltig geprägt durch:

Dessau 1841-1941

Eine Metamorphose des Charakters und des Erscheinungsbildes

- die Zeit der Aufklärung (Mitte des 18. Jahrhunderts bis Anfang des 19. Jahrhunderts);
- die verschiedenen Phasen der Industrialisierung (ab den 1840er- bis Anfang der 1940er Jahre);
- den Abschnitt der „Moderne", geprägt durch die „Dessauer Bauhauszeit"; und nicht zuletzt
- durch die Entwicklungsetappe der so genannten „Großstadt der Arbeit".

Hier erfolgten die charakterlichen und strukturellen Wandlungen von einer beschaulichen Residenzstadt zu einer dynamischen Industriestadt.

Wir begleiten und verfolgen besonders den Aufstieg von zwei europaweit agierenden Konzernen mit Sitz in Dessau: Der Deutschen Continental-Gas-Gesellschaft (DCGG) und der vielen Unternehmen von Prof. Hugo Junkers.

Zugleich werden wir feststellen, dass es die Stadt Dessau durchaus verstand, eine überregionale kulturelle Bedeutung zu erlangen, zu erhalten und zu pflegen. Mit Hilfe von:
- Hoftheater (Friedrichtheater), heute Anhaltisches Theater Dessau
- Kunstsammlungen und Galerien
- Park- und Schlossanlagen (das Gartenreich).

Bedeutsam und prägend wurde die mit ungewöhnlichen architektonischen Ideen aufwartende Institution „BAUHAUS". Doch in dem darzustellenden Zeitabschnitt von 1841-1941 werden neben den genannten Begriffen noch weitere stadttypische Wertungen aufgezählt, die eine Komplexität von verschiedenen inneren Wandlungsprozessen zum Ausdruck bringen. Die Rolle der Stadt Dessau und der Region ist nicht aus verkürzter Sicht in einer Entwicklungsphase von ca. einem Jahrhundert zu definieren. Besonders am Endpunkt der Bewertungen und Analysen werden wir feststellen: die unterschiedlichen Entwicklungsabschnitte wirken sich mit der ihnen innewohnenden Dynamik, ihren Funktionen und ihren Charakteristiken auf dem Gesamtprozess der Wandlung einer Stadt aus. Es werden Spuren hinterlassen. Diese kennzeichnen noch heute auf die eine oder andere Art das Erscheinungsbild der Stadt.

Steingewordene Zeugen der Architektur, der Infrastruktur und nicht zuletzt der Industrie geben der anhaltischen Metropole ein vielschichtiges Antlitz. Und dieses Gesicht hat viele Narben, die wiederum von den verschiedenen Entwicklungs- und Wandlungsphasen zeugen.

Dessau 1841-1941

Eine Metamorphose des Charakters und des Erscheinungsbildes

Welche „Funktionen" besitzt die Stadt Dessau?
Eine spannende Frage. Kann man eine Stadt, ihren Charakter, ihre Funktionen, ihre Ausstrahlung usw. in einen oder mehrere Begriffe bzw. Schlagworte erfassen? Bestimmt nicht! - Doch geben diese Synonyme eine gewisse Systematik der Standpunkte des Betrachters wieder.

Von 1841 bis 1941 wurden der Stadt Dessau folgende Merkmale in den verschiedenen Dokumenten, Veröffentlichungen und politischen Debatten zugesprochen wie:
Dessau . . . die

- Bauhausstadt
- Garnisonstadt
- Gasstadt
- Gauhauptstadt
- Großstadt der Arbeit
- Hochschulstadt
- Industriestadt
- Junkersstadt
- Kulturstadt
- Landeshauptstadt
- Parkstadt
- Residenzstadt
- Siedlungsstadt
- Stadt der Bauhausbauten
- Stadt der Flieger
- Stadt der Moderne
- Stadt der Musen und Künste
- Theaterstadt

Werbung für die Stadt Dessau

Einige der Bezeichnungen zielen auf die politischen und administrativen Funktionen ab, andere orientieren sich mehr auf dem ökonomischen und sozialen Sektor, und nicht zuletzt wird auch auf die kulturelle Vielfalt Bezug genommen. Wichtig ist und bleibt: Dessau hat eine Biographie mit einer ihr eigenen Rhythmik. Die Entwicklungsabschnitte werden durch jene Menschen bestimmt, die in ihr wohnen, arbeiten, leben, ihre Wege politisch und ökonomisch lenken. In den meisten historischen Abhandlungen über die Städte in Deutschland aber auch in den Touristenführern und Selbstdarstellungen wird zumeist auf dem besonderen Aufschwung von Kommunen im 19. Jahrhundert verwiesen. Messbar sowohl an Hand der Anzahl der Bevölkerung und der Industrieniederlassungen.

Dessau 1841-1941

Eine Metamorphose des Charakters und des Erscheinungsbildes

Den wohl bedeutendsten Einschnitt für die Stadtentwicklungen ... heraus aus den noch aus dem Mittelalter stammenden feudalen Fesseln wie Stadtmauern, Gilden und Zünften und den absolutistischen Machtbefugnissen der herrschenden Fürstenhäuser ... stellt unbestritten die industrielle Revolution dar. Die äußere markante Erscheinung war die Dampfmaschine, war das Maschinenzeitalter. Das heute gebräuchliche Zauberwort würde heißen: Hightech oder Hochtechnologie. Modernste Produktionsverfahren wurden wirksam. Unvergleichliche Innovationsreserven und Impulse für eine weitere Industrialisierung konnten erschlossen werden. Es gibt selbst in dieser Industrialisierungsphase Dessaus wichtige Etappen.

Die Abschnitte könnten wie folgt überschrieben werden:

1. Die Anfänge der Industrialisierung vor der Gründung der DCGG (1841-1855)
2. Der Aufbau der Industriestadt Dessau unter maßgeblicher Mitwirkung der DCGG (1855-1871)
3. Die industrielle Expansion. Abschluss der Aufbauphase zur Industriestadt (1871-1918)
4. Neue Impulse. Die Junkerswerke als Motor des Ausbaus der Industrialisierung (1918-1933)
5. Hightech und Industrie auf dem Wege zur Massenproduktion und Rüstung (1933-1944)
6. Das bittere Ende. Die Zerstörung einer Stadt (1945)

Das Antlitz einer Stadt ist wie ein geöffnetes Buch, es kommt nur darauf an, in ihm zu lesen und es zu begreifen. Das „Buch" Dessau gibt vieles preis aus seiner Vergangenheit - man muss sich diese eben nur schrittweise erarbeiten.

Folgende Facetten der Stadtentwicklung werden sichtbar:

1. Residenz- und Theaterstadt
2. Der wirtschaftliche Aufschwung
3. Die Wandlung zur Industrie- und Hauptstadt des geeinten anhaltischen Staates
4. Die Bauhausära
5. Die „Stadt der Flieger" und die „Großstadt der Arbeit" ... Dessau im III. Reich

Ein kurzer historischer Rückblick

Dessau ragte zum Beginn des 19. Jahrhunderts unter den anhaltischen Residenzstädten nicht durch eine besonders prädestinierte Stellung heraus, auch wenn das „Gartenreich" durchaus dafür sprechen würde. Bernburg, Cöthen (Köthen), Dessau und Zerbst wuchsen zwar unter

Dessau 1841-1941
Eine Metamorphose des Charakters und des Erscheinungsbildes

den verschiedensten Bedingungen empor, doch die Einwohnerzahlen belegen es, es waren nur kleine Hauptstädte von mehr oder weniger bedeutenden Zwergterritorien. Aber während der Regierungszeit (1758-1817) des Fürsten Leopold III. Friedrich Franz entwickelte sich Dessau zu einem Zentrum vielfältiger Reformbestrebungen auf kulturellem und wirtschaftlichem Gebiet. In der Stadt und im Fürstentum Anhalt-Dessau wurde vom Architekten und Baumeister Friedrich Wilhelm von Erdmannsdorff (1736-1800) der frühklassizistische Baustil geformt und entwickelt. Die Dessau umgebende Parklandschaft förderte das Ansehen der Region. Das Reformwerk von Johann Bernhard Basedow (1723-1790) hatte nationale Bedeutung. Es galt dem Schulwesen. Das von ihm ins Leben gerufene Philanthropinum wurde die erste staatliche, auf naturwissenschaftliche Fächer und die gesellschaftliche Praxis ausgerichtete deutsche Schule. Die Residenzstadt erlebte eine kulturelle Blütezeit. Mit seinem großartigen Hoftheater (zu Beginn des 19. Jahrhunderts eines der größten Theaterbauten Deutschlands) wandelte sich Dessau zu einer Stadt der „Musen und Künste". Trotzdem ergab sich daraus noch kein messbarer wirtschaftlicher Aufschwung für die Region, stiegen nicht die Einwohnerzahlen außergewöhnlich an bzw. verstärkten sich nicht die Handelsaktivitäten.

Die Dessauer Altstadt

Erst die heute so bezeichnete „Industrielle Revolution" verschaffte den Schub, nachdem sie richtig und konsequent in allen ihren Bereichen (Vielfalt) erkannt und genutzt wurde. Wir können heute nur noch erahnen, was dieser Entwicklungsgang für radikale Wandlungsprozesse freisetzte. Letztendlich blieb kein Bereich des gesellschaftlichen und wirtschaftlichen Lebens unberührt. Besondere, das heißt messbare Spuren hinterließen die im Zusammenhang mit der industriellen Revolution stehenden Prozesse auf dem wirtschaftlichen, politischen und sozialen Sektor. Die Auswirkungen sprengten alle bis dahin vorherrschenden Normen. Sogar die Staatsidee blieb nicht unverschont.

Lebensadern der Industrialisierung: Die Eisenbahn
Der Eisenbahn kommt eine besondere Rolle zu: Sie wurde nicht nur Symbol der neuen industriellen Zeit, sondern zugleich der Motor, der Impulsgeber, die Transmission für den neuen Zeitgeist. Die Eisenbahn wurde somit zum Botschafter des industriellen Fortschritts. Diese Lebensadern sollten 1840/41 auch die anhaltischen Territorien erreichen und durchqueren.

Dessau 1841-1941

Eine Metamorphose des Charakters und des Erscheinungsbildes

In den von der Eisenbahn berührten Ortschaften ergab sich ein eigenartiges Bild: Die meisten Bahnhöfe befanden sich an der Peripherie der zum Teil noch mittelalterlich anmutenden Städte, so auch in Dessau. Hier kann man schon erkennen, was für ein erstaunlicher Wandlungsprozess nach 1841 eingesetzt hat. In wenigen Jahrzehnten wuchsen die industriellen Ansiedlungen und Siedlungsgebiete entlang der Eisenbahnlinien. Der Bahnhof bewegte sich sozusagen in die „geographische Mitte" der Stadt.

75 Jahre Anhalter Bezirks-Verein, Zur 75-Jahr-Feier des Anhalter Bezirks-Vereins im Verein Deutscher Ingenieure, Dessau 1937, S. 12

Stellvertretend für eine zeitgenössische Wertung soll folgende Aussage stehen: „Als von besonderem Einfluss soll noch der anhaltische Verkehr wegen der mit ihm zusammenhängenden Entwicklung der Industrie kurz erwähnt werden: 1840 hielt der erste Zug in Köthen an der Strecke Magdeburg-Halle. Von 1840 bis 1870 besaß dann Anhalt das dichteste Eisenbahnnetz Deutschlands, ein Rang, den es 1871 an Hessen abtreten musste."

Eisenbahnlinien wurden zu Lebensadern. Es sind Eisenbahn und Straßenbahn, die die Verkehrsgeschichte der Industrialisierung geschrieben haben. Kaum ein Verkehrsmittel ist besser geeignet, die Verkehrs- und Industriegeschichte einer Stadt zu erschließen, als diese beiden Bahnen. Traditionell war der Bahnhof das Empfangszimmer der Stadt und die Straßenbahnen stellten quasi die Flure dar, durch die der Gast geleitet wurde

Der Wallwitzhafen - Umschlagplatz von Elbschiff auf die Bahn

Eisenbahnstrecken:

1. 9. 1840:	Dessau–Cöthen (Berlin-Anhalter-Eisenbahn)
10. 9. 1841:	Dessau–Berlin (Berlin-Anhalter-Eisenbahn)
17. 8. 1857:	Dessau–Bitterfeld
1. 11. 1863:	Dessau–Roßlau–Zerbst (Leopoldsbahn)
1876:	Übergabe des neuen Bahnhofgebäudes Zugleich erfolgte die Verlegung des Eisenbahnbetriebes vom ursprünglichen zum neuen Bahnhof .
22. 9. 1894:	Dessau–Wörlitz (Nebenbahn - Normalspur)
9. 12. 1896:	Dessau–Radegast (Kleinbahn, 750 mm Spurweite, bis 1939 in Betrieb)
18. 1. 1911:	elektrischer Zugbetrieb auf Streckenabschnitt Dessau–Bitterfeld
1. 6. 1923:	Dessau–Berlin (über Wiesenburg)
August 1925:	Eröffnung des Bahnhofes Dessau-Süd
2. 12. 1929:	Inbetriebnahme des im März 1923 begonnenen RAW (Reichsbahn-Ausbesserungs-Werk)

Dessau 1841-1941
Eine Metamorphose des Charakters und des Erscheinungsbildes

„Nachdem man sich nun schlüssig war, dass Dessau der zentralste Punkt war für die Errichtung eines Werkes modernster technischer und betrieblicher Voraussetzungen, bekam der damalige Regierungsbaurat, Professor Wilhelm Sorger, von den Werkstättendirektion Dresden den Auftrag, einen Entwurf für ein Bahnausbesserungswerk für elektrische Lokomotiven zu entwerfen und dasselbe zu bauen."

70 Jahre Werk Dessau, Festschrift, Hrsg.: DB Regio AG, Deutsche Bahn Gruppe, Werk Dessau, Dessau 1999, S. 7

Mit dem RAW entstand eine weitere wichtige Säule der Industrieniederlassungen in Dessau, welche bereits im August 1933 auf eine Belegschaft von über 400 verweisen konnte.

Städtische Verkehrsprojekte

- 1859: Anlegung des Wallwitzhafens als Umschlagplatz von der Schiene auf das Schiff
- 2. 3. 1894: Gründung der Dessauer Straßenbahn-Gesellschaft

vgl.: 100 Jahre Dessauer Straßenbahn 1894-1994, Hrsg.: Dessauer Verkehrsgesellschaft mbH., Dessau 1994

   (a) Gasstraßenbahn Dessau
   (15. 11. 1894 bis 24. 3. 1901)
   Inbetriebnahme der Streckenabschnitte:
   - 1894: Friedhof III–Museum–Post
   - 1894: Museum–Markt–Katholische Kirche–Hauptbahnhof
   - 1895: Post–Hauptbahnhof
   - 1895: Museum–Raffinerie

   (b) elektrische Straßenbahn
   (seit 26. 3. 1901)
   Inbetriebnahme der Streckenabschnitte:
   - 1901: Übernahme des Streckennetzes der Gasstraßenbahn
   - 1901: Katholische Kirche–Elbhaus
   - 1907: Elbhaus–Roßlauer Markt
   - 1942: Friedhof III–Innsbrucker Straße
   - 1943: Innsbrucker Straße–Dessau-Süd
   - Betriebseinstellung des Straßenbahnbetriebes in Folge der Zerstörungen durch die Luftangriffe: 7. 3. 1945 bis 15. 8. 1945

Dessau 1841-1941

Industrialisierung Dessaus

Die wichtigsten Ergebnisse der Volks-, Berufs- und Betriebszählung vom 16. Juni 1933 in Anhalt, in: Mitteilungen des Anhaltischen Statistischen Landesamtes, Nr. 61, Herausgegeben vom Anhaltischen Statistischen Landesamt zu Dessau, Dessau 1936, S. 47

Viktor von Unruh

75 Jahre Anhalter Bezirks-Verein, Zur 75-Jahr-Feier des Anhalter Bezirks-Vereins im Verein Deutscher Ingenieure, Dessau 1937, S. 16

Industrialisierung Dessaus
Fragestellung:
Wann setzte der Wandlungsprozess von der Residenzstadt zur Industriestadt in Dessau ein? Wie ging dieser vonstatten? - Nachweis der Triebkräfte und Voraussetzungen.

So heißt es u. a. in einer amtlichen Wertung: „Eine Tatsache jedoch, die bis in die Gegenwart hinein an der Industrialisierung Anhalts bestimmend mitgewirkt hat, besitzt im übrigen Mitteldeutschland keine Parallele: die Stellung der Deutschen Continental-Gas-Gesellschaft zu Dessau im anhaltischen Wirtschaftsleben. Dieses Unternehmen, das 1855 in Dessau gegründet wurde, hat nicht nur auf seinem eigentlichen Betätigungsfeld, der Energieerzeugung, eine weit über Anhalt hinausreichende Bedeutung erlangt, sondern auch an der Gründung der größten metallindustriellen Werke Anhalts maßgebend mitgewirkt. So verdanken z. B. in Dessau die Askania-Werke A.G., die Berlin-Anhaltische Maschinen-Bau-A.G., die Dessauer Waggonbau A.G., die Dessauer Straßenbahn-Gesellschaft, die Überlandzentrale Anhalt, nicht zuletzt auch die Junkerswerke, unmittelbar oder mittelbar ihre Entstehung der Deutschen Continental-Gas-Gesellschaft."

Aber gehen wir chronologisch vor. Die Urzellen für die später so rasante industrielle Entwicklung Dessaus und des Umlandes finden wir in den 1840er Jahren: 1844 wurde in Roßlau die Maschinenfabrik der Gebrüder Sachsenberg gegründet. Seit 1849 gab es in Dessau das erste größere Unternehmen: die Nagelfabrik Jahn & Arendt. Damit begann sich sehr zaghaft die industrielle Metallverarbeitung und die Maschinenfabrikation zu entfalten.

Die industrielle Mutterzelle Dessaus:
Die Deutsche Continental-Gas-Gesellschaft (DCGG)

„Zwar hatte Bankpräsident Nuland zuerst die Idee, die Monopolstellung der englischen Gasindustrie zu brechen, aber es war der Baurat Viktor von Unruh (1806-1886), der diese Pläne in die Tat umsetzte. Dass dies gerade in Dessau geschah, hatte keinen anderen Grund als die Schwierigkeiten, die einer Konzessionierung der Gesellschaft in Preußen wegen der politischen Stellung des Herrn von Unruh im Wege standen. Herzog Leopold IV. Friedrich von Anhalt (1794-1871) erteilte jedenfalls bereits 1855 die Genehmigung zur Gründung der Deutschen Continental-Gas-Gesellschaft; 1857 trat dann Wilhelm Oechelhaeuser (1820-1902) an die Spitze des Unternehmens und führte es bald auf die Höhe, die es heute noch inne hat. Der ursprüngliche Zweck der Deutschen Continental-Gas-Gesell-

Dessau 1841-1941

Industrialisierung Dessaus

schaft bestand in der Einrichtung von Gasanstalten, um an die Stelle des Öles in der Straßenbeleuchtung das Gas einzuführen. Dessau bekam seine Gasbeleuchtung 1856, Köthen 1862, Bernburg 1863, Zerbst 1865."

Im Jahre 1905 besaß die Deutsche Continental-Gas-Gesellschaft bereits 14 Verwaltungen mit 11 Gasbeleuchtungsbezirken, darunter Warschau, Potsdam, Erfurt, Ruhrort, Frankfurt-Oder, Nordhausen, Gotha und Luckenwalde.

vgl.: ebenda, S. 16

Mit der Gründung der DCGG begann der gezielte Auf- und Ausbau der Produktionsstätten des neuen Unternehmens. Zunächst musste ein Gaswerk errichtet werden. Das später so genannte Dessauer Gasviertel entstand. Die Fläche wurde begrenzt im Süden von der Wolfgangstraße, im Norden von der Humperdinckstraße und im Osten von der Hans-Heinen-Straße. Die Nähe zum Bahnhof im Westen des Areals garantierte den Anschluss an die Verkehrs- und Versorgungsströme. Der Standort wurde sehr genau ausgewählt. Mit der Inbetriebnahme des ersten Dessauer Gaswerkes am 1. Oktober 1856 begann das „Gaszeitalter" in Dessau. Die ersten Straßenzüge wurden von nun an mit Gaslaternen beleuchtet. Das Gasviertel wandelte sein Erscheinungsbild bis 1945 mehrmals. Doch beherrschend blieben die verschiedenen Generationen von Gasometern des Gaswerkes.

Wilhelm Oechelhaeuser sen.

Mit der Beendigung des Krieges von 1870/71 begann für Anhalt, gleichlaufend mit den Verhältnissen im Deutschen Kaiserreich, das eigentliche Industriezeitalter: die Technik ist den Kinderschuhen entwachsen. Vieles wirkte zusammen: die einheitliche Lenkung der Wirtschaftspolitik durch den neuen Staat (Deutsches Reich) und das Fallen veralteter Schranken, die rapide Bevölkerungsentwicklung, die beginnende Ausprägung der modernen funktionalen Stadt und der damit steigende Konsum, die Beherrschung der technischen Mittel. Oechelhaeusers Hauptaugenmerk richtete sich auf den Vertrieb von Gas und der damit verbundenen Errichtung von Gaswerken in ganz Deutschland (und darüber hinaus). Die 1872 von der DCGG mit ins Leben gerufene Berlin-Anhaltische Maschinenbau-A.G. (BAMAG) war zunächst zuständig für den Bau von Gaswerken und den damit verbundenen Gasleitungsnetzen. Die erforderlichen Gasmessgeräte und Gaskocher für die Haushalte wurden u. a. in der 1871 gegründeten „Centralwerkstatt Dessau" der DCGG gefertigt. Die benötigten Mess- und Regelgeräte für die Gastechnik setzten spezielle Erfahrungen voraus. Am 30. Juni 1921 erfolgte deshalb die Fusion der „Centralwerkstatt Dessau" mit der

Gasanstalt Dessau

Dessau 1841-1941

Industrialisierung Dessaus

BAMAG: Berlin-Anhaltische Maschinenbau-A.G.

Firma „Carl Bamberg Werkstätten für Präzisionsmechanik und Optik" in Berlin-Friedenau zur „ASKANIA-Werke A.G.". 1890 übernahm Wilhelm von Oechelhaeuser von seinem Vater die Leitung der DCGG. Seine Überlegungen richteten sich zum einen auf die Erweiterung der Gasanwendung und auf die Steuerung des Gasverbrauches. Zugleich richtete sich sein Interesse auf eine andere Energiequelle, der Elektrizität. Die Stromerzeugung, so erkannte er, wird ein ernstzunehmender Konkurrent auf dem Energiemarkt. Deshalb orientierte er sich sofort auf dieses neue Standbein des Unternehmens. Die DCGG errichtete 1886 das erste Dessauer Elektrizitätswerk. Auf dem Gassektor beschäftigte er sich mit der eigenen Produktion von leistungsfähigen Gasmotoren. Damit wurde eine weitere Profilierung des Dessauer Gas-Konzerns möglich. Ein wichtiger Partner wurde in der Person von Hugo Junkers (1859-1935) gefunden, der gemeinsam mit Oechelhaeuser jr. (1850-1923) die Forschungen durchführte. Im Ergebnis dessen kam es 1890 zur Gründung der „Versuchsstation für Gasmotoren von Oechelhaeuser und Junkers". Die kurze Partnerschaft war auf wissenschaftlichem Gebiet sehr kreativ. Letztendlich gelang es Junkers, den Kalorimeter zu entwickeln. Auf diesem Wege, der Anwendung der technischen Prinzipien des Kalorimeters zur Warmwassererzeugung, vollbrachte Junkers einen denkbaren Durchbruch: die Gasbadeofenproduktion. Damit konnten die Grundlagen eines neuen „Industriegiganten" in Dessau mit der Gründung der Firma „Hugo Junkers, Civil-Ingenieur" (21. Oktober 1892) geschaffen werden. Die „Ära Junkers" begann.

Mit der Eröffnung des „Weltunikates Gasstraßenbahn" am 15. November 1894 erhoffte die DCGG, weitere Bahnen in anderen deutschen Städten eröffnen zu können. Zur Fertigung von Gasmotorenwagen wurde an der Albrechtstraße die „Deutsche Gasbahngesellschaft m.b.H." 1895 errichtet.

Neue Wege werden beschritten ... der Fortschrittsgeist als Triebkraft

Wie die Gaserzeugung sich zwangsläufig einmal der Konkurrenz, der Elektrizität, zuwenden musste, so führte der Gasmotor zum Studium wärmetechnischer Vorgänge, zum Gasapparatebau und von hier zum Flugzeug!

„Das Auftreten von Hugo Junkers ist symptomatisch dafür, dass sich das Zeitalter der Alleinherrschaft der Dampfmaschine dem Ende zuneigt, der Verbrennungsmotor und der Dynamo treten nun in erfolgreichen Wettbewerb zu ihr. Der Bau des Oechelhaeuser-

---

Weitere Ausführungen zu Hugo Junkers: vgl. Artikel von Helmut Erfurth
Vgl.: Dietrich Petzold: Die historische Entwicklung des Dessauer Gasviertels 1855-1945, in: Dessauer Kalender 1994, Heimatliches Jahrbuch für Dessau und Umgebung, 38. Jahrgang, Hrsg.: Stadt Dessau, Stadtarchiv, Dessau 1993, S 7

vgl.: 75 Jahre Anhalter Bezirks-Verein, Zur 75-Jahr-Feier des Anhalter Bezirks-Vereins im Verein Deutscher Ingenieure, Dessau 1937, S. 18

ebenda: S. 20
Weitere Ausführungen zu Hugo Junkers: vgl. Artikel von Helmut Erfurth

Dessau 1841-1941

Industrialisierung Dessaus

Junkerschen Gegenkolben-Gasmotors führte Hugo Junkers zur Erfindung seines Kalorimeters, eines Wärmemessers also, der dann wieder der Stammvater von Flüssigkeitserhitzern, modern gesprochen: Gasbadeöfen und ähnlichen Apparaten wurde. 1895 kam es in Dessau zur Gründung der Firma Junkers & Co."

Für den Umfang und die Stabilität der Deutschen Continental- Gas-Gesellschaft ist es bezeichnend, dass sie den I. Weltkrieg (1914-1918) ohne allzu große Erschütterungen überstand; 1917 schritt sie sogar zur Gründung des „Elektrizitätswerkes Sachsen-Anhalt A.G. Halle", das die DCGG zum führenden Unternehmen der mitteldeutschen Elektrizitätswirtschaft machte. Dazu konnte sich die DCGG auf die Erschließung und Ausbeutung der großen Braunkohlevorkommen im Bitterfelder Raum stützen. Später erweiterte die DCGG ihr Betätigungsfeld in Richtung Magdeburg. Hier entstanden Firmen für die Gasfernübertragung. Eine anderes Dessauer Unternehmen spezialisierte sich auch weiter: die Firma G. Polysius A.-G., welche u. a. Patente auf dem Gebiet des Zementmaschinenbaus besaß. Während die „Initiativen" der Industrialisierung bis zur Jahrhundertwende (19./20. Jahrhundert) in den Händen der DCGG lagen, übernahm nunmehr Professor Junkers zum Beginn des 20. Jahrhunderts bis Anfang der 30-er Jahre die Führungsrolle für den weiteren Aus- und Aufbau der Dessauer Industrielandschaft.

Waggonfabrik Dessau

Industrialisierung und Siedlungswesen

„Der in den Jahren um 1830 in Deutschland einsetzende Eisenbahnbau war ein für das Flächenwachstum einer Stadt entscheidender Faktor. Der Anschluss an das Eisenbahnnetz erleichterte die Verbindung zu den Rohstoff- und Absatzmärkten und verlieh Standortqualität für gewerbliche und industrielle Ansiedlung. Auf Grund der nun einsetzenden wechselseitigen Stimulierung von Industrie, Handel und Verkehr kam es in den von den Eisenbahnen früh erschlossenen Städten meist zu einem raschen Aufschwung. Auch Dessau profitierte nach einer gewissen Zeit von der hier seit 1840 verkehrenden Berlin-Anhalter Eisenbahn. Der Bahnhof kam wie fast überall in einiger Entfernung und mit genügendem Raum zur Stadt zu stehen. Dadurch konnte er zum Kristallisationspunkt für die industrielle Ansiedlung und zum Ansatzpunkt für die Errichtung neuer Wohnquartiere werden."

In der Nähe des Bahnhofes entstand auch das Gasviertel, dessen Geburtsstunde im Jahr 1855 mit der Gründung und Ansiedlung der Deutschen Continental-Gas-Gesellschaft (DCGG) schlug.

Frank Kreissler: Untersuchungen zur Grundstücks- und Bodenpolitik der Stadt Dessau zwischen 1865 und 1914, Teil I, in: Dessauer Kalender 1995, Heimatliches Jahrbuch für Dessau und Umgebung, 39. Jahrgang, Hrsg.: Stadt Dessau, Stadtarchiv, Dessau 1994, S. 75

vgl.: ebenda: S. 75

Dessau 1841-1941

Industrialisierung Dessaus

vgl.: Frank Kreissler: Untersuchungen zur Grundstücks- und Bodenpolitik der Stadt Dessau zwischen 1865 und 1914, Teil II, in: Dessauer Kalender 1996, Heimatliches Jahrbuch für Dessau und Umgebung, 40. Jahrgang, Hrsg.: Stadt Dessau, Stadtarchiv, Dessau 1995, S. 100

Helmut Hartmann: Engagierter Streiter für eine Gartenstadt, in: Mitteldeutsche Zeitung, Anhalt-Kurier, Mittwoch, 17. Juli 2002, S. 12

Die weitere Siedlungsentwicklung wurde maßgeblich vom Verlauf der Eisenbahngleise bestimmt. Sie vollzog sich im wesentlichen in nördliche bzw. südliche Richtung, eingegrenzt durch die Mulde im Osten und die 1857 eröffnete Eisenbahnstrecke nach Bitterfeld im Süden.

Ab 1900 bis zum I. Weltkrieg hatte sich die Dessauer Stadtverwaltung bemüht, vor allem im Norden der Stadt Areale für Wohnungsbauvorhaben zur Verfügung zu stellen. Gleichzeitig wurden auch in Richtung Süden im Interesse einer Stadterweiterung große Geländeflächen erworben. Ziel: Verwendung für soziale und öffentliche Zwecke sowie zur Ansiedlung von Industrie und Gewerbe.

Heinrich Peus (1862-1937), SPD, forderte bereits vor dem I. Weltkrieg zum Bau von Gartensiedlungen auf. Sein Motto lautete: „Heraus aus dem geborgten Nest". Mit seiner Unterstützung entstand seit 1913 die Gartenstadt „ASKANIA". 1916 entstand in Dessau ein Gartenstadtverein. Fritz Hesse (Bürgermeister/Oberbürgermeister von 1918-1933) griff engagiert diese Überlegungen und Initiativen auf und förderte maßgeblich den Siedlungsbau nach dem I. Weltkrieg in Dessau. Aus der Gartenstadt „ASKANIA" entstand das Projekt „Siedlung Hohe Lache". „Eine Gemeinnützige Siedlungsgemeinschaft für Dessau hatte die Aufgabe übernommen, der wenig betuchten Bevölkerung gesunde und preiswerte Wohnungen möglichst in Kleinhäusern mit Gärten zu verschaffen."

Am 7. März 1919 beschloss der Dessauer Gemeinderat die Gründung einer „Gemeinnützigen Siedlungsgesellschaft für Dessau, Stadt und Land GmbH". Das erklärte Ziel galt der Deckung des Wohnungsbedarfes der „minderbemittelten Bevölkerung". An der „Hohen Lache" erfolgte die Errichtung der ersten Dessauer Siedlung durch die Gemeinnützige Siedlungsgesellschaft. Architektonisch interessant war hierbei der Bau des so genannten „Achteckes".

Ein besonderes Markenzeichen Dessaus seit dem I. Weltkrieg bis zum Beginn des II. Weltkrieges wurde der breit ausgeführte planmäßige Siedlungsbau. Besonders in den Nachinflationsjahren wurden die Möglichkeiten eines billigen, effizienten und rationalen Wohnungsbaues intensiver verfolgt. Besonderes Augenmerk lag auf dem schon bewährten Siedlungsbau. Mit Hilfe der sich bietenden neuen Ideen des Bauhauses gelang es, den gesamten Bauablauf zu mechanisieren und zu normieren. Gerade die „Gropius-Siedlung" stellt in ihrer Art einen wichtigen Schritt in Richtung industriellen Wohnungsbaues dar.

Dessau 1841-1941

Industrialisierung Dessaus

Parallel zu der weiteren Industrialisierung galt es jetzt auch, eine allen Ansprüchen gewachsene funktionale Stadt zu formen. Die gesamte Infrastruktur, das Verkehrswesen als auch das gesellschaftliche und kulturelle Leben galt es zu ordnen, zu organisieren und zu leiten wie ein großes Unternehmen. Die Stadt wurde ein Betrieb. Mit dem 20. Jahrhundert wandelte sich Dessau zu einer mittelgroßen Industriestadt. Die Politik und die Wirtschaft mussten auf dieser Grundlage die neuen Herausforderungen gemeinsam meistern. Besonders da galt es, über die Wohnsituation zu wachen. Nicht nur in Dessau expandierte die Industrie, sondern auch im Umfeld der Stadt, vorrangig im Süden, auf preußischem Gebiet, entstanden Firmen der chemischen Industrie (I.G. Farben).

Dessau wird also auch Nutznießer der expandierenden Industrien außerhalb des Stadtgebietes. Die Stadt wird ein Arbeitskräfte-Pool sowie ein Hauptwohnort für Industriearbeiter, Angestellte und Beamte.

Seit dem I. Weltkrieg wurde in vielen Städten Deutschlands sichtbar, dass vor allem für die arbeitende Bevölkerung nur unzureichend ein sozial und hygienisch zumutbarer Wohnraum zur Verfügung stand. Dieses trifft vor allem auf die Großstädte und Städte in den industriellen Ballungsgebieten zu. Dessau als aufstrebende mittelgroße Kommune war auf dem ersten Blick nicht von diesen Problemen betroffen, doch auch hier wurden diese sichtbar, je mehr Arbeitskräfte durch die Dessauer Unternehmen sich in der Stadt oder in unmittelbarer Nähe niederließen. Dem Wohnungsbau galt nunmehr die größte Aufmerksamkeit. Doch die Weimarer Republik war innerlich zerrüttet: Inflation, Wirtschaftskrise, soziale Unruhen, Putschversuche usw. kennzeichneten die Situation von 1919 bis 1923. In der kurzen Phase der Stabilität von 1924 bis 1929 orientierte sich die deutsche Republik auch auf den Sozialwohnungsbau, welche zu einer der wichtigsten öffentlichen Aufgaben geworden ist. In Dessau konzentrierte sich der rührige und umsichtige Bürgermeister Fritz Hesse (1881-1973), und das bereits seit 1919, intensiv um die Lösung dieser Problematik.

Der Wohnungsbau in Dessau steht exemplarisch für diese Zeit. Die anhaltische Metropole wurde eine der führenden deutschen Städte im Siedlungsbau. Die Stadt wurde ein Experimentierfeld zwischen architektonischer Tradition und Moderne wie kaum eine andere deutsche Kommune. Anfang der 30-er Jahre kann mit Respekt auf das Geschaffene auf diesem wichtigen Gebiet geblickt werden ... und beeindruckt noch heute, zum Beginn des 21. Jahrhunderts.

Dessau 1841-1941

Industrialisierung Dessaus

vgl.: Thomas Koinzer: Ein Blick zurück - Eine geplante Besichtigungsreise des Reichswohnungsausschusses 1931 in Dessau, in: Dessauer Kalender 1999, Heimatliches Jahrbuch für Dessau und Umgebung, 43. Jahrgang, Hrsg.: Stadt Dessau, Stadtarchiv, Dessau 1998, S. 81

ebenda: S. 82

Dessau wurde in vielen Publikationen, Kommentaren und vor allem in wissenschaftlichen Abhandlungen größte Aufmerksamkeit entgegengebracht in der Gestalt, dass man sie u. a. als die „bauende Stadt" bezeichnete (kann als Synonym für die „blühende Stadt" begriffen werden).

Wie kam es zu dieser Feststellung? „Eine rege industrielle Entwicklung und der Wohnungsbau gingen in Stadt und Region Hand in Hand. Dessau befand sich im Zentrum eines sich entwickelnden Industriegebietes, das sich zwischen Wittenberg/Piesteritz und Merseburg/Leuna erstreckte. Schwerpunkte und Rückgrat dieses Wirtschaftsgebietes waren die Werke der I.G. Farben in Piesteritz, Wolfen-Greppin und Leuna. 22 % der deutschen Chemieindustrie konzentrierten sich damals in den Händen des I.G.-Farben-Konzerns, und Dessau war eine wichtige Wohnstadt für dessen Arbeiter und Angestellten." Die bereits in Dessau befindlichen Unternehmen wuchsen ebenfalls und expandierten. Besonders die Belegschaften der Junkers-Flugzeugbau A.G. (Ifa) und der Junkers-Motorenbau GmbH (Jumo) erreichten Ende 1925 einen Stand von 2800 Beschäftigten. Die zunehmende Industrialisierung der Stadt erforderte zwangsläufig eine verstärkte Bereitstellung von Wohnraum.

vgl.: Statistik des Deutschen Reichs, Band 287, Berlin 1919

Nach der Reichswohnungszählung vom Mai 1919 verfügte die Stadt Dessau insgesamt über 16 354 Wohnungen, wovon lediglich 54 Wohnungen leerstanden, was 0,3 % aller Wohnungen entsprach und somit weit unter der „normalen" Leerstandsrate von ca. 3 % lag. „Der Wohnungsmangel allein charakterisierte die herausgehobene Stellung Dessaus jedoch noch nicht ausreichend. Er war ein nationales, ja internationales soziales und wirtschaftliches Problem. Dessau hatte in der Weimarer Republik und darüber hinaus auch den Ruf, eine ‚Siedlungsstadt' zu sein."

Thomas Koinzer: Ein Blick zurück - Eine geplante Besichtigungsreise des Reichswohnungsausschusses 1931 in Dessau, in: Dessauer Kalender 1999, Heimatliches Jahrbuch für Dessau und Umgebung, 43. Jahrgang, Hrsg.: Stadt Dessau, Stadtarchiv, Dessau 1998, S. 83

vgl.: ebenda: S. 83

Was war geschehen? Wohnte ein Großteil der Dessauer Bevölkerung nach der Reichswohnungszählung von 1918 noch in Wohnhäusern mit sechs Wohnungen (17 137 Personen), so sollte sich das nach dem Willen der Dessauer Lokalpolitik in den folgenden Jahren stark ändern. Vor allem den Bau von Ein- und Zweifamilienhäusern wollte man forcieren, zu denen 1918 bereits 22 % aller Dessauer Häuser zählten. Der Anteil der Bevölkerung, die in Ein- bzw. Zweifamilienhäusern wohnte, war mit 9 % 1918 dagegen eher gering. Das Wohnen in größeren innerstädtischen Mietshäusern dominierte.

Dessau 1841-1941

Industrialisierung Dessaus

Bis 1927 wurde in der zweiten Reichswohnungszählung bereits ein entscheidender Zugang an Wohnungen in Dessau festgestellt. Die Stadt verfügte nun über 5824 Wohngebäude mit insgesamt 19 785 Wohnungen plus 130 sonstige Wohnungen. Von den 830 Häusern mit ihren 1367 Wohnungen, die nach dem 1. Juli 1918 errichtet wurden, waren 89,9 % Ein- und Zweifamilienhäuser.

„In den Jahren seit 1927 nahm die Bautätigkeit einen enormen Aufschwung. Die Stadt, eine Reihe von Siedlungsgesellschaften und Wohnungsunternehmen, die meisten als Genossenschaften organisiert bzw. gemeinnützig, trugen mit durchschnittlich über 80 % aller gebauten Wohnungen zwischen 1927 und 1931 dazu bei. Insgesamt wurden in diesen Jahren 2575 Wohnungen in Dessau gebaut."

ebenda: S. 84

1931 lebten z. B. in der Siedlung in Dessau-Törten (Gropius-Siedlung) und in den Meyer'schen Laubenganghäusern sowie in der Siedlung Hohe Lache der Gemeinnützigen Siedlungsgesellschaft Dessau, Stadt und Land, m.b.H. insgesamt 1610 Personen in 316 Häusern.

Neues Bauen in Dessau
Das Bauhaus und die Industrie - ein Fortschritts-Synonym

In den „Goldenen 20er Jahren", jenen Jahren zwischen Hyperinflation und Weltwirtschaftskrise, und den frühen 30er Jahren entstanden in Dessau viele architektonisch bemerkenswerte Neubauten, die von einer außergewöhnlichen Experimentierfreude auch im Hinblick auf die Bauformen und auf die verwendeten Baustoffe zeugen. In keiner Region in Deutschland ist in so kurzer Zeit so viel in dieser Konzentration und Vielfalt entstanden. Wichtige Impulse dieser „Neue Sachlichkeit" gingen vor allem von der „Hochschule für Gestaltung", dem Bauhaus in Dessau, aus. Schwerpunkt der realisierten Bauvorhaben galt dem Wohnungs- und Siedlungsbau sowie dem kommunalen und Industriebau.

Dessau hatte 1925 über 71 000 Einwohner und bot als aufstrebende Industriestadt mit den Junkers-Werken, der Berlin-Anhaltischen Maschinenbau A.G. (BAMAG), der Deutschen Continental Gas-Gesellschaft (DCGG) und der Waggonbaufabrik A.G. in der Tat ein fast ideales Wirkungsfeld für die Zielsetzung des Bauhauses, als „Laboratoriumsstätte für die Industrie" zu fungieren.

vgl.: Mittendrin, Sachsen-Anhalt in der Geschichte, Katalog zur Ausstellung im stillgelegten Kraftwerk Vockerode, 15. Mai bis 13. September 1998, Hrsg.: Franz-Josef Brüggemeier, Gottfried Korff und Jürg Steiner, Anhaltische Verlagsgesellschaft mbH., Dessau 1998, S. 360 ff.

Dessau 1841-1941

Neues Bauen in Dessau

In den folgenden Jahren signalisierte das Bauhaus sein Interesse an einer Zusammenarbeit mit führenden Dessauer Unternehmen. Besonders die Junkers-Werke standen den neuen Wegen und Erkenntnissen der Institution, der Hochschule für Gestaltung, aufgeschlossen gegenüber und förderten Projekte, die auch der eigenen Profilierung dienten. Die Firma Junkers & Co. z. B. stattete das Bauhausgebäude und die Meisterhäuser mit Heizungsanlagen und Warmwasser-Apparaturen aus. Diese Wechselwirkung fand ihren Niederschlag auch auf folgenden Gebieten: Einsatz von Metall in der Baubranche und der Möbelfertigung, in der Produktwerbung, in der Ausstellungsgestaltung sowie in Druckschriften.

Ein sichtbares Ergebnis jener Zeit war das von von Friedrich Peter Drömmer (1889-1968) 1925 entworfene weltbekannte Junkers-Firmenzeichen: der „Fliegende Mensch" oder „Ikarus". Die Junkersprodukte erhielten somit eine einheitliche Identität, ein einprägsames Waren- und Markenzeichen.

„Der Anteil der Gropius- bzw. Bauhausbauten am Dessauer Wohnungsbau betrug 1926/27 etwa 20 %, 1928 rund 28 % und 1929/30 immerhin noch 13 %. Ab Mitte des Jahres 1931 wurde dann der gesamte Wohnungsbau in Dessau stark eingeschränkt, weil ‚niemand mehr das Risiko des Bauens übernehmen wollte'."

„In kurzer Zeit holt Walter Gropius (1883-1969) mit seinem Baubüro am Stadtrand von Dessau das in Weimar Versäumte nach, und als im Dezember 1926 die Einweihungsfeier des Bauhauses stattfindet, wird den überraschten Besuchern ein umfangreiches, zu großen Teilen schon realisiertes Bauprogramm präsentiert: ‚Wie aus der Erde gestampft ist ein ganzer Komplex von öffentlichen Gebäuden entstanden, die untereinander zusammenhängend das neue Bauhaus bilden. Vier Villen für die Meister des Bauhauses sind fertig geworden . . . und endlich ist, zum ersten Male in Deutschland systematisch durchgeführt, nach dem sogenannten Fließ-System eine Siedlung im Entstehen.' Das Bauhausgebäude, die Meisterhäuser, das Stahlhaus und die Reihenhäuser in der Siedlung Dessau-Törten demonstrieren eindrucksvoll den Anspruch des Bauhauses auf eine Führungsrolle im Neuen Bauen." - Die Auswirkungen der Weltwirtschaftkrise von 1929 bis 1933/34 haben nunmehr auch mit voller Wucht das Land Anhalt und Dessau erreicht. Es war eine Krise, welche auf allen Gebieten der Gesellschaft, in der Wirtschaft und in der Politik ihre Spuren hinterlassen sollte. Nach dieser Krise sah es in Deutschland ganz und gar anders aus. Eine neue, unheilvolle Zeit brach unter dem Zeichen des Hakenkreuzes an.

Thomas Koinzer: Ein Blick zurück - Eine geplante Besichtigungsreise des Reichswohnungsausschusses 1931 in Dessau, in: Dessauer Kalender 1999, Heimatliches Jahrbuch für Dessau und Umgebung, 43. Jahrgang, Hrsg.: Stadt Dessau, Stadtarchiv, Dessau 1998, S. 87 f.

Das Bauhausgebäude in Dessau 1926-1999, Hrsg.: Stiftung Bauhaus Dessau, Margret Kentgens-Craig, Birkhäuser Verlag für Architektur, Basel, Berlin, Boston 1998, S. 113

Dessau 1841-1941

Ausbauetappen Dessaus zur Industriestadt

Ausbauetappen Dessaus zur Industriestadt

Der gesamte Übergangsprozess Dessaus von einer Residenz- zu einer Industriestadt wäre undenkbar gewesen, wenn nicht eine vernünftige Finanzdecke sowie ein umfangreicher städtischer Grundstücksbesitz als ausgewogene Rahmenbedingungen dieser komplizierten Entwicklung gedient hätten.

„Wichtiger noch als Grund und Boden waren die Finanzmittel, die der Stadt durch Stiftungen und Legate zufielen. Diese Gelder versetzten die Kommune zeitweise in die Lage, aktiv in den Grundstücksmarkt einzugreifen. Ganz besonders deutlich wird dieser Umstand im Falle des Testaments der Baronin Julie Cohn-Oppenheim vom 29. März 1902. Nach dem Tod der Baronin am 5. Januar 1903 fielen der Stadt Dessau und der Dessauer jüdischen Gemeinde laut den testamentarischen Bestimmungen rund 10 Millionen Reichsmark zu, die sie sich teilen mussten. Die Stadt errichtete die Cohn-Oppenheim-Stiftung und finanzierte von den Zinsen des Kapitals u. a. das Städtische Armenstift, Volksbibliothek und Lesehalle, gab Zuschüsse zum Bau der Stadtschwimmhalle und verteilte Präbenden an alte bzw. hilfsbedürftige Menschen sowie Ausbildungsbeihilfen für die Jugend. Daneben nutzte sie das ihr testamentarisch zugefallene Kapital auch, um Grund und Boden zu erwerben."

Es konnten also Grundstücke für städtische und gemeinnützige Bauten und Einrichtungen Dank der großzügigen Stiftungen erworben werden, z. B. für Schulneubauten. Mit diesen zusätzlichen Mitteln wurde der städtische Haushalt entlastet und die dadurch verfügbaren Haushaltsmittel zielstrebig in Grundstückskäufen investiert. Besonders 1903 sind hierzu herausragende Aktivitäten der Stadt zu verzeichnen. Auf Grund der oben erwähnten großzügigen Spende wurde Dessau gewissermaßen zu einer der „reichsten" Städte Mitteldeutschlands. Die Handlungsmöglichkeiten waren ausgesprochen vielgestaltig und wurden auch dementsprechend genutzt.

Die Stadt Dessau wurde vor allem seit dem ausgehenden 19. Jahrhundert eine der Industrialisierung angepasste, d. h. organisierte und funktionierende Stadt. Die Kommune reagierte auf die neuen Anforderungen und Herausforderungen, die sich u. a. in Form der steigenden Einwohnerzahl, dem zunehmenden Bedarf an Wasser und der Notwendigkeit der Erschließung eines billigen, effektiven Zuganges zu allen Energie- und Versorgungsquellen dokumentierten. Die sichtbare Konsequenz waren:

Frank Kreissler: Untersuchungen zur Grundstücks- und Bodenpolitik der Stadt Dessau zwischen 1865 und 1914, Teil I, in: Dessauer Kalender 1995, Heimatliches Jahrbuch für Dessau und Umgebung, 39. Jahrgang, Hrsg.: Stadt Dessau, Stadtarchiv, Dessau 1994, S. 107

Die Neue Synagoge

Dessau 1841-1941

Ausbauetappen Dessaus zur Industriestadt

Rathaus Ende des 19. Jahrhunderts

- der Straßenbau (Pflasterung und Befestigung),
- der auch von der Stadt mitgetragene Eisenbahnbau und
- die Errichtung des Bahnhofes,
- der Straßenbahnbau (Geburt des öffentlichen Nahverkehrs),
- der Kanalisationsbau,
- der Ausbau des Entwässerungssystems,
- die Förderung der Errichtung von Versorgungseinrichtungen (Wasserwerk, Gasanstalt, Schlachthof) usw.

Diese Maßnahmen gingen recht schnell und zielstrebig voran. Für die Gewährleistung und Umsetzung der Vorhaben waren begabte und konsequente Verwaltungsfachleute notwendig, die diese Prozesse steuerten und in Gang setzten. Dessau hatte hierzu sehr befähigte Stadtoberhäupter: Die Bürgermeister bzw. Oberbürgermeister.

So begann unbestritten unter der Amtsführung von Oberbürgermeister Franz Medicus (Amtszeit 1852-1884) der industrielle Aufschwung der Stadt Dessau. Gerade in jener Zeit entwickelte sich die Kommune von einem beschaulichen Residenzstädtchen zu einem sich rasant entwickelnden Wirtschafts- und Dienstleistungsstandort Anhalts und des unmittelbaren preußischen Gebietes. Hervorzuheben ist die Gründung der Kreissparkasse (1865) genauso wie die schon erwähnte Errichtung und der Ausbau der DCGG. Der Wasserleitungsbau begann. Im Interesse weiterer industrieller und gewerblicher Ansiedlungen sowie der Erschließung von neuen Wohnquartieren führte die Stadt große Grundstückserwerbungen durch (Stadterweiterung im Westen und Nordwesten). Zugleich wurde die Stadt nach 1863 (Vereinigung Anhalts) auch optisch zur modernen Haupt- und Verwaltungsstadt ausgebaut, welches 1875 mit der Errichtung des Behördenhauses seinen vorläufigen Höhepunkt erreichte.

Rathausneubau um 1901

In der Amtszeit des Oberbürgermeisters Dr. Friedrich Funk (1884-1897) ging man zielstrebig weiter an den Ausbau der Stadt. Die Ansiedlung von neuen Unternehmen wurde forciert. Der neue deutsche Nationalstaat (II. Deutsches Reich 1871-1918) lieferte auch für Anhalt gute Rahmenbedingungen. Ein neues Wasserwerk wurde errichtet, nachdem sich der erste Wasserwerksstandort als ungünstig erwies. Der Bau des Schlachthofes, der Ausbau der Kanalisation und die weitere Straßenpflasterung sind einige Beispiele der kommunalen Aktivitäten. Mit der Eröffnung der Gasstraßenbahn 1894 begann sich auch hier das Straßenbild zu wandeln, welches bisher von Pferdefuhrwerken allein beherrscht wurde.

Dessau 1841-1941

Ausbauetappen Dessaus zur Industriestadt

Mit der von 1898-1918 reichenden Amtszeit des Oberbürgermeisters Dr. Ernst Ebeling erfolgte der noch schnellere, intensivere und breiter gefächerte industrielle Aufschwung von Dessau zur blühenden Mittelstadt. Die Einwohnerzahl überschritt 1899 die 50 000-Marke. Die Stadt wandte sich unter Ebeling auch speziellen Projekten zu, die als Inbegriff des Wohlstandes der Kommune auch äußerlich zur Schau gestellt wurden: 1898 Eröffnung der Städtischen Lesehalle, 1910 Übergabe des Anhaltischen Landesmuseums. Darüber hinaus erfolgte die Errichtung der Stadtschwimmhalle, der Handelsrealschule und des Rathauses. Zugleich erfolgte die Bebauung der Stadterweiterung Nord (mit Petruskirche und dem Schillerpark).

In verkehrstechnischer Hinsicht erfolgte in der Zeit von 1906 bis 1908 die Errichtung der ersten Eisenbahn-Überführung am Bahnhof (eine 85 m lange und 15 m breite Eisenkonstruktion), welche einen wesentlichen Fortschritt bedeutete. Weiterhin erfolgte nach der Umstellung auf elektrischen Betrieb (1901) der weitere Aus- und Aufbau sowie Erweiterung des Straßenbahnliniennetzes. 1907 wurde u. a. die Strecke von Dessau nach Roßlau fertig gestellt. Innerhalb von einem halben Jahrhundert wurden Veränderungen des Charakters der einst so ruhigen, der Muse zugewandten Residenzstadt bewirkt. Doch der Ausbau der Industrie und der Wachstum der Stadt (Fläche und Bewohner) haben ihren vorläufigen Höhepunkt noch nicht erreicht. Erst mit den Auswirkungen und Folgen des I. Weltkrieges scheint der Industrialisierungsprozess beendet zu sein.

vgl.: Hans Keller und Siegfried Hahn: Geschichte und Zukunft der Dessauer Bahnhofsanlagen, in: Dessauer Kalender 1993, Heimatliches Jahrbuch für Dessau und Umgebung, 37. Jahrgang, Hrsg.: Stadt Dessau, Stadtarchiv, Dessau 1992, S. 5

Fritz Hesse (Bürgermeister von 1918 bis 1933) fiel die Aufgabe zu, die Versorgungsnöte in Folge des I. Weltkrieges mit Umstand und Geschick zu meistern. Dazu brauchte er nicht nur eine gut funktionierende städtische Administration sondern auch gute Beziehungen zu den jeweiligen Landesregierungen des Freistaates Anhalt (seit 1918). Zum Anfang der Amtszeit von Hesse fiel die Abdankung des herzoglichen Hauses. Damit war Dessau seiner Funktion als Residenzstadt beraubt. Der Hauptstadtstatus blieb erhalten, da sich das Herzogtum in einen Freistaat wandelte. Anhalt blieb weiterhin ein selbständiger Bundesstaat innerhalb des Deutschen Reiches.

Die Abdankungsschrift des Prinzregenten Aribert (1864-1933) vom 12. November 1918 lautete wie folgt:

Fritz Hesse

Dessau 1841-1941

Ausbauetappen Dessaus zur Industriestadt

Fritz Hesse: Von der Residenz zur Bauhausstadt, Anhaltische Verlagsgesellschaft mbH., Dessau 1995, S. 100

„An das anhaltische Volk!
Um dem anhaltischen Volke den Frieden zu erhalten und das öffentliche Leben im Herzogtum vor schweren Erschütterungen zu bewahren, habe Ich Mich entschlossen, für Seine Hoheit den Herzog Joachim Ernst sowie für das herzogliche Haus auf das Thronfolgerecht zu verzichten und Meinerseits die Regentschaft des Herzogtums niederzulegen."

vgl.: ebenda: S. 152

Vor Hesse stand u. a. die Aufgabe, zur Linderung der nicht befriedigenden Wohnungssituation der Industriearbeiter und der Angestellten in der inzwischen auf über 60 000 Einwohner gewachsenen Stadt tatkräftig beizutragen. Das ehrgeizige Projekt zum Bau von Gartenheimen (preiswerte und gesunde Wohnungen in Kleinhäusern mit Gärten) entstand. Die Durchführung des Siedlungsunternehmens wurde am 7. März 1919 der „Gemeinnützigen Siedlungsgesellschaft für Dessau, Stadt und Land, m.b.H." übertragen. Gemeinsam mit dem ehemaligen Generaldirektor der DCGG und Ehrenbürger der Stadt, Wilhelm von Oechelhaeuser, richtete Hesse diesbezüglich einen Appell an die Dessauer Industrie zur Unterstützung des Vorhabens.

ebenda: S. 208

Acht Monate nach dem Ende des I. Weltkrieges, am 27. Juni 1919, erfolgte der erste Spatenstich. Die „Siedlung Hohe Lache" entstand und begründete den Ruf Dessaus als „Siedlungsstadt", da diesem Vorhaben in den 20-er und 30-er Jahren noch viele folgen sollten. Die mit dem Namen Hesse verbundene Dessauer „Bauhaus-Ära" sollte auch der Stadt, erholt aus den vielen wirtschaftlichen Rückschlägen in Folge der Reparationsbestimmungen nach dem I. Weltkrieg sowie dem zeitweiligen Bauverbot von Flugzeugen und Flugmotoren, einen neuen Schwung verleihen. „Die Übernahme des Bauhauses bedeutete für die Stadt Dessau einen Vorstoß auf Neuland."

Am 1. April 1925 beginnt der Dessauer und zugleich bedeutendste Abschnitt dieser Institution. Es handelte sich um ein von der Stadt Dessau finanziertes Unternehmen. Die Regierung des Freistaates Anhalt genehmigte am 20. Oktober 1926 die Satzung des Bauhauses und erkannte den Hochschulcharakter an. Das Bauhaus Dessau nannte sich von da an offiziell: „Hochschule für Gestaltung".

ebenda: S. 210

Wichtig ist der rechtliche Rahmen, den Fritz Hesse in seinen Erinnerungen wie folgt schildert: „Als ‚Bauhaus Dessau' hatten Leiter, Meister und Studierende des ehemaligen Staatlichen Bauhauses Weimar in Dessau die Arbeit aufgenommen. Angesichts der Geschlossenheit, mit der die Angehörigen des Weimarer Instituts dem Rufe nach Dessau gefolgt waren, erschien es selbstverständlich, daß

Dessau 1841-1941
Ausbauetappen Dessaus zur Industriestadt

das Recht auf die Bezeichnung als ‚Bauhaus' dem neuen Dessauer Institut gebührte. Rein juristisch mochte dies zweifelhaft sein. Um spätere Schwierigkeiten zu vermeiden, schien eine sofortige Klarstellung erforderlich. Der zuständige Ministerialbeamte in Weimar, für seine Person dem Bauhaus wohlgesinnt, zeigte bei den von mir mit ihm telefonisch geführten Verhandlungen Verständnis. Und die thüringische Landesregierung erkannte bald darauf der Stadt Dessau das alleinige Recht auf den Namen ‚Bauhaus' und auf die Benutzung des charakteristischen Stempels des früheren Instituts zu."

Bauhausgebäude

Es kann für den Zeitraum von 1925 bis 1932 festgestellt werden, dass die schöpferischen Kräfte des Bauhauses auch dem Wohnungsbau in Dessau neue Impulse gaben. Am 30. September 1932 wurde das „Bauhaus Dessau" in Folge des Gemeinderatsbeschlusses vom 22. August 1932 aufgelöst. Alle Arbeitsverträge wurden gekündigt. Die Zahlungen eingestellt.

In der Amtszeit von Fritz Hesse wurde nicht nur der Siedlungsbau vorangetrieben, sondern es entstanden auch wichtige Kulturstiftungen: die Theaterstiftung und die Joachim-Ernst-Stiftung. Nach Abbruch des Herzoglichen Schlosses 1927 entstand an der Kavalierstraße der Stadtpark. Ebenfalls 1927 wurde im Palais Reina die „Anhaltische Gemäldegalerie" der Öffentlichkeit übergeben.

Am 8. März 1933 wurde Hesse unter Druck des Reichsstatthalters in Braunschweig und Anhalt, Gauleiter Loeper, von seinem Oberbürgermeisteramt beurlaubt. Dessau war nun, wie schon ein halbes Jahr zuvor das Land Anhalt, vollständig in der Hand der neuen Machthaber, der NSDAP.

vgl. Übersicht 4: Der Freistaat Anhalt - Landesregierungen (1918-1933)
vgl. Übersicht 5: Der Freistaat Anhalt - Landtagswahlen (1918-1933)

Zwischenbilanz: Dessau in der Weimarer Republik
Ursachen für den politischen Umbruch

Bis 1929 war in Dessau eine (für deutsche Verhältnisse) ungewöhnliche Ausgewogenheit einer mittelgroßen Stadt mit ca. 70 000 Einwohnern nachzuvollziehen. Die Lebensbedingungen waren überdurchschnittlich gut, auch Dank einer frühzeitig einsetzenden Siedlungspolitik der Stadt ab 1919. Noch 1930 wies die Stadt Dessau einen ausgeglichenen Haushalt ohne Verschuldung auf.

Dessau 1841-1941

Zwischenbilanz: Dessau in der Weimarer Republik

Dann aber kam der große Einschnitt:
Die Weltwirtschaftskrise 1929-1933/34
Die Folge: Erschütterung des wirtschaftlichen, sozialen und politischen Systems der Weimarer Republik, welche diesen kompakten Problemen in keiner Weise gewachsen war und letztendlich an ihr zerbrach. Die amtliche Statistik wertete dieses Ereignis sehr nüchtern wie folgt:
„Mit seiner am 16. Juni 1933 ermittelten Wohnbevölkerung von 364 415 Personen umfasst Anhalt 0,56 % der Reichsbevölkerung; seine Fläche von 2314,32 m^2 beträgt 0,49 % der Gesamtfläche des Reichs. Anders ausgedrückt: das Land Anhalt entspricht nach Fläche und Bevölkerung etwa dem zweihundertsten Teil des Deutschen Reichs."

„In dem gesamten Zeitabschnitt von 1816 bis 1933 hat sich die anhaltische Bevölkerung von rund 120 000 auf rund 364 000 Personen, demnach auf mehr als das Dreifache vermehrt. Diese Steigerung entspricht fast ganz genau der Bevölkerungszunahme des Deutschen Reichs in seiner Gesamtheit, die im gleichen Zeitraum von 21,8 auf 65,2 Millionen Menschen stieg. Weder in der Provinz Sachsen noch in den Ländern Thüringen und Braunschweig ist der Bevölkerungswachstum verhältnismäßig gleich groß gewesen."

„Der zahlenmäßig stärksten sozialen Schicht, der Arbeiterschaft, gehörten in Anhalt 1933: 60 406 Erwerbstätige und 29 511 Erwerbslose oder 53,8 % aller Erwerbspersonen an." Mit anderen Worten ausgedrückt: innerhalb der Arbeiterschaft Anhalts, der stärksten sozialen Schicht, standen den 60 406 Erwerbstätigen 29 511 Erwerbslose (1933) gegenüber!

Dessau im III. Reich: Die Umwandlung der Industriestadt Dessau zu einem führenden Rüstungsstandort
Die politischen Verhältnisse in Anhalt und in Dessau polarisierten sich im Verlaufe der Weimarer Republik dergestalt, dass spätestens seit den Landtags- und Kommunalwahlen 1932 die NSDAP als die dominierende Kraft in Erscheinung treten konnte und dementsprechend auch handelte. Erste Schritte einer „Neuordnung" der Verhältnisse richtete sich massiv gegen die Bauhaus-Bewegung in Dessau. Anfeindungen gegen die Bauhausbauten, wie z. B. gegen das Arbeitsamtsgebäude, wurden von nun an zum politischen Instrumentarium für Anklageschriften gegen Fritz Hesse und andere Vertreter der Weimarer Demokratie verwandt. So ist u. a. im „Anhalter Anzeiger"

Dessau 1841-1941

Dessau im III. Reich

vom 12. Juli 1933 folgendes nachzulesen: „Der Magistrat übertrug 1928 den Bau dem Bauleiter Gropius noch kurz vor seinem Weggang, der ein zirkusähnliches Gebäude in so ausgesprochenem bolschewistischem, d. h. undeutschem und unpraktischem Stile ausführte, daß in weitesten Kreisen der Bevölkerung darüber Entrüstung herrschte." Es wurde eine Stimmung geschürt, die in den Forderungen gipfelte, alle Bauhausbauten entweder abzureißen (das Bauhausgebäude, das Arbeitsamt) oder einen Beschluss der Stadt herbeizuführen, der auf einen Umbau der „bolschewistischen Erzeugnisse der Dessauer Bauhauszeit" abzielen würde.

Die Räumlichkeiten des Bauhausgebäudes wurden ab Oktober 1932 bis 1938 von der Landesfrauenarbeitsschule (Ausbildungsstätte des Anhaltischen Staatsministeriums) genutzt. Parallel dazu diente es als Heimstatt für die „Amtsleiterschule des NSDAP-Gaues Magdeburg-Anhalt". Ab September 1939 nutzten die Junkerswerke (JFM) das Gebäude. Es zogen Büros und Konstruktionsateliers des expandierenden Konzerns ein. Zugleich nutze auch der Baustab Albert Speers einen Teil des Gebäudes bis 1940 mit. Bei dem Luftangriff vom 7. März 1945 wurde auch das Bauhausgebäude getroffen.

vgl.: Das Bauhausgebäude in Dessau 1926-1999, Hrsg.: Stiftung Bauhaus Dessau, Margret Kentgens-Craig, Birkhäuser Verlag für Architektur, Basel, Berlin, Boston 1998, S. 146 f.

Die zugewiesene neue Rolle der Stadt Dessau im Staatskontext des nationalsozialistischen Deutschen Reiches bewirkte eine Bündelung von administrativen Funktionen. Dessau wurde Sitz eines Reichsstatthalters in Braunschweig und Anhalt sowie innerhalb der Parteistruktur Gauhauptstadt des NSDAP-Gaues Magdeburg-Anhalt. Diese politischen Bedingungen und die wirtschaftlichen Voraussetzungen ließen Dessau über vergleichbare Gau- und Industriestädte hinauswachsen.

vgl. Übersicht 4: Der Freistaat Anhalt - Landesregierungen (1918-1933) Regierung Freyberg

Die Rüstungsindustrie gab es schließlich nicht nur in Dessau . . ., aber der Schub besonders in Richtung Luftrüstung, die geschickte Zuführung von finanziellen Mitteln für die Modernisierung der bestehenden Produktionsstätten ließen den Zustrom von Arbeitskräften unvergleichlich stark anschwellen. Die Wohnbevölkerung nahm prozentual besonders stark zu im Vergleich zum Reichsdurchschnitt.

vgl. Übersicht 1: Die Einwohnerentwicklung der Stadt Dessau (1818-2001)
vgl. Übersicht 2: Schematische Darstellung zur Einwohnerentwicklung der Stadt Dessau (1818-1944)
vgl.: Übersicht 3: Schematische Darstellung zur Einwohnerentwicklung des Landes Anhalt (1818-1939)

Dessau und ganz Anhalt waren schon sehr früh eine Hochburg des Nationalsozialismus. Bereits im September 1923 wurde die Dessauer Ortsgruppe der NSDAP gegründet. Im Jahr 1928 gelang es ihr, mit dem Hauptmann a. D. Wilhelm Friedrich Loeper (1883-1935) einen Abgeordneten in den Anhaltischen Landtag zu entsenden.

vgl. Übersicht 5: Der Freistaat Anhalt - Landtagswahlen (1918-1933)

Dessau 1841-1941

Dessau im III. Reich

vgl.: Frank Kreissler: Findbuch Sammlung NZ, Stadtarchiv Dessau 1993

vgl.: Hartmut Runge: Dessauer Theaterbilder, Zur 200-jährigen Geschichte des Theaters in Dessau, Hrsg.: Anhaltisches Theater Dessau, Anhaltische Verlagsgesellschaft mbH., Dessau 1994, S. 74

Eröffnung des Theaterneubaus 1938

vgl.: Dessau, Grundlagen zur Neugestaltung, Wirtschaftsgeographische und städtebauliche Fragen der Stadtentwicklung. Die besonderen Entwicklungsgrundlagen der Stadt und die Voraussetzungen für ihre künftige städtebauliche Entwicklung. Im Auftrage des Oberbürgermeisters der Stadt Dessau als Manuskript gedruckt, Dessau 1941

vgl.: Anna Teut: Architektur im Dritten Reich 1933-1945, in: Bauwelt Fundamente, Band 19, Ullstein-Verlag, Berlin, Frankfurt/M. und Wien 1967, S. 251-270

Die Zunahme der braunen Gefahr zeigte sich erstmals überdeutlich beim Gauparteitag in Dessau am 30. und 31. August 1930. Rund 2000 SA-Mitglieder marschierten hierbei durch die Straßen der Stadt.

Nachdem Ende 1931 15 Nationalsozialisten in den Dessauer Gemeinderat gewählt worden waren und die NSDAP bei den Wahlen zum Anhaltischen Landtag am 24. April 1932 gesiegt und anschließend den anhaltischen Ministerpräsidenten gestellt hatte, erlangten die Nazis im August 1932 die Mehrheit im Dessauer Gemeinderat.

Selbst in der Zeit von 1933-1945 ragt die Stadt Dessau durch ihre außergewöhnlichen Kraftimpulse über die allgemeinen Maßstäbe heraus. Allerdings unter ganz und gar anderen politischen Voraussetzungen. Die Wachstumssprünge deuten letztendlich auf die Folgen des Ausbaues der Rüstungsindustrie in Dessau hin, besonders auf dem Gebiet des Flugzeug- und des Motorenbaues. Die optische Wandlung zur Gauhauptstadt, sozusagen der beabsichtigte Start für den Aufbau einer nationalsozialistischen Mustergroßstadt, wurde am 29. Mai 1938 mit der feierlichen Eröffnung des neuen Dessauer Theaters im Beisein von Adolf Hitler (1889-1945), Dr. Joseph Goebbels (1897-1945) und dem Gauleiter und Reichsstatthalter Rudolf Jordan (1902-1988) eingeleitet. Der in nur drei Jahren errichtete Theaterneubau sollte nach den Worten des Reichsministers für Propaganda und Volksaufklärung ein „Denkmal des völkischen Kulturwillens" sein.

Die Größe dieses Gebäudes, welches noch heute zu einem der größten Theaterbauten Deutschlands zählt, lässt nur erahnen, in wessen Geist sich die in Planung befindlichen Repräsentationsbauten von Staat und Partei (NSDAP) auch in Dessau ausgeführt werden sollten. Die Bauten sollten architektonische Superlative darstellen. Ein gewisser Abglanz der für die Reichshauptstadt Berlin vorgesehene Neubebauung à la Albert Speer (1905-1981) lassen sich beim Betrachten der Modellfotos der Gauhauptstadt Dessau aus den Jahren 1940/1941 nicht leugnen.

So wurde unter diesen Gesichtspunkten für Dessau des Jahres 1960 eine Einwohnerzahl von über 200 000 prognostiziert. Gestützt auf die Großindustrie erfolgte die Orientierung auf groß angelegte städtebauliche Maßnahmen. Die Realisierung sollte mit Hilfe von Sonderprogrammen, Gesetzen und Führererlassen erfolgen. Der Ausbau der Infrastruktur geschah in Anlehnung an die strategischen Zielstellungen der auf die Kriegsvorbereitung und Kriegs-

Dessau 1841-1941

Dessau im III. Reich

durchführung abzielenden „Vierjahrespläne". Die Region sollte weiterhin zum führenden Wirtschaftsgebiet des von den Nationalsozialisten geführten Deutschen Reiches ausgebaut werden. Dessau kam hierfür eine Schlüsselfunktion zu als das administrative Zentrum des NSDAP-Gaues Magdeburg-Anhalt.

Zusammenfassung

Die Wandlung Dessaus von einer Residenz- zu einer Industriestadt stellt zugleich einen Brückenschlag in eine neue Zeit dar:
1. Sie zeichnete sich vor allem durch die Innovationen in Wissenschaft und Technik aus.
2. Sie trug dem sozialen, politischen und vor allem dem wirtschaftlichen Umbruch Rechnung.

Das Stadtbild wird nach wie vor von zahlreichen avantgardistischen Bauten geprägt, wie Bauhausgebäude, Kornhaus, altes Arbeitsamt, Gropius-Siedlung in Dessau-Törten und Meisterhäuser. Heute sucht die Stadt Dessau nach ihrer Identität. In Folge der unvorstellbaren Zerstörungen des II. Weltkrieges leidet noch immer das urbane Gesamtensemble. Hervorzuheben ist bei dieser Bilanz aber auch die Tatsache, dass ca. 75 % des Stadtgebietes einen Schutzstatus genießt, bedingt durch das Gartenreich und das Biosphärenreservat.

Dessau ist eine Stadt der Gegensätze: So stehen romantische Parkanlagen den teilweise zerstörten Industrieanlagen, die Schlösser den Plattenbauten gegenüber. Ein durchaus interessantes Spannungsfeld. Boten verschiedener Zeit- und Entwicklungsabschnitte bezeugen bis in die Gegenwart den stürmischen Wandlungsprozess von einer Residenz- zu einer bedeutenden deutschen Industriestadt.

Die anhaltische Residenz- und Regierungshauptstadt erhielt mit der Ansiedlung des ersten deutschen Gas- und Energiekonzerns, der DCGG, starke Impulse für ihre Wirtschaft, Infrastruktur und Bevölkerungsentwicklung. Nicht zuletzt übten die bedeutenden Industrieunternehmen einen großen Einfluss auf den Zuzug hervorragender Persönlichkeiten aus Wissenschaft und Technik aus, sondern bedingten ihrerseits wiederum die Ansiedlung und Gründung neuer Firmen der unterschiedlichsten Branchen.

Während der Charakter einer Residenzstadt bis in die 70-er Jahre des 19. Jahrhunderts dominierend gewahrt blieb, ist der daraufhin radikale Wandlungsprozess des Stadtbildes um so bemerkenswerter. Mit der Ausweitung des Stadtgebietes, mit der Neuansiedlung

vgl.: Übersicht 6: Firmenübersicht der Stadt Dessau (1841-1941), Eine Auswahl

Dessau 1841-1941

Zusammenfassung

von Unternehmen, mit der erforderlichen Beschaffung bzw. Errichtung von Wohnhäusern für die in die heranwachsende Stadt hineinströmenden Menschen setzt sich die Veränderung des Erscheinungsbildes Dessaus in eine mittelgroße Industriestadt unaufhaltsam fort.

Die beiden Konzerne (DCGG und Junkers) waren Bestandteil der Stadt geworden. Wie Motoren und die dazugehörigen Getriebe brachten sie das Wirtschaftsleben in Bewegung. Sie wurden zu den wichtigsten ökonomischen Standbeinen der Kommune mit beherrschenden Auswirkungen auf alle Lebensfunktionen und Lebensbereiche der Stadt. Der Geschäftsalltag wurde genauso geprägt wie der gesamte soziale Alltag. Der Wohnungs- und Siedlungsbau wäre undenkbar gewesen.

Die Industriestadt war existenzfähig geworden und verstand es, die Traditionen der ehemaligen Residenzstadt und die Funktionen einer Landeshauptstadt zu integrieren. Wie der kulturelle Bereich geriet auch die gesamte Kommunal- und Landespolitik in eine nahezu unlösbare Wechselbeziehung zur DCGG, auch zur BAMAG und vor allem zu den Junkerswerken. Das letztere Unternehmen gewann an Ausstrahlung und Leistungskraft. Die stolze Bezeichnung Dessaus als „Stadt der Flieger" wurde ein Markenzeichen. Spätestens nach 1939 sollte sich dieser Ruf aber umkehren zum Fluch der Stadt.

Epilog: Zerstörung einer Stadt

Mehr als 20 Luftangriffe musste die Stadt und die Region Dessau in der Zeit von 1940 bis 1945 über sich ergehen lassen. Es handelte sich zunächst um die Folgen der Industriekonzentration, die diese Bombardements magnetisch anzogen. „Angesichts der geringen Ausdehnung von Anhalt stellte die Region ein Ballungszentrum von rüstungsindustriellen Betrieben dar."

Zum Ende des Krieges (1944/1945) galt es nicht mehr, nur die Produktionsstätten zu zerstören, sondern jetzt erfolgte vorrangig die gezielte Vernichtung des Wohnraumes und nicht zuletzt die Massentötung der Bevölkerung durch Flächenzerstörungen. Was am 20. August 1940 begann, sollte sich bis zum 8./9. April 1945 fortsetzen und fand seinen Abschluss während der Tieffliegerangriffe unmittelbar vor der Besetzung der Stadt Dessau durch amerikanische Truppen am 22. April 1945.

Olaf Groehler: Anhalt im Luftkrieg 1940-1945, Anflug auf Ida-Emil, Anhaltische Verlagsgesellschaft mbH., Dessau 1993, S. 40

Dessau 1841-1941

Epilog: Zerstörung einer Stadt

Der schlimme Höhepunkt für Dessau in diesem Luftkrieg war am 7. März 1945 erreicht. Eine traditionsreiche Stadt, die Altstadt von Dessau - das sinnbildliche Herz Anhalts -, versank im Bombenhagel britischer Flugzeuge in Schutt und Asche. Dieses war der Todesstoß für eine kulturell, architektonisch und nicht zuletzt industriell geprägte Region. Ein schmerzlicher Verlust. Es ist eine Tatsache, dass auch nach einem umfassenden Neuaufbau das Antlitz der Stadt nur in Ansätzen wieder erstanden ist.

vgl. Übersicht 7: Luftangriffe auf die Stadt Dessau (1940-1945)

Dessau brennt - Rauchsäulen markieren Bombentreffer

Dessau 1841-1941

Übersicht 1

Übersicht 1: **Die Einwohnerentwicklung der Stadt Dessau (1818-2001)**

Jahr	Wohnbevölkerung	Ereignisse
Herzogtum Anhalt-Dessau (bis 1863)		
1818	9 136	
1834	11 251	
1837	11 778	
1840	12 040	
1843	12 555	
1846	12 592	Haupt- u. Residenzstadt Herzogtum Anhalt-Dessau
1849	12 803	
1852	13 861	
1855	14 335	
1858	15 071	
3. 12. 1861	15 613	
Herzogtum Anhalt (1863-1918)		
3. 12. 1864	16 306	
1867	16 904	
Deutsches Reich (Kaiserreich): 1871-1918		
1871	17 459	
1875	19 643	
1880	23 266	
1. 12. 1885	27 766	
1. 12. 1890	34 658	
1. 12. 1895	42 375	
1. 12. 1896	44 252	
1. 12. 1897	46 379	Haupt- und Residenzstadt Herzogtum Anhalt
1. 12. 1898	48 545	
1. 12. 1899	50 032	
1. 12. 1900	50 958	
1901	52 230	
1. 12. 1905	55 134	
1. 12. 1910	56 605	
1911	57 368	
Novemberrevolution: 1918/1919		
Weimarer Republik: 1919-1933		
Freistaat Anhalt (1919-1945)		
1919	57 674	
31. 12. 1921	60 360	
1923	61 505	
31. 12. 1924	71 123	Hauptstadt Freistaat Anhalt (1919-1945)
16. 6. 1925	71 289	
31. 12. 1927	75 442	

Dessau 1841-1941

Übersicht 1

Jahr	Wohnbevölkerung	Ereignisse
Freistaat Anhalt (1919-1945) **III. Reich: 1933-1945**		
16. 6. 1933	78 593	
1934	83 334	
31. 12. 1935	105 211 Großstadt Eingemeindung der Stadt Roßlau (1. 4. 1935-1. 4. 1945)	Hauptstadt Freistaat Anhalt (1919-1945) • Gauhauptstadt NSDAP-Gau Magdeburg-Anhalt • Sitz des Reichsstatthalters von Anhalt und Braunschweig
1937	115 000	
17. 5. 1939	119 099	
1941	132 541	
1944	144 000	
Das Jahr 1945:		• Zerstörung der Stadt zu mehr als 84 % durch 20 Luftangriffe
(Mai 1945)	50 000 (Schätzung der Stadtverwaltung)	• Besetzung der Stadt Dessau durch US-Army • Besetzung der Stadt Roßlau durch Rote Armee • Demarkationslinie bis Juni 1945 war die Elbe
SBZ: 1945-1949 / DDR: 1949-1990		
9. 9. 1945	75 000	
(März) 1946	92 000	
1950	91 973	
12. 12. 1972	100 000 Großstadt	• Dessau gehörte zur Sowjetischen Besatzungszone (SBZ) und wird Kreisstadt in der Provinz Sachsen, später Provinz Sachsen-Anhalt, ab 1947 bis 1952 Land Sachsen-Anhalt (Landeshauptstadt Halle)
1980	101 969	
1981	102 957	
1982	103 380	
1983	103 663	
1984	103 756	• Von 1952 bis 1990 gehört Dessau zum Bezirk Halle der Deutschen Demokratischen Republik (DDR)
1985	103 748	
1986	103 508	
1987	103 644	
1988	103 972	
31. 12. 1989	101 262	
Das vereinigte Deutschland: ab 1990		
31. 12. 1990	97 331	
31. 12. 1991	95 667	
31. 12. 1992	95 104	
31. 12. 1993	93 855	• Dessau wird Regierungsbezirkshauptstadt im Bundesland Sachsen-Anhalt (Landeshauptstadt Magdeburg)
31. 12. 1994	92 535	
31. 12. 1995	90 945	
31. 12. 1996	90 131	• Seit dem 3. 10. 1990 gehört Dessau zur Bundesrepublik Deutschland
31. 12. 1997	88 392	
31. 12. 1998	85 992	
31. 12. 1999	84 409	
31. 12. 2000	82 723	
31. 12. 2001	80 655	

Dessau 1841-1941

Übersicht 2

Übersicht 2: **Schematische Darstellung zur Einwohnerentwicklung der Stadt Dessau (1818-1944)**

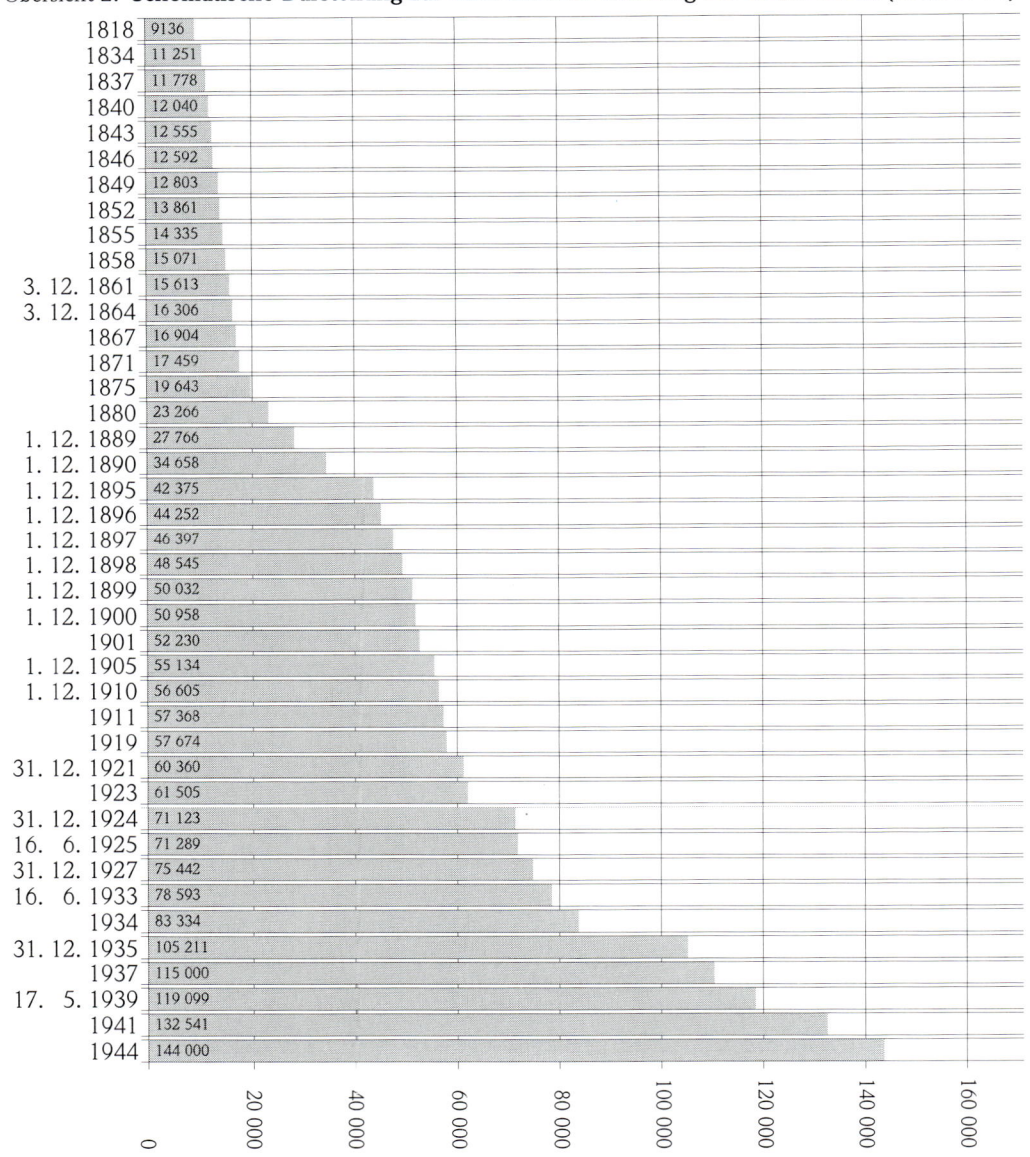

Datum	Einwohner
1818	9136
1834	11 251
1837	11 778
1840	12 040
1843	12 555
1846	12 592
1849	12 803
1852	13 861
1855	14 335
1858	15 071
3. 12. 1861	15 613
3. 12. 1864	16 306
1867	16 904
1871	17 459
1875	19 643
1880	23 266
1. 12. 1889	27 766
1. 12. 1890	34 658
1. 12. 1895	42 375
1. 12. 1896	44 252
1. 12. 1897	46 397
1. 12. 1898	48 545
1. 12. 1899	50 032
1. 12. 1900	50 958
1901	52 230
1. 12. 1905	55 134
1. 12. 1910	56 605
1911	57 368
1919	57 674
31. 12. 1921	60 360
1923	61 505
31. 12. 1924	71 123
16. 6. 1925	71 289
31. 12. 1927	75 442
16. 6. 1933	78 593
1934	83 334
31. 12. 1935	105 211
1937	115 000
17. 5. 1939	119 099
1941	132 541
1944	144 000

Wohnbevölkerung der Stadt Dessau 1818-1944

Dessau 1841-1941

Übersicht 3

Übersicht 3: **Schematische Darstellung zur Einwohnerentwicklung des Landes Anhalt (1818-1939)**

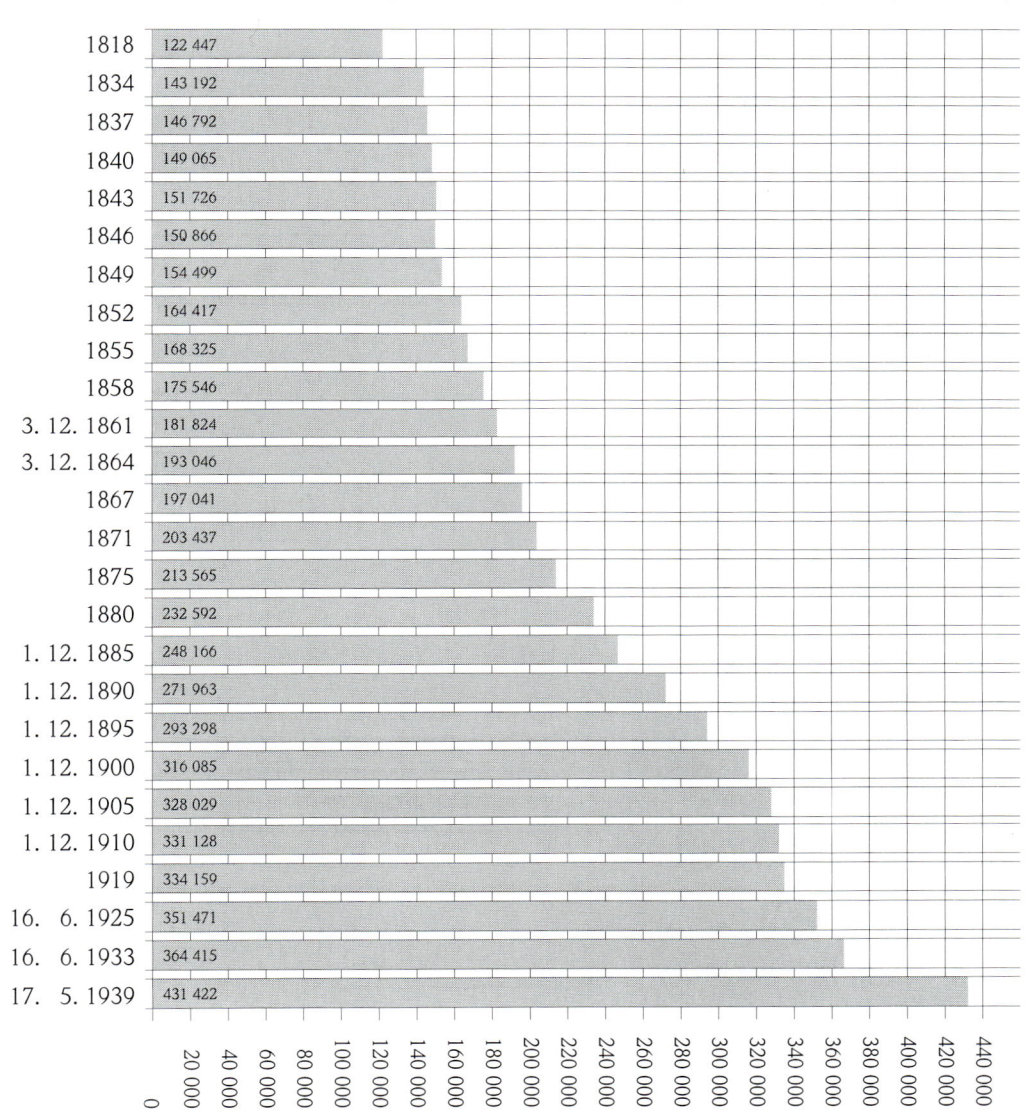

Datum	Einwohner
1818	122 447
1834	143 192
1837	146 792
1840	149 065
1843	151 726
1846	150 866
1849	154 499
1852	164 417
1855	168 325
1858	175 546
3. 12. 1861	181 824
3. 12. 1864	193 046
1867	197 041
1871	203 437
1875	213 565
1880	232 592
1. 12. 1885	248 166
1. 12. 1890	271 963
1. 12. 1895	293 298
1. 12. 1900	316 085
1. 12. 1905	328 029
1. 12. 1910	331 128
1919	334 159
16. 6. 1925	351 471
16. 6. 1933	364 415
17. 5. 1939	431 422

Wohnbevölkerung Land Anhalt 1818-1939
(nach dem Gebietsstand vom 1. Januar 1934)

Dessau 1841-1941
Übersicht 4

Übersicht 4: **Der Freistaat Anhalt - Landesregierungen (1918-1933)**

7. November 1918- 14. November 1918 **Staatsministerium GUTKNECHT:**	Staatsminister Max Gutknecht Staatsrat Wilhelm Voigt, SPD Staatsrat Hermann Cohn, DDP Staatsrat Josef Lux, DDP Staatsrat Heinrich Deist, SPD beamteter Finanzdirektionspräsident P. Lange beamteter Finanzdirektionspräsident Philipp Mühlenbein
14. November 1918- 23. Juli 1919 **Staatsrat HEINE:**	Staatspräsident Wolfgang Heine, SPD stellvertretender Ministerpräsident Heinrich Deist, SPD Staatsrat Wilhelm Voigt, SPD Staatsrat Hermann Cohn, DDP Staatsrat Josef Lux, DDP Staatsrat Richard Paulick, SPD Staatsrat Fritz Hesse, DDP
23. Juli 1919- 6. Oktober 1922 **1. Regierung DEIST:**	Ministerpräsident Heinrich Deist, SPD Staatsrat Wilhelm Voigt, SPD Staatsrat Hermann Cohn, DDP Staatsrat Josef Lux, DDP Staatsrat Richard Paulick, SPD
6. Oktober 1922- 8. Juli 1924 **2. Regierung DEIST:**	Ministerpräsident Heinrich Deist, SPD Staatsrat Wilhelm Voigt, SPD Staatsrat Ernst Weber, DDP
8. Juli 1924- 25. November 1924 **Regierung KNORR:**	Ministerpräsident R. Willi Knorr, DNVP Staatsrat Johannes Ramelt, DVP Staatsrat Hugo Jäntsch, DNVP
25. November 1924- 14. Juni 1928 **3. Regierung DEIST:**	Ministerpräsident Heinrich Deist, SPD Staatsrat Ernst Weber, DDP Staatsrat Kurt Müller, parteilos
14. Juni 1928- 5. Januar 1932 **4. Regierung DEIST:**	Ministerpräsident Heinrich Deist, SPD Staatsrat Ernst Weber, DDP (ab 13. 7. 1930 DStP)
5. Januar 1932- 2. Mai 1932 **5. Regierung DEIST:**	Ministerpräsident Heinrich Deist, SPD Staatsrat Ernst Weber, DStP
ab 2. Mai 1932 **Regierung FREYBERG:** Am 31. März und am 7. April 1933 erfolgt per Gesetz die „Gleichschaltung der Länder". Die administrative Gewalt wird einem „Reichsstatthalter" übertragen.	Ministerpräsident Alfred Freyberg, NSDAP Staats- und Finanzminister R. Willi Knorr, DNVP (bis 18. 4. 1933) Staatsrat ab 13. 5. 1933: Joachim Albrecht Eggeling, NSDAP Ab dem 30. Januar 1934 werden auf der Grundlage des „Gesetzes über den Neuaufbau des Reichs" die Volksvertretungen der Länder aufgehoben und die Hoheitsrechte der Länder dem Deutschen Reich übertragen. Die Landesregierungen unterstehen der Reichsregierung. Die Interessen des Deutschen Reiches werden von einem Reichsstatthalter in seinem Amtsbezirk wahrgenommen. Dessau wird Sitz des Reichsstatthalters in Braunschweig und Anhalt.

Dessau 1841-1941

Übersicht 5

Übersicht 5: Der Freistaat Anhalt - Landtagswahlen (1918-1933)

	Landtagswahlen 1918-1933						
	1918	1920	1924 (I)	1924 (II)	1928	1932	1933[a]
Wahlbeteiligung	81,05 %	84,89 %	78,78 %	86,13 %	88,12 %	89,88 %	93,81 %
NSDAP	...	...	[b] 4,10 %	[c] 4,14 %	2,07 %	40,88 %	46,11 %
Landbund	5,93 %	16,85 %	8,37 %	[d] 38,95 %	10,91 %	...	...
DNVP			12,20 %		6,69 %	[e] 5,85 %	8,39 %
HuG	...	...	5,42 %		4,15 %	2,91 %	...
DMP	2,00 %	...	...		3,36 %	...	...
DVP	...	13,41 %	15,98 %		15,51 %	3,74 %	1,12 %
DDP	34,05 %	15,67 %	3,53 %	7,29 %	4,24 %	1,47 %	0,61 %
SPD	58,03 %	35,77 %	37,03 %	40,95 %	42,45 %	34,27 %	30,78 %
USPD	...	18,30 %	...	...	...	...	...
KPD	...	...	9,53 %	5,85 %	7,56 %	9,31 %	11,43 %
Sonstige	...	...	3,83 %	2,92 %	3,05 %	1,57 %	1,57 %
Sitze	**36**	**36**	**36**	**36**	**36**	**36**	**30**
NSDAP	...	...	[b] 2	[c] 1	1	15	14
Landbund	2	6	3	[d] 14	4	...	...
DNVP			4		2	[e] 2	3
HuG	...	...	2		2	1	...
DMP	—	...	...		1	...	...
DVP	...	5	6		6	2	—
DDP	12	6	1	3	2	1	—
SPD	22	13	13	15	15	12	9
USPD	...	6	...	...	...	...	...
KPD	...	...	4	2	3	3	4
Sonstige	...	...	1	1	—	—	—

[a] Neubildung des Landtags auf Grund der Reichstagswahlen vom 5. März 1933
[b] VSFB
[c] NFP
[d] Volksgemeinschaft
[e] DNVP und Stahlhelm

Dessau 1841-1941
Übersicht 6

Übersicht 6: **Firmenübersicht der Stadt Dessau (1841-1941) - eine Auswahl**

Verkehr	Jahr		Firma
• Berlin-Anhalter Eisenbahn	1839-1841		
	1847		• Anhalt-Dessauische Landesbank (ADL)
	1849		• Maschinenbauanstalt Jahn & Arendt (begründet die Dessauer Maschinenbautradition)
			• Tuchfabrik Samuel Meinert
	1855	DCGG	• Deutsche Continental-Gas-Gesellschaft (DCGG)
	1856		• Dessauer Kreditanstalt für Industrie und Handel
		DCGG	• Gasanstalt Dessau
• Eisenbahn Dessau–Bitterfeld	1857		• Dessauer Wollgarn-Spinnerei AG
• Wallwitzhafen	1859		
• Eisenbahn Dessau–Zerbst (Leopoldsbahn)	1863		
	1865		• Kreissparkasse Dessau
	1866		• Seifenfabrik C. G. Kämmerer
	1870		• Maschinenfabrik Polysius A. G.
	1871	DCGG	• Centralwerkstatt Dessau
			• Aktien-Zucker-Raffinerie Dessau
	1872	DCGG/ BAMAG	• Berlin-Anhaltische Maschinenbau A. G. (BAMAG)
	1877		• Anhalter Tapetenfabrik Ernst Schütz
	1886	DCGG	• Elektrische Zentrale Dessau (E-Werk)
	1890		• Schokoladenfabrik „Ravia"
		DCGG/ Junkers	• „Versuchsstation für Gasmotoren von Oechelhaeuser und Junkers"

Dessau 1841-1941

Übersicht 6

Verkehr	Jahr		Firma
	1892		• Maschinenfabrik und Eisengießerei Becker & Co.
		Junkers	• „Hugo Junkers, Civil-Ingenieur"
	1893		• Automobilfabrik Lutzmann
• Dessau-Wörlitzer Eisenbahn	1894		
• Dessauer Straßenbahn Gesellschaft (bis 1901 Gasstraßenbahn)			
	1895	DCGG	• Deutsche Gasbahngesellschaft m. b. H. (später Waggonbau Dessau)
		Junkers	• „Fabrik für Warmwasser- und Heizapparate Junkers & Co."
• Dessau-Radegaster Kleinbahn	1896		

Zwischenbilanz 1899: In Dessau existieren über 90 Betriebe mit 6959 Beschäftigten. Die Fabrikationspalette ist breit gefächert: Maschinenbau, Eisenverarbeitung, Fahrzeugbau, Textilverarbeitung, Nahrungsmittelproduktion usw.

Verkehr	Jahr		Firma
	1908	Junkers	• Junkers-Kaloriferwerk
• Elektrischer Zugbetrieb zwischen Dessau und Bitterfeld	1911		
	1915	Junkers	• „Forschungs-Anstalt Prof. Junkers"
	1916	Junkers	• „Hauptbüro der Junkerswerke"
	1917	Junkers	• Junkers-Fokker A. G. (Ifa)
	1919	Junkers	• Junkers-Flugzeugwerk A. G. (Ifa)
	1921	DCCG	• Fusionierung der „Centralwerkstatt" und der Fa. „Carl Bamberg Werkstätten für Präzisionsmechanik und Optik" zur „ASKANIA-Werke AG"
		Junkers	• Junkers Lamellenbau
	1922		• Bakteriologisches Institut

Dessau 1841-1941

Übersicht 6

Verkehr	Jahr		Firma
• Elektrischer Zugbetrieb zwischen Dessau und Magdeburg	1923	Junkers	• Junkers-Motorenbau GmbH (Jumo)
• Eisenbahn Dessau–Berlin über Wiesenburg und Belzig			
• Eröffnung Junkers-Flugplatz	1924	Junkers BAMAG	• Fusionierung der BAMAG mit der Fa. „Franz Meguin & Co. A. G." zur BAMAG-Meguin (Konzern)
• Inbetriebnahme des Bahnhofes Dessau-Süd	1925		
	1927	Junkers	• „Zentrale Lehrwerkstatt"
	1929		• Reichsbahnausbesserungswerk (RAW)
	1931	Junkers	• „Gesellschaft für Junkers Dieselkraftmaschinen mbH" (Jukra)
• Reichsautobahn Berlin - München	1936	JFM	• Zusammenschluss der Junkers Flugzeugwerk A. G. (Ifa) und der Junkers Motorenbau GmbH (Jumo) zum Staatskonzern JFM (Junkers Flugzeug- und Motorenwerke A. G.)

Dessau 1841-1941
Übersicht 7

Übersicht 7: **Luftangriffe auf die Stadt Dessau (1940-1945)**

Tag des Angriffes	durchgeführt von	Bemerkungen (Angriffsobjekte)
• 20. 8. 1940	Royal Air Force	Zerstörung von Wohngebäuden (zufällige Bombenabwürfe)
15./16. 12. 1940	Royal Air Force	Zerstörung von Wohngebäuden (zufällige Bombenabwürfe)
• 13. 3. 1941	Royal Air Force	Zerstörung von Wohngebäuden (zufällige Bombenabwürfe)
• 10. 4. 1941	Royal Air Force	Zerstörung von Wohngebäuden (zufällige Bombenabwürfe)
• 17./18. 4. 1941	Royal Air Force	Zerstörung von Wohngebäuden (zufällige Bombenabwürfe)
• 14./15. 8. 1941	Royal Air Force	Bahnanlagen, Wallwitzhafen ... (zufällige Bombenabwürfe)
• 20./21. 9. 1941	Royal Air Force	keine Schäden (zufällige Bombenabwürfe)
		1942 erfolgten keine Luftangriffe auf Anhalt und Dessau
• 16. 6. 1943	Royal Air Force	Zerstörung von Wohngebäuden (zufällige Bombenabwürfe)
• 21. 6. 1943	Royal Air Force	Zerstörung von Wohngebäuden (zufällige Bombenabwürfe)
• 31. 8. 1943	Royal Air Force	Zerstörung von Wohngebäuden (zufällige Bombenabwürfe)
• 22./23. 11. 1943	Royal Air Force	Zerstörung von Wohngebäuden (zufällige Bombenabwürfe)
• 21. 1. 1944	Royal Air Force	Zerstörung von Wohngebäuden (zufällige Bombenabwürfe)
• 28. 5. 1944	USAF	JFM, Flugplatz und Stadtzentrum (schwerer Angriff)
• 30. 5. 1944	USAF	JFM, Polysius, Theater ... (gezielter Angriff auf JFM)
• 20. 7. 1944	USAF	JFM, einige Wohngebäude (gezielter Angriff auf JFM)
• 16. 8. 1944	USAF	JFM, einige Wohngebäude (gezielter Angriff auf JFM)
• 28. 9. 1944	USAF	Zerstörungen im Wohngebiet Nord und in der Wasserstadt
• 16. 1. 1945	USAF	Zerstörungen in Wohngebieten und an Industrieanlagen
• 7. 3. 1945	Royal Air Force	Geplante und gezielte Flächenzerstörung des Stadtgebietes, vor allem der Innenstadt. Insgesamt wurden etwa 1693 Tonnen Bomben, davon 744 Tonnen Spreng- und 949 Tonnen Brandbomben abgeworfen. Große Verwüstungen waren an Industrie- und Verkehrsanlagen zu verzeichnen. Über 80 % der Wohngebäude waren zerstört bzw. schwer beschädigt.
• 8./9. 4. 1945	Royal Air Force	Gezielter Angriff auf die Innenstadt
• bis 22. 4. 1945	USAF	Tieffliegerangriffe: u. a. Zerstörung der Infrastruktur

Daten zusammengestellt auf der Grundlage von folgenden Quellen:

Olaf Groehler: Anhalt im Luftkrieg 1940-1945, Anflug auf Ida-Emil, Anhaltische Verlagsgesellschaft mbH, Dessau 1993
Fritz Wegener: So lebten wir 1938 bis 1945 in Dessau, Zweiter Teil: Kriegsjahre, In: Dessauer Kalender 1993, Heimatliches Jahrbuch für Dessau und Umgebung, 38. Jahrgang, Hrsg.: Stadt Dessau, Stadtarchiv, Dessau 1992
Fritz Wegener: So lebten wir 1938 bis 1945 in Dessau, Dritter Teil: Das bittere Ende, In: Dessauer Kalender 1994, Heimatliches Jahrbuch für Dessau und Umgebung, 38. Jahrgang, Hrsg.: Stadt Dessau, Stadtarchiv, Dessau 1993
mündliche Aussagen von Helmut Erfurth am 29. 7. 2002

Hugo Junkers
Wissenschaftler, Konstrukteur, Visionär

Hugo Junkers: Wissenschaftler, Konstrukteur, Visionär
„Wir sehen in den Junkers-Werken ein glänzendes Bild modernster Technik und technisch-wissenschaftlicher Forschungsarbeit, ein Institut hochqualifizierter deutscher Arbeit . . . . - eine Denkfabrik!" Reichspräsident Friedrich Ebert während seines Besuches bei den Junkers-Werken in Dessau am 6. Dezember 1922.

Walther Rathenau beschreibt 1911 ein neues Raumbild in seinem Buch „Zur Kritik der Zeit": „In ihrer Struktur und Mechanik sind alle größeren Städte der weißen Welt identisch. Im Mittelpunkt eines Spinnwebes von Schienen gelagert, schießen sie ihre versteinernden Straßenfäden über das Land. Sichtbare und unsichtbare Netze rollenden Verkehrs durchziehen und unterwühlen die Straßenschluchten und pumpen zweimal täglich Menschenkörper von den Gliedern zum Herzen. Ein zweites, drittes, viertes Netz verteilt Feuchtigkeit, Wärme und Kraft, ein elektrisches Nervenbündel trägt die Schwingungen des Geistes. Nahrungs- und Reizstoffe gleiten auf Schienen und Wasserflächen herbei, verbrauchte Materie enströmt durch Kanäle."

Walther Rathenau: Zur Kritik der Zeit, In: Gesammelte Schriften, Bd. 1, Berlin 1918

Hugo Junkers und Dessau
Professor Hugo Junkers war einer der bedeutendsten Ingenieure und Wissenschaftler in den vergangenen einhundert Jahren. Besonders seine Flugzeuge brachten ihm und Dessau in den zwanziger Jahren des 20. Jahrhunderts Weltruhm. So erhielt die Stadt 1928 nach der erfolgreichen europäischen Atlantiküberquerung mit einer Junkers W 33 und den über Dessau geflogenen 27 Luftfahrt-Weltrekorden von der internationalen Presse den Ehrentitel: „Dessau, die Stadt der Flieger". Aber auch auf anderen naturwissenschaftlichen und technischen Gebieten war Junkers tätig. Erfolgreich entwickelte und baute er Schwer- und Leichtölmotore im Fahrzeug-, Schiffs- und Flugzeugbau, Warmwasser-Durchlauferhitzer und Messgeräte für die Wärmemessung sowie Konstruktionen im Brücken-, Hallen- und Hausbau. Auf dem Gebiet des industriellen Designs von Haushaltsgegenständen, von Bad- und Kücheneinrichtungen erarbeitete er heute noch geltende Grundlagen. Seine auf die Gebrauchswert-Eigenschaften orientierte Reklame war ihrer Zeit weit voraus. Der Name „Junkers" stand für technisches Know-how, Qualität und Zuverlässigkeit.

Carl Hanns Pollog: Hugo Junkers, Ein Leben als Erfinder und Pionier, Dresden 1930
Richard Blunck: Hugo Junkers - der Mensch und das Werk, Berlin 1942

Helmut Erfurth: Hugo Junkers - Leben und Werk, Beiträge zur Stadtgeschichte, Heft 1, Dessau 1985

Hugo Junkers

Hugo Junkers und Dessau

Hinzu kam das Engagement des vielseitig Interessierten und Begabten auf politischem, kulturellem und künstlerischem Gebiet, insbesondere als förderndes Mitglied des Kreises der Freunde des Bauhauses.

Helmut Erfurth: Zeittafel zur Wirtschaftsgeschichte, in: Dessau vom mittelalterlichen Dissowe . . . zur kreisfreien Stadt, Bad Soden-Salmünster 1996
Olaf Groehler/Helmut Erfurth: Hugo Junkers, Berlin 1989

Hugo Junkers als Student in Berlin, 1878

Angewandte Grundlagenforschung

Mit 29 Jahren trat Hugo Junkers am 28. Oktober 1888 auf Empfehlung seines Berliner Lehrers, Professor Adolph Slaby (1849-1913), bei der Deutschen Continental-Gas-Gesellschaft in Dessau als Konstrukteur ein. Die Gesellschaft stand damals noch unter der Leitung ihres ersten Generaldirektors Wilhelm Oechelhaeuser, dem die deutsche Gasindustrie in erster Linie ihren Aufstieg zu verdanken hat. Dort befand sich seit 1886 eine Elektroenergiezentrale, die zweite ihrer Art in Deutschland nach Berlin. Nach fast fünfjähriger fruchtbarer Zusammenarbeit mit Oechelhaeuser junior, die 1890 zur Errichtung der „Versuchsstation für Gasmotoren von Oechelhaeuser und Junkers" auf dem Grundstück der Dessauer Gasanstalt geführt hatte, löste Junkers unter Aufrechterhaltung seiner persönlichen Beziehungen zu Oechelhaeuser dieses Teilhaberverhältnis, um sich in völliger Unabhängigkeit weiterer Forschungstätigkeit widmen zu können. Es kam zur Gründung eigener Fabriken „Hugo Junkers - Zivilingenieur Dessau" (1892), zunächst Betriebe zur Herstellung von Badeöfen und Kalorimetern unter der Firma Junkers & Co. (1895), kurz „Ico" genannt, und dem „Kaloriferwerk Hugo Junkers" (1908), später einer Motorenbaufabrik in Magdeburg unter der Firma Junkers-Motorenbau G.m.b.H. (1913).

Hier in Dessau sammelte er erste eigene wissenschaftliche Erfahrungen und zahlte zugleich - und dies war absehbar noch wichtiger - industrielles Lehrgeld. Möglicherweise befangen im Überschwang jugendlichen Selbstwertgefühls, erstmals allein eine Aufgabe meistern zu können, erlitt Junkers bei der Verbesserung des Gasmotors zunächst Rückschlag auf Rückschlag. Der Glaube, durch geniale Neuerungen ein ganzes System wie den Gasmotor hocheffektiv zu machen, führte in die Sackgasse, zu nutzlos verronnenen Monaten. Er eignete sich aber dadurch einen Wissens- und Erfahrungsschatz an, der zur Ausbildung einer von ihm nun lebenslang befolgten Methodik beitrug, wie ein technisch-wissenschaftliches Problem zu lösen sei. Hand in Hand gingen dabei Empirie und Theorie, wobei die Theorie stets praxisgebunden und praxisorientiert blieb. Grundlagenforschung war bei Junkers stets auf unmittelbare Anwendung, auf Zweckgebunden-

Hugo Junkers
Angewandte Grundlagenforschung

heit ausgerichtet. Berechnet und verallgemeinert wurde nur dort und nur in dem Maße, wie es das Produkt erforderte. Nicht der theoretische Formelsatz stand in seinem Denken obenan, sondern das patentierte Ergebnis in möglichst produktreifer Form. Um theoretische Lösungen und Praxisaufgaben optimal zu meistern, wurden die geforderten Parameter einer Maschine oder eines Aggregates in ihre verschiedenen Bestandteile zerlegt. Dadurch konnten technische Schwierigkeiten auf ein Minimum reduziert und präziser untersucht werden.

Sehr zeitig führte dieses Herangehen in der Versuchsstation und besonders in der am 31. Oktober 1892 in Eigenregie übernommenen Versuchsanstalt dazu, der Material- und Werkstoffprüfung einen immer größeren Platz in der Zweckforschung einzuräumen. Die Besessenheit, mit der sich Junkers einer Aufgabe wie dem Gasmotor verschrieb - ein Ziel, das er technisch im selben Jahr mit dem ersten 100-PS-Gegenkolbengasmotor löste, dem sich 1893 ein 200-PS-Motor anschloss, machte ihn jedoch nicht blind für die gleichsam als Nebenprodukte anfallenden Erkenntnisse. Ja, es waren eher diese, die zunächst seinen Ruf begründen halfen. Der Gasmotor fiel auf Dauer trotz seiner technischen Lösung den handlicheren, leistungsfähigeren Antriebsmitteln der Elektroindustrie zum Opfer. Doch für Junkers war mit der Motorenforschung ein Lebensziel abgesteckt worden, an dem er bis zur Entwicklung des Schwerölmotors in seinem siebzigsten Lebensjahr festhielt. Finanzielles Standbein, das ihm wirtschaftliche Unabhängigkeit und wissenschaftlichen Freiraum schaffen sollte, waren die Beiprodukte der Motorenforschung.

Gasviertel in Dessau, 1895

Zunächst war es das 1893 patentierte Kalorimeter, ein Messgerät, das in der Junkalor GmbH Dessau mit geringfügigen Modifikationen noch bis Anfang 1990 im Fertigungsprogramm stand. Es entstand aus der Notwendigkeit, den Heizwert des Gases zu messen. Junkers löste diese Aufgabe durch kontinuierliche Übertragung der vom Gas entwickelten Verbrennungswärme auf einen Wasserstrom. Diese Erfindung reichte jedoch über den Rahmen einer Messvorrichtung hinaus und löste eine ganze Kette von Nachfolgeerfindungen aus, die den Namen Junkers erstmals in einer größeren Öffentlichkeit bekannt machten. Das neue Prinzip der Wärmeübertragung kam im gasbeheizten Wassererhitzer zur Anwendung, das eine völlige Umwälzung im Bau der Gasbadeöfen, der Warmwassererhitzer und schließlich auch der Luftbeheizung und Entlüftung zur Folge hatte. Diese Erfindung führte zwischen 1893 und 1913 zu weiteren Junkers-Produkten, die einerseits Maschinenbedürfnisse befriedigt und

Hugo Junkers
Angewandte Grundlagenforschung

andererseits zu einem Massenbedarfsartikel wurden, mit dem echte zivilisatorische Bedürfnisse breitester Kreise des Volkes erfüllt werden konnten. Die Ausstattung der Haushalte in den zwanziger Jahren mit diesen Geräten, die sich durch einen hohen Gebrauchswert und eine Produktlanglebigkeit auszeichneten, ließ eine Massenproduktion in den 1895 gegründeten Apparatewerken Junkers und Co. (Ico) zu. Diese Firma repräsentierte bis zu ihrem Verkauf an die Boschwerke im Jahre 1932 den blühendsten und profitabelsten Zweig von Junkers Industrieunternehmungen. Das seinerzeit von Junkers für diese Gerätegruppen entwickelte Funktionsprinzip erwies sich als derart unverwüstlich, dass es noch heute im Fertigungsprogramm der Gasgeräte GmbH Dessau und dem Bosch-Unternehmen enthalten ist.

Für die Art und Weise Junkers'schen Erfindungsstils war der Vorgang ebenfalls exemplarisch: die Entwicklung einer ganzen Erzeugnisgruppe, deren Prinzip auf denselben Grunderkenntnissen der Strömungslehre und des Wärmeaustausches zwischen gasförmigen und flüssigen Wärmeträgern beruhte. Hier war durch eine wesentliche Grunderkenntnis ein sich multiplizierender Anwendungsbereich erschlossen worden, der ständig vervollkommnet und verbessert wurde. In Junkers wissenschaftlich-technischem Erfahrungsschatz stellten Strömungslehre und praktisch gewonnene Erkenntnisse in bezug auf Leichtbau, Konstruktion in Blech und Bearbeitung dünner Bleche nunmehr Werte dar, die von ausschlaggebender Bedeutung in seinem weiteren Schaffen werden sollten. Der Weg zum künftigen Metallflugzeugbau und zum Metallhaus war zu diesem Zeitpunkt bereits geebnet.

Ursprünglich war sein Konzept eindeutig darauf gerichtet, Erfindungen nicht selbst industriell zu verwerten, sondern sie als Patentgeber für sich nutzbringend zu machen. Die Mauer des Unverstandes, des Desinteresses und der Ablehnung, auf die er jedoch bei der Ideenverwertung seiner Wassererhitzer stieß, veranlasste ihn, die industrielle Fertigung in eigene Hände zu nehmen. Auf diese Weise konnte er den Kreis schließen: von der Idee über die Erfindung zum Patent und vom Probegerät bis hin zur industriellen Serienfertigung. Auch der Vertrieb, die produktorientierte Reklame, Service mit Kundenbetreuung, Einhaltung hoher Qualitätsstandards waren wesentliche Aspekte im Gesamtkonzept von Junkers.

Erfahrungen dieser Art prägten sich ihm nachhaltig ein und bestimmten künftig seine Erfinder- und Unternehmerstrategie. Unter diesem Gesichtspunkt betrachtet, waren die Junkerwerke in erster Linie Denkfabriken und technische Laboratorien.

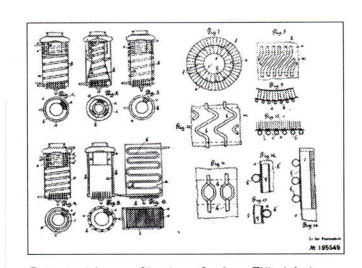

Patentzeichnung für einen Junkers-Flüssigkeitserhitzer

Hugo Junkers
Als Professor in Aachen

Als Professor in Aachen

1897 war Hugo Junkers 38 Jahre alt, im Besitz eines guten Dutzends Patente, einer zunehmend florierenden Fabrik und eines guten Rufes. Er war das, was man in bourgeoiser Behäbigkeit einen gemachten Mann nannte, der sich als Selfmademan nun daran begeben konnte, die Früchte seiner und anderer Arbeit behaglich zu genießen. Doch löste er diese Erwartungen nur zum Teil ein. Er heiratete zwar in diesem Jahr - aus der Ehe gingen 12 Kinder hervor -, allein, wo andere seines Schlages ans Couponschneiden dachten, begann in den Augen von Junkers erst das wirkliche Leben, dem er sich, finanziell gesichert, nunmehr zuwenden wollte. Am 22. Juni 1897 empfahl der Rektor der Technischen Hochschule Aachen dem preußischen Ministerium der geistlichen Unterricht- und Medicinalangelegenheiten, den Ingenieur Hugo Junkers zum Leiter des neugeschaffenen Maschinenlaboratoriums, dessen Bildung am 12. Mai 1897 bewilligt worden war, zu berufen. In Konkurrenz standen mit Junkers der Dortmunder Professor Otto Köhler und der Dozent Eugen Mayer aus Hannover. Dass der Rektor den nicht akademisch graduierten Junkers bevorzugte, spricht entweder dafür, dass sich Junkers bereits einen über seinen Dessauer Wirkungskreis hinausreichenden Namen gemacht hatte oder seine langjährigen Verbindungen zum Lehrkörper der Technischen Hochschule Aachen gaben den Ausschlag. Möglich ist aber auch, dass der Lehrkörper in Aachen zugunsten Junkers entschied, weil er einen Praktiker für weitaus befähigter hielt, jenes Amalgam von praktischem Unterricht und wissenschaftlichem Versuch herzustellen - wie er im Maschinenlaboratorium realisiert werden sollte -, als einen akademischen Forscher.

Das Lehrgebiet von Junkers - so am 20. Dezember 1897 festgeschrieben - sah vor, dass er Vorträge über die Theorie und Konstruktion von Messinstrumenten für den Maschinenbau sowie über Messmethoden halten sollte. Des weiteren hatte er Übungen über das Aufstellen und Auseinandernehmen von Maschinen und Aggregaten sowie die Prüfung von Materialien hinsichtlich ihrer Festigkeit und Elastizität durchzuführen, verbunden mit der Handhabung und Prüfung von Messinstrumenten sowie metrischen und kalorimetrischen Untersuchungen. Er machte dort - seit seiner Berufung am 13. September 1897 zum etatmäßigen Professor - also genau das, woran er seit 1888 in Dessau entwicklungstechnisch (Gasmotor, Durchlauferhitzer, Gas-Wasserheizung) tätig war. Das war für Junkers wohl auch der ausschlaggebende Grund, seine Karriere als Industrieller mit der eines in Staatsdiensten stehenden Professors

Technische Hochschule in Aachen, um 1880

Hugo Junkers
Als Professor in Aachen

zu verbinden. Überdies wird ihn die Aufgabe gereizt haben, das Maschinenlaboratorium nach neuesten Erkenntnissen einrichten und aufbauen zu können. Die kommenden acht Jahre in Aachen verliefen gegenseitig zu höchster Zufriedenheit. Junkers füllte die ihm übertragene Aufgabe mehr als aus. Er war dynamisch und aktiv, belebte durch seine Tätigkeit den Lehrkörper, kam - obwohl ohne großes Redetalent - durch seine praktische Besessenheit bei den Studenten an. Er baute das Laboratorium nach neuestem Erkenntnisstand auf und fügte sich auch dem Gestus und Duktus der Lehranstalt. Für Junkers war die Aachener Zeit zweifellos einer der wissenschaftlich produktivsten Abschnitte seines Lebens. Die erhaltenen Anregungen waren vielfältig, durch Adolf Wallichs kam er mit den amerikanischen Rationalisierungsideen von F. W. Taylor in Berührung. In der Motorenkunde experimentierte er an den verschiedensten Antriebsmitteln, wandte sich dabei endgültig vom Gasmotor ab und dem Dieselmotor zu, der sich durch hohe Leistungsfähigkeit und geringen Brennstoffverbrauch auszeichnete. Die in der Werkstoffkunde und Strömungslehre gewonnenen Erfahrungen schlugen sich nicht nur im Motorenbau, sondern auch in der stetigen Verbesserung und Vervollkommnung seiner in Dessau gefertigten und komplettierten Apparategruppen nieder. Am 23. August 1903 sandte Junkers eine ausführliche Denkschrift an das zuständige Ministerium. Sie gibt einen Einblick in seine wissenschaftlichen und politischen Auffassungen jener Zeit. „Wenn die Technischen Hochschulen ihrer Aufgabe in vollem Umfang gerecht werden wollen, so ist es unerlässlich, dass sie selbst wissenschaftliche Forschungen anstellen, um diejenigen Aufklärungen und Unterlagen zu schaffen, deren der Maschinenbau bedarf, um sich auf wissenschaftlicher Grundlage aufbauen zu können. Solche Forschungen sind vor allen Dingen auf dem physikalisch-technischen Gebiet erforderlich, in denen eine Reihe wichtiger Vorgänge in den Maschinen und sonstigen technischen Konstruktionen der näheren Aufklärung dringend bedarf und für die wissenschaftliche Behandlungen und Werte ermittelt werden müssen."

Wissenschaftliches Neuland
Doch spätestens seit 1909 hatte er sich einem Aufgabenkreis zugewandt, der grundlegende technische und wissenschaftliche Innovationen versprach und von dem die Technische Hochschule Aachen für sich in Anspruch nehmen konnte, in Deutschland

Hugo Junkers
Wissenschaftliches Neuland

Schrittmacherdienste geleistet zu haben. Die Flüge der Gebrüder Wright im Dezember 1903 in den USA und die des Dänen Ellehammer im September 1906 in Europa weckten auch in Deutschland das Interesse für den Motorenflug, der in diesem Lande bislang im Schatten des Luftschiffes gestanden hatte. Professor Hans Jakob Reissner (1874-1967), seit 1906 Mathematiker und Ordinarius für Mechanik in Aachen, zählte zu den wenigen deutschen Hochschullehrern, die sich für den Motorflug nicht nur begeisterten, sondern selbst praktische Versuche unternahmen. 1909 baute er einen Doppeldecker. Zusammen mit Reissner versuchte Junkers, die in dürftigen Kinderschuhen steckende Aerodynamik auf wissenschaftliche Grundlagen zu stellen. Junkers brachte in diese Wissenschaftsehe mit Reissner seine Erfahrungen in der Strömungslehre, seine Werkstoffprüfungsverfahren und seine Kenntnisse in der Metallbauweise ein, überdies sein methodisches Herangehen, das komplizierte Verfahren des Motorfluges in seine einzelnen Bestandteile zu zerlegen, um so zu grundlegenden Erkenntnissen zu gelangen. Das erste, was beide gemeinsam in Angriff nahmen, war 1910 der Bau eines Luftstromkanals. Junkers' Zuwendung zu dieser Problematik fand ihren ersten Ausdruck in der Anmeldung eines Patentes über eine körperliche Gestaltung der Tragflächen im Dezember 1909. Fälschlicherweise wurde es jahrzehntelang als Patent auf ein Nurflügelflugzeug gedeutet, während es sich tatsächlich nur um einen neuartigen Flügel handelte, der allerdings angesichts der Flugzeugbauweise jener Jahre von revolutionierender Bedeutung war. Er sah an Stelle eines Netzes von Verstrebungen und Verspannungen einen freitragenden Großraumflügel vor, der durch seine Profilstärke eine günstige Relation zwischen Auftrieb und Widerstand gewährleisten und zugleich derart beschaffen sein sollte, dass in seinem Inneren alle Gegenstände - wie Motoren, Personen, Nutzlasten usw. - Aufnahme finden konnten.

Das am 1. Februar 1910 erteilte und im November 1912 veröffentlichte Patent beruhte auf der Erkenntnis der aerodynamischen Vorzüge von Profilen mit großer Profildicke. Es resultierte sehr wohl - im Gegensatz zu anderslautenden Behauptungen - auf den aerodynamischen Erfahrungen seiner Zeit und seiner Vorläufer. Junkers verfolgte nämlich mit großer Sorgfalt und Intensität die in Koutschino von Shukowski und Kutta, in Paris von Eiffel und Deutsch, in Göttingen von Prandtl, in Lindenberg vom Verein Deutscher Ingenieure und in London vom National Physical Laboratory vorgelegten Veröffentlichungen ihrer Forschungsergebnisse. Gemeinsam mit Reissner unterbreitete er dem Unterrichtsministerium am 10. Juli und am

Hugo Junkers
Wissenschaftliches Neuland

4. September 1911 den Vorschlag, in Aachen ein Aerodynamisches Laboratorium zu errichten. Den Bemühungen von Reissner und Junkers war es zu danken, dass das Unterrichtsministerium am 24. August 1911 entschied, in Aachen ein Aerodynamisches Laboratorium für 92 000 Goldmark zu errichten, das sich besonders dem Motorflug und dem Flugmotor widmen sollte. Gleichzeitig wurden an den Technischen Hochschulen in Berlin, Hannover, Danzig, Breslau und Aachen Vorlesungen über die Luftschifffahrt eingeführt, die in Aachen Reissner und Junkers bestreiten sollten. Neben der Versuchsstation Prandtls in Göttingen war damit Aachen die Wiege der deutschen aerodynamischen Forschung. Junkers verließ 1912 die Technische Hochschule Aachen, ohne dass hier auf die Hintergründe eingegangen werden kann. Zum Abschied erhielt er den Titel eines Honorarprofessors und den Königlichen Kronenorden III. Klasse. Möglicherweise durch den Weggang von Junkers verursacht, wechselte auch Reissner noch im selben Jahr zur Technischen Hochschule nach Berlin-Charlottenburg. Neuer Leiter des Aerodynamischen Laboratoriums wurde im März 1913 Theodore von Kármán (1881-1963), der den Weltruf dieser Institution begründete, ehe ihn der Nationalsozialismus, wie auch Reissner, 1933 aus Deutschland vertrieb.

Georg W. Feuchter: Der Luftkrieg, Bonn/Frankfurt am Main 1964
Olaf Groehler: Geschichte des Luftkriegs, Berlin 1981

Junkers zwischen 1914-1918

Es gibt keinen Zweifel, dass sich Hugo Junkers im August 1914 in das Millionenheer derer einreihte, die glaubten, das deutsche Kaiserreich führe einen Verteidigungskrieg gegen eine Welt hämischer Feinde, die Deutschland den Platz an der Sonne missgönnten. Doch im Taumel einer ruhmredigen Kriegsbegeisterung wurden alle Zweifel und Skrupel - so sie überhaupt bestanden - hinweggespült. Der Krieg erwies sich für die Junkers'schen Unternehmungen zunächst als Rückschlag. Werkstoffe, die er zur Produktion in der Ico benötigte, wurden rar, die Zahl der Arbeitskräfte sank durch Einberufungen rapide. In Dessau stellte sich die Ico auf Kriegsbedarf um, lieferte ein vielfältiges militärisches Warenhausprogramm von Zündern und Zünderteilen, Geschossen und Feldbadewannen bis zu Feldküchen, Kochvorrichtungen, Speiseträgergefäßen und tragbaren Kochkisten.

Der Krieg begünstigte indes vor allem ein anderes Vorhaben Junkers, mit dessen theoretischen und praktischen Problemen er sich seit dem Abschied aus Aachen beschäftigt hatte: den Bau eines

Hugo Junkers

Junkers zwischen 1914-1918

freitragenden und flugfähigen Ganzmetallflugzeuges. Nach dem sogenannten Kriegsschock, der die vorhandenen Flugzeuge restlos für den Krieg aufgezehrt hatte, waren Kommissionen der Heeresverwaltung in ganz Deutschland unterwegs, eine Flugzeugproduktion großen Umfangs aufzuziehen und sich dazu der Mitarbeit jedes irgendwie geeigneten Fabrikanten zu versichern. So stieß man im Spätherbst 1914 auch auf Junkers und erteilte ihm den Probeauftrag zur Konstruktion eines metallenen Versuchsmusters. In dem am 12. Dezember 1915 zum Erstflug gestarteten freitragenden Mitteldecker realisierte Junkers erstmals seine bis dahin gewonnenen aerodynamischen und konstruktiven Vorstellungen. Die wichtigsten Merkmale des Flugzeuges waren die dicken Flügel und seine Ganzmetallausführung, wozu Eisenbleche verwendet wurden. Das Flugzeug, als Blechesel in die Fluggeschichte eingegangen, erreichte zwar eine für damalige Verhältnisse hohe Geschwindigkeit von 170 km/h, doch stand dem der bedeutende Nachteil gegenüber, dass es zu langsam stieg. Die Inspektion der Fliegertruppen erteilte Junkers daraufhin einen erneuten Probeauftrag für eine verbesserte Variante der Junkers J 1. Obgleich die Junkers J 2 für den damaligen Flugzeugbau optimal mit hoher Oberflächengüte durch Glattblechverwendung, selbsttragende Schalenbauweise und den Serienbau begünstigende Sektionsbauweise ausgelegt war, erreichte sie nicht die geforderten taktischen Eigenschaften. Als Nachteil erwies sich hier nicht nur das hohe Eigengewicht, sondern auch die Korrosionsgefahr durch Kondenswasser in den zahlreichen Hohlräumen, namentlich den Tragflächen. Von April 1916 an veränderte Junkers deshalb die Technologie seines Flugzeugbaues durch die Verwendung des seit 1909 in dem Dürener Metallwerk erzeugten Duraluminiums, das sich durch geringes Gewicht und hohe Festigkeit für die Metallbauweise geradezu anbot. Dieser Baustoff aber konnte nicht geschweißt, sondern musste genietet werden. Aus statischen Gründen verwendete Junkers zudem gewelltes Blech. Seit 1916/1917 hatte Junkers damit einen Fundus an technisch-wissenschaftlichen Erkenntnissen erworben, der de facto die Basis für die kommenden Flugzeuggenerationen des Dessauer Werkes abgab.

Mit der Junkers J 4, einem zweisitzigen gepanzerten Infanterieflugzeug, von dem 227 Stück gebaut und 189 zum Fronteinsatz kamen, gelang Junkers 1917 der Durchbruch als Fabrikant von Flugzeugen. Kurzfristig kam es auf Veranlassung der deutschen Heeresleitung dazu, dass Hugo Junkers und einer der berühmtesten Konstrukteure des ersten Weltkrieges, der Holländer Anthony Fokker, am 20. Oktober 1917 die Junkers-Fokker-Aktiengesellschaft in Dessau mit

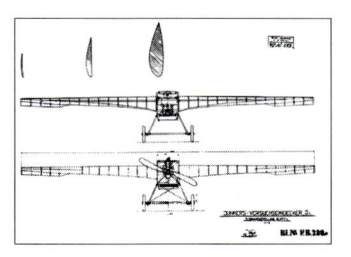

Entwurf für die Junkers J 1, 1915

Feierabend bei Junkers, 1919

Hugo Junkers

Junkers zwischen 1914-1918

einem Stammkapital von 2,6 Millionen Mark bildeten. Von der hurtigen Genialität eines Fokkers und der stetigen Solidität Junkers'schen Flugzeugbaues versprach sich die deutsche Heeresleitung noch eine Wende im Luftkrieg. So sollte hier eine neue Generation von Kampfflugzeugen auf dem Schlachtfeld erscheinen, die die Vorzüge beider Konstrukteure vereinte. Doch die Ehe war kurz, beide Seiten schieden aus ihr ohne Bedauern.

Im Herbst 1918 musste die politische und militärische Führung der deutschen Monarchie ihren Bankrott eingestehen. Die Novemberrevolution erzwang endgültig die Einstellung des Krieges. In den Auseinandersetzungen der Revolution nahm Junkers zwar eindeutig Partei für die bürgerliche Seite in Deutschland, zugleich aber verabscheute er die Methoden des konterrevolutionären Terrors. Am 9. Januar 1919, die Januarkämpfe in Berlin erreichten ihren Höhepunkt, bemerkte er: „Der Kampf darf nicht in einem sinnlos wütenden Zerschlagen alles desjenigen, was der Gegner vertritt, ausgehen. Wenn der politische Kampf fruchtbar sein soll, so muss er vornehm geführt werden, ihm Achtung vor dem Gegner zu Grunde liegen. Das Gute, was er geleistet hat, muss anerkannt werden, es muss sorgsam gehütet werden . . . In diesem Bestreben darf man sich auch nicht irre machen lassen und muss unbedingt ‚sachlich' bleiben, auch dann, wenn es der Gegner anscheinend nicht oder nicht in gleichem Maße tut. Darin liegt keine Schwäche, sondern überlegene Stärke. Also meine Ansicht geht, kurz zusammengefasst dahin: den Gegner ‚scharf' aber mit Achtung und ‚Liebe' und nicht mit Hass, dann, nur dann ist Erfolg zu hoffen. Scharf - da wo es sich wie hier um große Interessen (Fragen, Aufgaben) handelt, aber nicht mit Hass, mit Liebe muss der Kampf geführt werden, wenn er fruchtbringend wirken soll."

Mitbegründer der Deutschen Demokratischen Partei

Heimstatt fand Hugo Junkers in der im November 1918 zunächst in Berlin gegründeten Deutschen Demokratischen Partei, die in der ersten Dezemberhälfte auch im Freistaat Anhalt ihre Filiale eröffnete. Sie verfügte in diesem Landstrich über ein gewisses Maß an Tradition. Im Oktober 1908 war in Dessau der Demokratische Verein gegründet worden, der reichsweit Vertreter in seinen Reihen zählte, deren Namen einen guten Klang in der Geschichte des deutschen Volkes haben, wie Rudolf Breitscheid und Siegfried Aufhäuser, Hellmuth von

Olaf Groehler: Hugo Junkers - Luftfahrtpionier, Industrieller und bürgerlicher Liberaler, in: Alternativen - Schicksale deutscher Bürger, Hrsg. von O. Groehler, Berlin 1988

Hugo Junkers
Mitbegründer der Deutschen Demokratischen Partei

Gerlach und Theodor Barth. Bei den Landtagswahlen am 15. Dezember 1918 errangen die Deutschen Demokraten in Anhalt einen fast sensationellen Wahlerfolg. Nach der SPD - 22 Sitze - errangen sie zwölf Mandate im Landtag und bildeten gemeinsam mit der SPD die Regierung, die bis zum 2. Februar 1932 von Bestand sein sollte. Junkers gehörte zu den ersten, die in Dessau in die neugegründete Demokratische Partei eintraten - eine Partei des deutschen Großbürgertums, die im bürgerlichen Parteienspektrum der Weimarer Republik mehr links von der Mitte als rechts angesiedelt war. Auf dem äußersten linken Flügel dieser Partei sammelten sich demokratische und liberale Kräfte wie die Pazifisten Hellmuth von Gerlach, Ludwig Quidde, Walter Schücking oder Paul von Schoenaich oder Demokraten wie Wilhelm Abegg und Georg Bernhard. Aus den Reihen der Wissenschaft und Kunst zählten unter anderen Albert Einstein, Gerhart Hauptmann, Max Liebermann zu ihren Mitgliedern, aus den Kreisen der Wirtschaft vor allem sogenannte Erfinder-Unternehmer, wie Walther Rathenau, Robert Bosch, Friedrich Otto Schott, Carl Friedrich von Siemens und Ernst Borsig. Dass Hugo Junkers hier politische Heimstatt finden wollte, macht seinen Grundkonsens deutlich.

Beschreiten neuer Wege

Im Gegensatz zu den meisten deutschen Flugzeugindustriellen sah Hugo Junkers 1918/1919 jedenfalls die friedliche Nutzung der Luftfahrt als weitaus wichtiger an als eine geheime Wiederaufrüstung. Mit der am 25. Juni 1919 zum Erstflug gestarteten Junkers F 13 gelang ihm mit seinem Konstrukteur Otto Reuter (1886-1922) ein großer Wurf, der für fast zehn Jahre die Richtung des Verkehrsflugzeugbaus international vorbildhaft prägte und zu einem Welterfolg wurde, wie er keinem anderen Flugzeug zuvor beschieden war. Mit der Junkers F 13 und den in ihrer Nachfolge stehenden Großverkehrsflugzeugen Junkers G 24, G 31, G 38 und Ju 52/3m nahm er in den kommenden Jahren der Verkehrsluftfahrt den Nimbus risikoreicher Ungewissheit und unwirtschaftlicher Extravaganz. Durch Tiefdeckerbauweise und Dreimotorenantrieb schuf er Flugzeuge, die größtmögliche Sicherheit und bequeme Unterbringung der Passagiere verbanden. Durch die Metallbauweise konnten Junkersflugzeuge hohen Belastungen ausgesetzt werden, waren feuerfest und wetterbeständig. Mit dem 1929 zum Einsatz gelangten Schweröl-Flugmotor schließlich

Eine Junkers F 13

Hugo Junkers
Beschreiten neuer Wege

Plakat der Firma Junkers-Luftverkehr, 1924

verbesserten sich Wirtschaftlichkeit und Reichweite der Flugzeuge bis zu einem derartigen Niveau, dass sie erfolgreich mit anderen Verkehrsträgern konkurrieren konnten.

Als Luftfahrtpionier regte Junkers zu breiter Nachahmung an. Ende 1925 machte er sich vor aller Augen zu einem engagierten Sprecher der friedlichen Nutzung der Luftfahrt. „Lassen Sie uns das Flugzeug zu einem Kampfmittel froher Menschlichkeit machen, welches allen Menschen und allen Nationen Segen bringt und allen Menschen und allen Nationen zusteht. Das ist der Weg, der uns zu einem wirklichen, einem dauerhaften Aufstieg führt." Zwei Jahre später, im August 1927, bei der ersten Verabschiedung deutscher Ozeanflieger aus Dessau, führte er aus: „Was wir von der Luftfahrt erwarten, das ist nicht bloß das Bauen von Flugzeugen jeglichen Typs, sondern wir müssen große volkswirtschaftliche Aufgaben erfüllen. Wir müssen Flugzeuge benutzen, um die Völker einander näher zu bringen: mein schönstes Ziel ist, dazu beizutragen, in fruchtbarem Kampf zum Segen und zum kulturellen Fortschritt der Menschheit ... Die Luftfahrt soll nicht nur nach innen frei von jeder Politik sein und versöhnend wirken, sondern auch nach außen hin. Statt die Flugzeuge mit Kriegsmitteln auszurüsten, wollen wir sie mit den Waffen des Friedens und der Menschlichkeit ausstatten. Die Junkers-Flugzeuge sollen dann, wenn sie amerikanischen Boden berühren, Sendboten des Friedens sein, und wir hoffen, dass andere Nationen in dieser großen Sendung mit uns einig gehen."

Helmut Erfurth: Hugo Junkers und das Bauhaus in Dessau, in: Bauwelt Nr. 1/2, Berlin 1991
Helmut Erfurth: Im Rhythmus der Zeit - Hugo Junkers und die Zwanziger Jahre, Dessau 1994 und 1996
Helmut Erfurth: „Auf einem Stern unter Sternen" - Paul Klee, Hugo Junkers und das Fliegen, in: Kultur & Technik Nr. 3, München 1997

Hugo Junkers und das Bauhaus
Das Jahr 1925 war auch in anderer Hinsicht bedeutungsvoll für das Leben von Hugo Junkers, brachte es ihn doch in innigen Kontakt zu einer deutschen Kunstrichtung, die mit dem Namen des Bauhauses, mit Künstlern wie Lyonel Feininger (1871-1956), Paul Klee (1879-1940), Wassily Kandinsky (1866-1944), Oskar Schlemmer (1888-1943), László Moholy-Nagy (1895-1946), Georg Muche (1895-1980), Herbert Bayer (1900-1985), Joost Schmidt (1893-1948) und Architekten wie Walter Gropius (1883-1969), Hannes Meyer (1889-1954), Ludwig Mies van der Rohe (1886-1969) und Ludwig Hilberseimer (1885-1967) verbunden ist. Im Frühjahr 1925 war das Bauhaus von Weimar nach Dessau übergesiedelt, dort herzlich empfangen worden von einem Kreis von Freunden, zu denen auch Hugo Junkers gehörte. Hans Maria Bongers, zu diesem Zeitpunkt leitender Betriebskaufmann

Hugo Junkers

Hugo Junkers und das Bauhaus

des Junkers-Luftverkehr und einer der geistigen Väter der heutigen Deutschen Lufthansa, schrieb in seinen 1971 veröffentlichten Lebenserinnerungen: „Wir Junkersleute engagierten uns natürlich sofort. Das Bauhaus war Fortschritt, es brachte neue Ideen. Das war auch unser Element. Vielleicht war für die Wahl Dessaus nicht ganz ohne Einfluss, dass hier Professor Junkers wirkte und ein fortschrittliches und großzügiges Klima herrschte. Dessau wurde nun erst recht für viele zum Mekka." Eine Einschätzung, die auch Ise Gropius (1897-1983) am 21. März 1925 in ihrem Tagebuch festhielt: „G. von Dessau zurück. Situation scheinbar gerettet. Die Industrie nach vielen Mühen gewonnen. Vor allem Junkers, der sich sehr für den ganzen Bauhausplan interessiert und gleich überlegt hat, wie man praktisch zusammenarbeiten kann."

Junkers ständige Aufgeschlossenheit für neue Ideen brachte ihn auch in enge Verbindung mit dem Dessauer Bauhaus. Er wurde Mitglied des Kreises der Bauhausfreunde, und zwischen Junkers-Leuten und Bauhaus-Leuten knüpften sich bald nähere Beziehungen. Er war spätestens durch den seit 1923 in den Junkerswerken als Werbefachmann angestellten Friedrich Peter Drömmer (1889-1968) - einen expressionistischen Maler, der bereits 1919 im Bauhaus im Weimar mit seinem Kieler Malerfreund Karl Peter Röhl (1890-1975) tätig war - auf das Wirken des Bauhauses aufmerksam geworden. Die Firma Junkers & Co. installierte im Bauhaus-Versuchshaus am Horn 1923 die entsprechenden Warmwasser-Apparaturen. Drömmer hatte 1925 eines der berühmtesten Markenzeichen der Welt, den stilisierten fliegenden Menschen entworfen. Er vermittelte bereits 1923 den Bauhausstudenten Siegfried Ebeling (1894-1963) an das Privatbüro von Hugo Junkers, der auch im Dessauer Baubüro von Walter Gropius tätig war. Während der Feierlichkeiten zur Einweihung des Bauhausgebäudes verteilte Ebeling sein soeben erschienenes Buch: Der Raum als Membran. Eine bemerkenswerte Veröffentlichung, die Hugo Junkers interessiert zur Kenntnis nahm und von Bruno Taut und Ludwig Mies van der Rohe hoch geschätzt wurde. Mit Drömmer aber war Junkers nicht nur durch gemeinsame Verehrung für die Malerei des Expressionismus und der technikorientierten Kunst verbunden, sondern auch durch das Bemühen, für die Massenprodukte Dessaus ein Design zu entwickeln, das hohen ästhetischen Ansprüchen genügte. Modernes Design sollte nicht nur die Metallflugzeuge von Junkers auszeichnen, sondern auch die Inneneinrichtung seiner ab 1925 entstandenen Verkehrsgroßflugzeuge, wie der G 31. In den Junkers-Betrieben konnte der Bauhaus-Jungmeister Marcel Breuer

Hans Maria Bongers: Es lag in der Luft · Erinnerungen aus fünf Jahrzehnten Luftverkehr, Düsseldorf und Wien 1971

Helmut Erfurth: Symbiose von Kunst und Technik, in: Die Metallwerkstatt am Bauhaus, Ausstellungskatalog, Berlin 1992
Helmut Erfurth: Das Baubüro Gropius als innovativer Teil des Bauhauses, in: Sachsen-Anhalt, Beiträge zur Landesgeschichte Nr. 10, Halle 1997

Junkers-Technik in der Bauhausküche im „Haus am Horn", Weimar 1923

Hugo Junkers

Hugo Junkers und das Bauhaus

Helmut Erfurth: 60 Jahre Stahlrohrmöbel, in: Möbel und Wohnraum, Heft 2 und 5, Leipzig 1986

Helmut Erfurth: Der Stahlrohrstuhl - sein Entwicklungsweg durch das Industriedesign, Beiträge zur Stadtgeschichte, Heft 4, Dessau 1986

Helmut Erfurth: Von Junkers kam die Kufe, in: Flying Furniture, Köln 1999

Helmut Erfurth: Marcel Breuer erfindet den Stahlrohrstuhl, Köln 2002

Marcel Breuer: Form Funktion. In: Junge Menschen, Heft 8/1924

Walter Gropius: Wo berühren sich die Schaffensgebiete des Technikers und Künstlers, in: Die Form, Nr. 6/1926

Kurt Junghans: Das Haus für Alle - Zur Geschichte der Vorfertigung in Deutschland, Berlin 1994

Der Breuer-Kufenhocker B 9 von 1926

Das vierteilige Teetischset B9-9c von M. Breuer, 1925, als Prototyp in den Junkerswerken gefertigt

(1902-1981) ab 1925 seine ersten Stahlrohrmöbel entwickeln und fertigen, die in abgewandelter Form auch in seinen Verkehrsflugzeugen verwendet wurden. „Heute mehr denn je brauchen wir den höchsten Grad von Fähigkeiten. Also, entweder ein und dieselbe Person, ein guter Künstler und ein guter Techniker in Vereinigung, was höchstens ausnahmsweise möglich; oder: Der gute Künstler arbeitet mit dem guten Techniker zusammen. Um eine Idee zu fassen, braucht man kein technisches Können oder Wissen. Um diese Idee zu entwickeln, braucht man technisches Können und Wissen." Diese Aussage von Marcel Breuer bestätigte Walter Gropius in seinem Aufsatz in der Zeitschrift „Die Form" Nr. 6 vom März 1926, den er mit der Frage titulierte: Wo berühren sich die Schaffensgebiete des Technikers und Künstlers?

Die Faszination, die vom Expressionismus und von der Ästhetik der Neuen Sachlichkeit des Bauhauses auf Junkers ausstrahlte, erklärt sich auch daraus, dass Junkers bereits 1924 als Auslober im Ideenwettbewerb für das Hochhausprojekt Tempelhofer Feld in Berlin und mit dem unter seiner Protektion entwickelten Lamellendach neue konstruktive und gestalterische Akzente in die Methoden des Leichtbaues einbrachte. Er fühlte sich hier in vielfacher Weise durch die Ideen von Walter Gropius, der Brüder Wassili und Hans Luckhardt mit Alfons Anker, aber auch durch die USA-Architekten Albert Kahn, Richard Buckminster Fuller und anderer angeregt und herausgefordert. Weit über 20 Patente zum Thema der Metallleichtbauweise in der Architektur und Baukonstruktion sowie die zahlreichen gestalterischen Vorschläge auf dem Gebiet der baugebundenen Kunst charakterisieren die Vielseitigkeit Hugo Junkers als Wissenschaftler, Konstrukteur und Visionär.

Die Begegnung mit Künstlern des Bauhauses und dessen Umfeld schloss auch die Berührung und Auseinandersetzung mit ihrer Weltanschauung und Gesinnung ein. Drömmer holte im April 1929 seinen Freund Dr. Adolf Dethmann (1896-1979) nach Dessau, der Hugo Junkers zweieinhalb Jahre lang als Privatsekretär diente und einer seiner vertrautesten Berater wurde. Junkers kam durch seine Verbindung mit dem Bauhaus in Kontakt und Austausch mit Intellektuellen, die sich im politischen Spektrum der Weimarer Republik eindeutig links empfanden. Was immer man dem Dessauer Großindustriellen nachsagen konnte, Berührungsängste zeichneten ihn nicht aus. Wurde das Weltbild einer linken künstlerischen Avantgarde von ihm auch nicht angenommen, widerspiegelte es sich doch in einer zunehmenden Hinwendung Junkers zu sozialen Fragen.

Hugo Junkers

Hugo Junkers und das Bauhaus

Es war sicherlich alles andere als ein Zufall, dass im selben Jahr, als das Bauhaus nach Dessau übersiedelte, Junkers am 8. November 1925 erste Überlegungen für den Bau rationeller Wohnhäuser in seinem Tagebuch skizzierte. Das entsprach sowohl dem Zeitgeist jener Jahre scheinbar gefestigten Wohlstandes, als auch der uns schon geläufigen Art und Weise, wie Junkers lang erworbene Forschungserfahrungen auf ein neues Gebiet ausdehnte, das des Metallwohnhauses. Seine Überlegungen gingen dahin, einen neuen Werkstoff in die Architektur einzuführen, der billiges, schnelles und qualitativ hochwertiges Bauen erlaubte. Die von ihm entworfenen Gebäude sollten alle Vorzüge des seinerzeit bekannten Wohnkomforts vereinen, orientierten überdies - weit seiner Zeit voraus - auf erstklassige Isolierung, Wärmedämmung und Gewinnung billiger Sonnenenergie im Hause. Offenbar durch das Wirken des Bauhauses inspiriert, konzipierte man in den Junkers-Werken auch eine neue Art der Innenausstattung der Wohnungen. In einer 1930 verfassten Denkschrift hieß es dazu: „Die neue Zeit hat die Form der Gebrauchsgegenstände außerordentlich stark gewandelt. Die Ansichten über Wohnhygiene, Lebensart und -gewohnheiten haben sich grundsätzlich geändert. Bei aller Gärung ist bereits erkennbar das Verlangen nach Klarheit, Sachlichkeit und Verzicht auf komplizierte Zierformen. Metallhaus und Metallrohrmöbel sollten ein neues Leben und Wohnen ermöglichen."

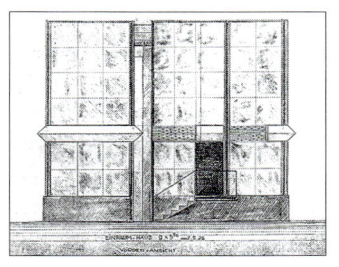

Junkers-Metallhaus in Duraluminium-Leichtbauweise, Entwurf, Mai 1926

Haus Gropius in der Meisterhaus-Siedlung, Baustoff: Vorgefertigte Jurko-(Beton)-Steine, 1925/26

Zeitzeichen: Zwischen Toleranz und Demagogie

In einer Zeit wachsenden Antisemitismus, der durch den organisierten deutschen Nationalsozialismus am offensten, beileibe jedoch nicht allein vertreten wurde, gehörte Junkers 1929 zum Kuratorium der Gedenkfeiern für den Dessauer Philosophen Moses Mendelssohn (1729-1786). An seiner Seite befanden sich Wissenschaftler wie Albert Einstein, Künstler wie Max Liebermann oder Schriftsteller wie Arnold Zweig. Derartiges öffentliches Engagement für Frieden und Völkerversöhnung, für Humanität und künstlerische Weltoffenheit stand im Gegensatz zu der Geringschätzung, die Hugo Junkers vom höchsten Repräsentanten des Weimarer Staates entgegengebracht wurde, dem kaiserlichen Generalfeldmarschall Paul von Hindenburg. Bei einem Staatsempfang am 14. Juni 1927 in Dessau mied dieser es peinlichst, mit Junkers auch nur zusammenzutreffen. Die Reichswehr, deren höchster Vertreter Hindenburg war, betrachtete die rebellische Aufsässigkeit eines Hugo Junkers gegen den Machtanspruch der

Hugo Junkers

Zeitzeichen: Zwischen Toleranz und Demagogie

schimmernden Wehr als unverzeihlich. Überhaupt verschlechterten sich Junkers' Beziehungen zur Reichswehr Ende der Zwanziger Jahre und besonders in den frühen dreißiger Jahren erheblich. Zwar lag der Flugzeugproduktion in Dessau stets auch eine militärische Komponente zugrunde. Und im Zuge des Ausbaues der Dessauer Werke, des Übergangs zur Reihenproduktion, wuchs sogar seine militärische Bedeutung als größter potentieller Flugzeugproduzent. Aber die militärischen Leistungen der Junkerswerke, die sich immer stärker auf Probleme des Verkehrsflugzeuges orientierten, entsprachen nicht den Vorstellungen v. Hindenburgs. Immer weniger fügte sich Junkers in das Luftrüstungskonzept der Reichswehr ein, wie es insbesondere seit 1928 entwickelt worden war. 1931 wurde der Ganzmetalljäger Junkers K 47 vom Erprobungsprogramm der Reichswehr abgesetzt, weil er sich nicht den aufgestellten „technischen Forderungen" des Fliegerreferats der Reichswehr beugte. Am 31. März 1932 bemängelte die Reichswehr erneut die überaus schlechte Zusammenarbeit mit Junkers, der ihren Angaben zufolge noch kein einziges Militärflugzeug für ihre Zwecke hergestellt habe. In den geheimen Aufrüstungsplänen der Reichswehr setzte man alle Flugzeuge der Junkerswerke deshalb ab. Die Situation spitzte sich auch innenpolitisch zu. Die Auswirkungen der Weltwirtschaftskrise zeitigten für die deutsche Flugzeugindustrie katastrophale Folgen. Die Dessauer Werke erlitten vor allem starke Einbußen auf dem Auslandsmarkt, was schwere finanzielle Folgen heraufbeschwor, die noch durch eine ungeahnte Verschärfung der sozialen Konflikte in den Werken selbst gesteigert wurde. Hugo Junkers veränderte daraufhin die Leitungsspitze des Konzerns grundlegend. Ende 1931 entließ er mit den Brüdern Sachsenberg jene Gruppe von Mitarbeitern, die wie Killinger, Longolius, Kaumann u. a. Träger extrem expansiver und nationalistischer Auffassungen gewesen waren und 1931 auf die Positionen der Hitlerpartei einschwenkten. In den Augen der Reichswehr waren es politisch unzuverlässige oder zumindest verdächtige Personen, denen nunmehr die Leitung des größten und modernsten deutschen Flugzeugwerkes oblag.

Besonders gefährlich erschien der neue Direktor Dr. Adolf Dethmann, gegen den schon 1932 von der Berliner Abwehrstelle der Reichswehr „schwere Bedenken in politischer Hinsicht" erhoben worden waren, weil man ihn verdächtigte, dass er „Beziehungen zur Russischen Regierung unterhielte".

Im Zeichen der endgültigen reaktionär-aggressiven Wende der Innen- und Außenpolitik der Weimarer Republik, wie sie die Einsetzung der Regierung Brünings markierte, in der Atmosphäre eines

Hugo Junkers

Zeitzeichen: Zwischen Toleranz und Demagogie

extrem gesteigerten Chauvinismus und Revanchismus, eines stetig sich entwickelnden Nationalsozialismus und heraufdämmernden Hochrüstungskurses konnte Hugo Junkers zu Beginn der dreißiger Jahre immer weniger Hoffnung auf politischen Zuspruch oder finanzielle Beihilfe setzen. Die Deutsche Demokratische Partei atomisierte sich im Gefolge des Rechtsdrucks und beging in letzter Instanz mit der Bildung der auf rechten Kurs einschwenkenden Deutschen Staatspartei politischen Selbstmord.

In Anhalt fand diese Wendepolitik im ersten Halbjahr 1932 statt. Im Januar 1932 wurde die langjährige Regierungskoalition von Sozialdemokraten und Demokraten gestürzt, am 22. Mai 1932 das Naziparteimitglied Dr. Freyberg zum Ministerpräsidenten gekürt und der Deutschnationale Dr. Knorr als sein Stellvertreter eingesetzt. Bereits im Juli tobte in Dessau der braune Terror, wurden Wahlversammlungen auch der Demokraten gesprengt. Der in den Junkerswerken als Ingenieur tätige Reichsbannerhundertschaftsführer Wilhelm Feuerherdt wurde am 9. Juli 1932 bestialisch ermordet.

Zu einem Zeitpunkt, in dem die neuen Machthaber der Stadtverwaltung Dessau und des Landes Anhalt über die Schließung des Bauhauses abstimmten und den Abriss der Bauhausgebäudes forderten, übergab Hugo Junkers dem Bauhausdirektor Ludwig Mies van der Rohe und dem Städteplaner Ludwig Hilberseimer den Auftrag, für die Junkerswerke eine neue Werksiedlung mit allen sozial-kulturellen Folgeeinrichtungen zu projektieren und wirtschaftliche Standortfragen der Junkerswerke unter dem Aspekt einer künftigen Raumentwicklung der Stadt zu untersuchen.

Anhalter Anzeiger, Dessau, vom 23. August 1932

Helmut Erfurth: Pädagogische Beiträge Grundsätze in der Ausbildung bei Junkers, in: Wissenschaftliche Beiträge, Dessau 1985
Helmut Erfurth/Walter Scheiffele/Elisabeth Tharandt: Bauhaus Dessau: Das Gebäude · Architektur und Zeitgeschichte der Moderne, deutsch/englisch, Dessau 1998 und Halle 2001

Der Bankrott

Im Zusammenhang mit der Weltwirtschaftskrise drohte wiederum der wirtschaftliche Bankrott über Junkers. Das mobilisierte erneut einflussreiche Wirtschaftskräfte, sich des Dessauer Unternehmens als künftiger Rüstungsschmiede zeitgerecht zu versichern. Junkers sollte entweder aufgekauft oder durch Kreditaufnahme abhängig gemacht werden. Doch das Triumphgeschrei erklang zu früh. Die Dessauer Werke für Gasbadeöfen und Warmwasseranlagen, bereits in den zwanziger Jahren zur finanziellen Sanierung des Flugzeug- und Motorenbaus stets herhaltend, verkaufte Junkers an den Boschkonzern. Damit stellte er im November 1932 noch einmal die von ihm beanspruchte Selbständigkeit in den Forschungsanstalten, in den

Junkers & Co., Sommer 1928

Hugo Junkers
Der Bankrott

Flugzeug- und Motorenwerken Dessau her. Die tiefe Krise zu Beginn der dreißiger Jahre veranlasste Junkers, sich Rechenschaft über die Entwicklung seines Unternehmens im vergangenen Jahrzehnt abzulegen. Wenn das chinesische Sprichwort wahr ist, dass nur tote Fische mit dem Strom schwimmen, so enthüllte die Bilanz die Lebendigkeit eines Junkers, der sich anschickte, kräftiger als je zuvor gegen den Strom zu schwimmen. Eine Art Aufbruchstimmung schien über den Siebzigjährigen gekommen zu sein; ähnlich den Künstlern, die in hohem Alter mit ihren letzten Motiven durchaus unbewusst zu ihren ersten zurückkehren.

Verfolgung und Enteignung

Was Hugo Junkers an der Wende des Jahres 1932/1933 beschäftigte, war die Rückbesinnung auf einstige Hoffnungen und Blütenträume: Forschung und Technik sah er als entscheidende Hebel an, mit denen sich die bürgerliche Gesellschaft ändern und verändern ließe, Forschung als Mittel zur Bereicherung menschlicher Erkenntnis zu nutzen. Zugleich bewegten den über Siebzigjährigen immer stärker Fragen nach dem Sinn seines Tun und Handelns, nach seinem eigentlichen Lebensziel. Die Kämpfe und Auseinandersetzungen der letzten Jahre waren nicht spurlos an ihm vorübergegangen. Am meisten beklagte er „diese entsetzlich ewige Leerlaufarbeit", die ihm kaum Zeit zur Forschung lasse. Voller Sorge verfolgte er die kriegseifernden, revanchelüsternen Töne in der deutschen Politik: Er notierte: „Es gibt viele Arten von Kampf. Die Weltgeschichte pflegt über die mit tödlich wirkenden Waffen ausgefochtenen Kämpfe mit Vorliebe zu berichten. Das sind aber nicht immer die wichtigsten, wie auch die tödlich wirkenden materiellen Waffen nicht immer die wirkungsvollsten sind. Wichtiger sind die geistigen Waffen und das technisch-wirtschaftliche Kampfgebiet. Das letztere ist es jedenfalls, welches unserer Zeit den Stempel aufdrückt."

Doch was seit dem 30. Januar 1933 weder durch Zufall noch durch Schicksal, sondern durch das zielbewusste Handeln gesellschaftlicher Gruppen über Deutschland hereinbrach, forderte einen Hugo Junkers auf doppelte Weise heraus: Was der an die Macht geschwemmte deutsche Nationalsozialismus wollte, war Krieg, der große Kontinente und Regionen umspannende Welt- und Eroberungskrieg. Vorbereitet wurde dieser mit einer überdimensionierten Hochrüstung, was für die Forschung nur noch reine Zweck-

Hugo Junkers, 1931

Helmut Erfurth/Olaf Groehler: Hugo Junkers in Dessau, in: Sachsen-Anhalt, Beiträge zur Landesgeschichte Nr. 5, Halle 1996

Hugo Junkers
Verfolgung und Enteignung

forschung war, um die Mittel der Aggression optimal zu entwickeln. Krieg und Kriegsvorbereitung bewirkten langfristig, was sich Junkers bereits seit 1918 und nach seiner Fehde mit der Reichswehr fest ins Gedächtnis eingebrannt hatte. Er war dieser Überzeugung - trotz aller gesellschaftlichen Gebundenheit seines Handelns - seit Mitte der zwanziger Jahre weitgehend treu geblieben. Die neuen Machthaber unter Hitlers Regie aber verlangten von ihm seit Januar 1933 im großindustriellen Rüstungsinteresse bedingungslose Unterwerfung von Forschung und Produktion unter die Gesetze des Krieges und der Rüstung. Und in diesem Punkt begann sich Junkers zu verweigern. Er tat dies aus wissenschaftlicher Überzeugung, aus Charakter, aus Verantwortung und aus politischer Erfahrung. Dieser Mann des Bürgertums, ein Forscher und Großindustrieller, ließ sich nicht durch den Nationalsozialismus „gleichschalten", sondern widersetzte sich mit den ihm eigenen Mitteln. Er leistete keinen Widerstand, doch Anpassung an die neuen Machthaber blieb ihm fremd.

Die ersten Schritte, die der nationalsozialistische Staat zwischen dem 30. Januar und 2. Februar 1933 gegen Junkers einleitete, knüpften dort an, wo seine Gegner am Ende der Weimarer Republik aufgehört hatten: Sie verlangten von ihm die sofortige Übergabe aller Patentrechte auf die Dessauer Werke, widrigenfalls sie ihm die Bezahlung bereits an das Reich gelieferter Erzeugnisse sperrten. Gleichzeitig wurden die Junkerswerke aus der Liste derjenigen Unternehmen gestrichen, die im Rahmen eines NS-Sofortprogramms Finanzbeihilfen erhalten sollten. Dieses „Programm für Arbeitsbeschaffung" diente tatsächlich der Ankurbelung der Rüstung. Junkers galt in den Augen des künftigen Luftfahrtministers Hermann Göring und seines Staatssekretärs Erhard Milch als „überzeugter Demokrat und Pazifist", „Mitglied vieler Vereine, die leicht jüdisch, linksgerichtet, liberal oder gar als kryptobolschewistisch zu erkennen waren". Unschwer lassen sich diese Argumente als Wiederholung jener Anschuldigungen erkennen, mit denen Junkers seit Jahren konfrontiert wurde. Die Ablehnung dieser Erpressung beantworteten die Nationalsozialisten mit Gewalt: Auf Anweisung von Göring und unterstützt von der Reichswehr, wurden am Abend des 23. März 1933 Dethmann, Drömmer und der Sohn eines k. u. k. Feldmarschalls, Benno Fiala von Fernbrugg, einer der erfolgreichsten Jagdflieger der Habsburger Monarchie, verhaftet und im „Interesse der Landesverteidigung in Schutzhaft" genommen. Junkers wurde mitgeteilt, dass er erst nach Übergabe seiner Patentrechte mit einer Entlassung seiner Mitarbeiter rechnen könne. Zugleich wurden ihm Freiheitsbeschränkungen auferlegt. Am

Helmut Erfurth: Vom Original zum Modell: Junkers Ju 88, eine Flugzeugmonografie, Bonn 1998
Helmut Erfurth: Vom Original zum Modell: Ju 87, eine Flugzeugmonografie, Bonn 1999
Helmut Erfurth: Vom Original zum Modell: Ju 188, eine Flugzeugmonografie, Bonn 2002

Hugo Junkers
Verfolgung und Enteignung

2. Juni 1933 unterzeichnete Junkers „unter dem Zwang der Umstände" das geforderte Patentübertragungsabkommen. Am 15. Oktober wurde Junkers, der sich in Bayrischzell aufhielt, durch den Oberstaatsanwalt Lämmler ultimativ aufgefordert, sofort an einer Besprechung in Dessau teilzunehmen. Seine Bitte um Verschiebung des Termins beantwortete Lämmler mit einer Weisung an die politische Polizei, Junkers zwangsweise vorzuführen. In einer dramatischen Nachtsitzung vom 17. zum 18. Oktober 1933 wurde Junkers nach sechsstündiger Dauer um 2 Uhr nachts gezwungen, 51 % seiner Aktien an den faschistischen Treuhänder Müller zu übergeben. Mittel der Erpressung war für Lämmler eine von ihm verfasste politische Anklageschrift, in deren entscheidenden Passagen zur Begründung der Beschlagnahme der Junkerswerke es hieß: „Junkers ist Pazifist. Er ist Demokrat. Er hat stets zu den Marxisten gehalten. Er hat fortgesetzt Ausländern vertraut, ihnen Geheimnisse seiner Werke preisgegeben. Er hat die Leitung seiner Werke verdächtigen und politisch belasteten Personen überlassen."

Am 6. Dezember 1933 wurde der einstige Flickdirektor Heinrich Koppenberg als Aufsichtsratsvorsitzender der Junkerswerke eingesetzt. Gleichzeitig gelangte die Behauptung in Umlauf, Junkers habe sich von der Leitung der Werke zurückgezogen, um sich ausschließlich wissenschaftlicher Forschung zuzuwenden. So wurde eine Politik der vollendeten Tatsachen geschaffen. Im Dezember 1933 lief das Rüstungsprogramm in Dessau an, zunächst mit dem Auftrag, 400 Junkers Ju 52/3m als Behelfsbomber bis August 1935 auszuliefern.

Um zu verhindern, dass Junkers die von ihm erzwungene Unterschrift widerrufen oder juristisch anfechten würde, bediente sich der Justiz- und Polizeiapparat zweier Hauptmethoden. Einerseits wurde Junkers unter eine Art Ausnahmegesetzgebung gestellt: Ihm wurden der Besuch Dessaus oder gar das Betreten der Dessauer Werke verboten; er wurde in seiner Bewegungsfreiheit auf München und Bayrischzell begrenzt, der Verkehr mit allen Junkers-Mitarbeitern wurde ihm verboten, namentlich zu Dethmann und Drömmer; seine Post wurde überwacht, sein Telefonverkehr unterbrochen; er selbst wurde ständig durch die Gestapo überwacht. Nicht in seinem Haus wohnende Familienangehörige durfte er nur mit Genehmigung und im Beisein eines Gestapo-Beamten sprechen.

Lämmler hingegen setzte die Arbeiten an der politischen Anklageerhebung gegen Junkers fort, ausdrücklich durch Hitler, Heß, Göring, Milch und Heydrich dazu ermächtigt. Die Drohung mit einem

Olaf Groehler: Anhalt im Luftkrieg, Dessau 1993

Wissenschaftliche Beiträge, Schriftenreihe zu den Junkerskolloquien 1984, 1985, 1988, 1992 und 1995 in Dessau

Hugo Junkers
Verfolgung und Enteignung

Strafverfahren sollte über Junkers wie ein Damoklesschwert hängen, ihn zum Stillhalten zwingen.

Junkers zieht Bilanz

Junkers hielt sich in jenen Monaten von der Luftfahrt fern, stürzte sich dagegen mit einer an Besessenheit grenzenden Energie auf die Probleme des Metallhauses. Eigens dazu wurde eines seiner Dessauer Versuchshäuser nach München-Allach umgesetzt. Neue Testreihen, Untersuchungen und Vergleiche folgten. Es gab wohl kaum ein Problem des Wohnens, des Haushaltens, der Lebensweise, der Beziehung Mensch, Natur und Technik sowie der Wirtschaftlichkeit des Bauens von der Projektierung, über die Bauausführung bis deren Wartung, das nicht auf der Tagesordnung stand. Eines seiner Hauptprojekte, mit dem er sich im September 1933 beschäftigte, war u. a. der Siedlungsbau für jüdische Heimstätten in Palästina. Projekte für Tropenhäuser und Bauten für Kältezonen entstanden. Vom kleinsten Versuchsraum aus dünnwandigem Tiefziehblech bis zu den kühnen Stahlträgerkonstruktionen einer Millionenstadt plante Junkers und ließ entsprechende Modelle anfertigen. Junkers ultramoderner Entwurf einer gehängten Tragwerkkonstruktion großer Spannweite kam auf der Weltausstellung von 1933 in Chicago nicht zur Ausführung. Deutschland nahm aufgrund seiner politischen und wirtschaftlichen Situation durch die Machtergreifung von Adolf Hitler nicht an dieser Ausstellung teil.

In seinem Tagebuch beschrieb er die politischen Zustände in Deutschland mit den Worten: „Die politischen Wogen gehen hoch. Mensch kämpft gegen Mensch ... Hass und Rachsucht sind schlechte Kutscher, sie führen in den Abgrund." Es ist nicht zufällig, wenn zur gleichen Zeit der Bauhausmaler Paul Klee zwei erschütternde hagere Gestalten zeichnet, die einander Schutz suchen und deren Blick von Angst, Ungewissheit und Verzweiflung gekennzeichnet ist. „Auswandern" betitelt er das Blatt.

Hugo Junkers starb am 3. Februar 1935, an seinem 76. Geburtstag. Fortan begann von nationalsozialistischer Seite eine verlogene Verklärung und der schamlose Missbrauch seines Namens, was zehn Jahre lang ununterbrochen fortgesetzt wurde und dazu führte, dass nach 1945 und im besonderen nach der Bildung der beiden deutschen Staaten für Jahrzehnte ein irreales Bild seiner Person entstand.

Helmut Erfurth: Junkers plante in Metall, in: Erfurth/Tharandt: Ludwig Mies van der Rohe - Die Trinkhalle, sein einziger Bau in Dessau, Dessau 1995
Helmut Erfurth: Das „Junkers-Hochhaus" in der Kühnauer Straße 161, Dessau 1997 und 1999
Wolfgang Friebe: Vom Kristallpalast zum Sonnenturm - Eine Kulturgeschichte der Weltausstellungen, Leipzig 1983

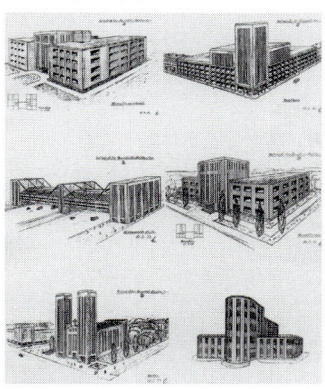

Skizzen für Metallhäuser in Junkers-Paneelbauweise, 1932/33

Traueranzeige aus dem „Propeller" Nr. 1/1935

Curt Riess: Die Junkers-Tragödie, in: Münchner Illustrierte Nr. 15/1954 ff., München 1954
Hans Radandt: Hugo Junkers - ein Monopolkapitalist und korrespondierendes Mitglied der Preußischen Akademie der Wissenschaften, in: Jahrbuch für Wirtschaftsgeschichte, Teil I, Berlin 1960
Olaf Groehler: Hugo Junkers - Legende und Wirklichkeit, in: Fliegerkalender der DDR 1985, Berlin 1984

Hugo Junkers
Epilog

Gustel Perrin: Ju wie Junkers, in: Die Weltbühne, Nr. 5 vom 31. Januar 1984, Berlin 1984
Ludwig Bölkow: Zum 50. Todestag von Professor Hugo Junkers, München 1985
Helmut Erfurth: Das Technik-Museum „Hugo Junkers" Dessau · Hauptinhalte, Objekte und Medien, Raumelemente, Dessau/München 1994

Helmut Erfurth: Ein Museumsprojekt an der Wende zum nächsten Jahrtausend · Technik-Museum „Hugo Junkers" Dessau, Dessau 1993
Helmut Erfurth: Technik-Museum „Hugo Junkers" in Dessau, in: Lexikon der Luftfahrt-Museen in Deutschland, Planegg 1994 und aktualisierte Ausgabe 2001

Epilog

Unbeirrbar an die Ethik im Menschen glaubend und dem Fortschritt dienend, entwickelte Junkers neue Forschungsmethoden. Seine Art des Forschens war für jene Zeit neu und beispielgebend. Zeit seines Lebens versuchte er, Lehre und Forschung, Versuch und Erfindung in einer praxisnahen Weise zu vereinen. Durch diese typische Junkers'sche Wissenschaftskonzeption waren seine Betriebe in erster Linie Stätten der Innovation. So entwickelte er eine Methodologie, die als eine Anleitung zum ethischen Handeln im naturwissenschaftlichen und wissenschaftlich-technischen Erkenntnisprozess zu verstehen war. An seinem 70. Geburtstag am 3. Februar 1929 übergab Hugo Junkers der Stadt Dessau dieses Konzept. Mit dieser „Lehrschau", dem ersten und bisher einzigen technischen Zukunfts-Museum in Form einer Schule für Neuerungen und Verfahren, präsentierte Junkers einen wesentlichen Teil seines Lebenswerkes der Öffentlichkeit.

Wenn sich also in Dessau und hier an historischer Wirkungsstätte die Hochschule Anhalt (FH) mit Werk und Wirken von Professor Hugo Junkers befasst, so ist das nicht nur eine Referenz an den genialen Wissenschaftler, Forscher und Demokraten, sondern in erster Linie eine Verpflichtung, sein innovatives Schaffenswerk der Nachwelt zu erhalten. Dabei schließt Geschichte, und in diesem konkreten Fall ist es eine Symbiose von naturwissenschaftlicher, technischer und kunsthistorischer Geschichte, durchaus die Gegenwart und die Zukunft mit ein.

Der Staatskonzern

Ein Staatskonzern entsteht

Es geht nicht um eine Firmenchronik. Mit diesem Beitrag ist beabsichtigt, Einblicke in die Vorgänge, die Entstehungs- und Aufbaugeschichte eines nationalsozialistischen Musterunternehmens zu vermitteln. Unwidersprochen hart muss zugleich die nahezu vollständige Ausrichtung/Orientierung der Junkerswerke (JFM) auf die Rüstung herausgearbeitet werden. Verbunden mit dem explosionsartigen und expansiven Aufbauprogramm entstand nicht nur einer der modernsten Unternehmen Deutschlands, sondern einer der größten Arbeitskräftemagneten in Mitteldeutschland. Dieses wiederum hatte u. a. gravierende Auswirkungen auf die Bevölkerungsentwicklung und der damit im Zusammenhang stehenden Siedlungs- und Wohnungsproblematik, welche (auch in Folge des Krieges) nicht erfolgreich gelöst werden konnte. Im Ergebnis dieser einschneidenden Prozesse wandelte sich die Erscheinung, der Charakter und die Struktur der betroffenen Standorte der JFM. Besondere Spuren hinterließ die Siedlungspolitik, wie schon im Artikel „Dessau 1841-1941" dargelegt, in der Stadt Dessau.

Der Aufsatz ist demzufolge wie folgt gegliedert:
- Der Entstehungsprozess des größten staatlichen deutschen Luftrüstungskonzernes (Junkers Flugzeug- und Motorenwerke A.G.) ab 1933.
- Nationalsozialistische Rüstung und die Entfernung von Prof. Dr. h. c. Hugo Junkers aus seinen Dessauer Werken.
- Mitteldeutschland (Freistaat Anhalt und die preußische Provinz Sachsen) als Region der Standorte des expandierenden nationalsozialistischen Rüstungsunternehmens JFM.
- Das groß angelegte Wohnungs- und Siedlungsbauprogramm (ab 1934) für die aus ganz Deutschland stammenden Arbeitskräfte des Junkerskonzernes.

Das neue Hauptgebäude des Staatskonzerns JFM

Ein Staatskonzern entsteht

Vorgeschichte - Enteignung auf Raten

Ab Mai 1932 stellte die NSDAP infolge ihres Wahlsieges den Ministerpräsidenten im Freistaat Anhalt. Damit war Anhalt das erste Bundesland des Deutschen Reiches mit einer NSDAP-Regierung - noch vor der Ernennung Adolf Hitlers (1889-1945) zum deutschen Reichskanzler im Januar 1933.

Der Staatskonzern

Ein Staatskonzern entsteht

Prof. Hugo Junkers (1859-1935) aber stand mit seinen Auffassungen und Idealen den Zielstellungen der neuen Machthabern im Wege.

Im RLM war man an einer möglichst vollständigen Verfügungsgewalt über die Ifa interessiert, doch diesem Ansinnen stellte sich Junkers immer wieder entgegen. Anders als in den Auseinandersetzungen mit dem Reich in den Jahren seit dem Fili-Konflikt, als Junkers in und mit der großen Politik jonglierte, mussten im „Dritten Reich" politische Rücksichten, die den komplizierten Interessenauseinandersetzungen in der parlamentarischen Demokratie geschuldet waren, nicht mehr genommen werden. Nun konnte der Staat seine Interessen unvermittelter durchsetzen; angesichts der politischen Zielsetzung, schnell eine leistungsfähige Luftwaffe aufzubauen, tat er dies auch. 1934 rechtfertigten die zuständigen Stellen den Primat der Politik, der sich gleich im ersten Jahr des „Dritten Reiches" bei Junkers so augenfällig dokumentiert hatte wie nirgends sonst: „Das Reich hatte das Recht, die Pflicht und die Möglichkeit, die nationale und wirtschaftliche Zuverlässigkeit der führenden Männer der Firmen nachzuprüfen, die Träger des Aufbauprogramms werden sollten. Diese Nachprüfung führte bei Junkers zu einem im Interesse des Programms untragbarem Ergebnis."

Lutz Budrass: Flugzeugindustrie und Luftrüstung in Deutschland 1918-1945, in: Schriften des Bundesarchivs, 50, Droste Verlag GmbH, Düsseldorf 1998, S. 325

Beim Reichsluftfahrtministerium (RLM) schritt man zur Tat, als immer mehr Zeit verstrich, ohne dass Junkers einlenkte. Ganz im Gegenteil: Er hatte immer wieder deutlich signalisiert, dass er ein Verfügungsrecht des RLM über seine Produktion nicht akzeptieren würde. So hatte er einen Verkauf von Ifa und Jumo abgelehnt, den ihm das RLM im September schmackhaft zu machen suchte.

vgl.: Detlef Siegfried: Der Fliegerblick, Intellektuelle, Radikalismus und Flugzeugproduktion bei Junkers 1914 bis 1934, Verlag J. H. W. Dietz Nachf. GmbH, Bonn 2001, S. 286

Bis Herbst 1933 ließen die offiziellen Vertreter des „III. Reiches" und der Landesregierung Anhalt nichts unversucht, um die Person Hugo Junkers politisch und juristisch zu brechen. Das Ziel bestand darin, an alle für den Flugzeugbau und den Flugzeugmotorenbau grundlegenden 106 Patente zu gelangen, um diese dem neugeschaffenen Reichsluftfahrtministeriums (RLM) Hermann Görings (1893-1946) zuzuführen. Nur so konnte das beabsichtigte umfassende Luftrüstungsprogramm durchgeführt werden.

1. Schritt:
Am 2. Juni 1933 beugte sich Hugo Junkers dem Druck und unterzeichnete das „Patentabkommen", d. h. das Deutsche Reich erhält den Zugriff auf die notwendigen 106 Patente auf den Gebieten des Flugzeugbaus und des Flugmotorenbaus.

Der Staatskonzern

Ein Staatskonzern entsteht

Am 3. Oktober 1933 schließlich traf sich im RLM eine kleine Runde unter der Leitung von Staatssekretär Erhard Milch (1892-1972), die die vom anhaltischen Oberstaatsanwalt Erich Lämmler unterbreiteten möglichen weiteren Maßnahmen gegen Junkers erörterte und über das künftige Verfahren entschied.

Der Landesverratsvorwurf führte nicht recht weiter, denn der Oberreichsanwalt hatte erklärt, dass eine diesbezügliche Klage keine Aussicht auf Erfolg hätte - diese entspringe offenbar eher wirtschaftlichen Absichten, und dafür sei er nicht zuständig. Eine direkte Beschlagnahmung der Werke war deshalb nicht möglich. So entschied man sich schließlich für die Variante, Junkers - weiterhin mit der Finte angedrohter strafrechtlicher Verfolgung wegen Landesverrats - zur Abgabe von 51 % der Ifa- und Jumo-Aktien zu zwingen, damit dadurch sein wirtschaftlicher Einfluss gebrochen wird, ihm seinen Pass zu entziehen und ihn von Dessau fernzuhalten. Mit der Durchführung dieses Plans, der in den darauf folgenden zwei Wochen umgesetzt wurde, beauftragte Milch den Dessauer Oberstaatsanwalt Lämmler. Um im Falle von Junkers' Weigerung auch handlungsfähig zu sein und nicht seine Kompetenz an den für Landesverrat zuständigen, aber widerstrebenden Oberreichsanwalt abgeben zu müssen, wurde Lämmler am 9. Oktober außerdem zum Leiter der anhaltischen Landeskriminalpolizei ernannt, der nach der „Verordnung zum Schutz von Volk und Staat" vom 28. Februar 1933 eigenständig handeln und Junkers festsetzen konnte.

vgl.: ebenda: S. 287

vgl.: ebenda: S. 287

2. Schritt:
Die weitere Etappe der Entmachtung Hugo Junkers erfolgte am 18. Oktober 1933. Im so genannten „Nachvertrag" zum „Patentabkommen" erfolgte die Übergabe von 51 % (also die Majorität) der Aktien der „Junkers Flugzeugwerke A.G." (Ifa) und der „Junkers Motorenbau GmbH" (Jumo) an den Staat.

3. Schritt:
Die Niederlegung der Ämter eines Aufsichtsratsvorsitzenden der Ifa und eines Geschäftsführers der Jumo durch Prof. Hugo Junkers erfolgte auf Veranlassung des RLM am 24. November 1933.

4. Schritt:
Die endgültige Ausweisung Hugo Junkers aus Dessau durch den Oberstaatsanwalt Lämmler war auf den 13. Dezember 1933 datiert.

Der Staatskonzern

Ein Staatskonzern entsteht

Mit dem Tod von Hugo Junkers am 3. Februar 1935, seinem 76. Geburtstag, waren für das RLM auf einen Schlag alle Hindernisse ausgeräumt: der Landesverratsvorwurf, eventuelle patentrechtliche Vorbehalte aus der laufenden Forschungsarbeit usw. - so dass die Übernahme der Junkerswerke und die Verhandlungen über den Kaufpreis schnell abgewickelt werden konnten.

5. Schritt:

vgl.: ebenda: S. 290

Am 3. April 1935 unterzeichnete Therese Junkers (1876-1950) den „Übernahmevertrag", am 30. April 1935 wurden die Kaufpreise für die Werke und Patente sowie die Lizenzgebühren festgelegt. Damit war die Zwangsenteignung der Junkers-Flugzeugwerke A.G. (Ifa) sowie der Junkers-Motorenwerke GmbH (Jumo) abgeschlossen. Die Junkerswerke waren somit Eigentum des Staates.

Vierjahresplan: Das Instrument zur Schaffung einer Kriegswirtschaft

Der Aufbauprozess, untergegliedert in bestimmte Phasen, ging letztendlich einher mit der wirtschaftsstrategischen Politik und Zielstellung der neuen Machthaber: Ein wichtiges Instrument wurde u. a. der „Vierjahresplan". Der 1936 von Hitler verkündete Plan, im Laufe von 4 Jahren eine weitgehende Unabhängigkeit Deutschlands von Einfuhren ausländischer Rohstoffe (besonders Erze, Mineralöl, Kautschuk und Textilien) zu erreichen. Das (nicht öffentlich erklärte) Ziel des Vierjahresplanes war es, die deutsche Wirtschaft „kriegsfähig" zu machen. Zum „Beauftragten für den Vierjahresplan" wurde Hermann Göring ernannt, der zahlreiche Kompetenzen der Fachministerien an sich zog. Die Vierjahresplan-Organisation bestand im Kriege weiter, verlor aber seit etwa 1942 an Einfluss gegenüber dem Rüstungsministerium.

Junkerskonzern unter dem Hakenkreuz

Das Ziel ist Programm: Die Rüstung.
Die Mittel dazu lieferten die zukunftweisenden Produktionstechnologien und -verfahren.

Das ABC-Programm

Die Überlegungen orientierten sich in erster Linie in Richtung Konkurrenzfähigkeit, Effektivität der Produktion, Sanierung der

Der Staatskonzern
Junkerskonzern unter dem Hakenkreuz

Werkanlagen im Interesse der Fähigkeit zur Realisierung von Großaufträgen des Staates. „Anders als noch 1932, als Klaus Junkers zwar für eine Verschlankung des Betriebes eingetreten war, aber am Primat der Forschung festgehalten hatte, ergab sich durch das geforderte Rüstungsprogramm eine völlig neue Situation. Wenn die Ifa nicht ins Hintertreffen geraten, sondern an der Spitze der militärischen Flugzeugproduktion in Deutschland rangieren wollte, so musste sie den Arbeitsablauf völlig neu organisieren: von einer handwerklich geprägten Einzelfertigung hin zur durchrationalisierten Massenfertigung im Taktverfahren. Hier konnte Klaus Junkers auf Erfahrungen zurückgreifen, über die sein Vater nicht verfügte, die aber für die Anforderungen der typisierten Rüstungsfertigung wertvoll waren. Mitte der 20-er Jahre hatte er bei einem längeren Amerikaaufenthalt ein Praktikum in der Symbolstätte der Rationalisierung am Detroiter River Rouge, in den Ford-Werken, absolviert. 1933 knüpfte er an diese Erfahrungen an und entwickelte gemeinsam mit dem Ingenieur Richard Thiedemann (1889-1971), der schon seit längerem für eine Straffung und Ausweitung der Ifa-Fertigung eingetreten war, ein Konzept für die Fließbandproduktion von Flugzeugen."

<small>ebenda:, S.284 f.</small>

Als Staatssekretär Milch am 22. August 1933 sich mit Klaus Junkers über die Lizenzvergabe für zwei Junkers-Modelle an andere Firmen beraten wollte, schlug dieser ihm vor, die Produktion des einen Modells - der später legendären Ju 52 - in Regie der Ifa zu bewerkstelligen, und zwar in Großserienfertigung an drei verschiedenen Standorten, mit dem sogenannten „ABC-Programm".

<small>vgl.: ebenda: S. 285</small>

Die mit diesem Vorhaben verbundene revolutionäre Produktionsablaufidee war inhaltlich wie folgt konzipiert: „Durch eine Untergliederung in kleine Baugruppen, die in einem präzise abgestimmten Arbeitstaktverfahren ablaufende Fertigung und eine optimierte Just-in-time-Teilelieferung konnten erstmals in Deutschland massenhaft Flugzeuge in fließbandähnlicher Produktion hergestellt werden. Das bei Junkers entwickelte ABC-Verfahren wurde zum Modell der späteren Großserienproduktion von Flugzeugen. Allerdings wurde die darauf basierende und ‚mit geradezu amerikanischen Tempo' verlaufende Expansion der Ifa nicht von Klaus Junkers in die Praxis umgesetzt, sondern von Heinrich Koppenberg (1880-1960), dem vormaligen Flick-Manager, der nach der erzwungenen Abgabe der Aktienmehrheit die Leitung der Flugzeugwerke übernahm."

<small>ebenda: S. 285</small>

Ein erster Schritt für die Realisierung des ABC-Programmes galt der Dezentralisierung des Großteilebaues (Flugzeugzelle, Tragfläche, Leitwerk). Für den Zellenbau konnten ab 26. November 1933

Der Staatskonzern

Junkerskonzern unter dem Hakenkreuz

70 Jahre Werk Dessau, Festschrift, Hrsg.: DB Regio AG, Deutsche Bahn Gruppe, Werk Dessau, Dessau 1999, S. 10

bis 1938 der größte Teil der Werkstattflächen des RAW (Reichsbahn-Ausbesserungs-Werk der Deutschen Reichsbahn) in Dessau-Süd genutzt werden. „Für einen Pachtzins von 100 000 RM wurde eine Fläche von 16 885 m² vermietet. Das entsprach ca. 54,4 % der Hallenfläche."

Die Waffenschmiede: Das größte deutsche Unternehmen der Luftfahrtindustrie entsteht

Die Ära Dr. Heinrich Koppenberg

vgl. David Irving: Die Tragödie der Deutschen Luftwaffe, Aus den Akten und Erinnerungen von Feldmarschall Milch, Verlag Ullstein GmbH, Frankfurt/Main 1979, S. 77

Innerhalb von nur 10 Monaten wurde unter maßgeblicher Leitung von Dr. Heinrich Koppenberg das neue Stammwerk der Ifa in Dessau errichtet (1934/1935). Heinrich Koppenberg, der neue Junkers-Generalbevollmächtigte, sollte die Expansion der Junkers-Werke „mit geradezu amerikanischem Tempo" organisieren.

vgl.: ebenda: S. 77

Am Tage nach seiner Ernennung schloss er einen Vertrag mit der Reichsbahn ab. Er pachtete einen Teil des Lokomotiven-Reparaturwerks in Dessau-Süd für das ABC-Programm; binnen sechs Wochen begann er dort Zellen für die Ju 52 zu produzieren.

Junkers Ju 52

Das Endziel: Monatliche Fertigung von 200 Flugzeugen und 1000 Motoren bei der Ifa und bei der Jumo, wobei Dessau-Süd (RAW Dessau), ATG (Leipzig) sowie Blohm & Voß in Hamburg als Zulieferer fungierten.

Im Dezember 1934 setzten Koppenberg, Milch und Albert Kesselring (1885-1960) eine Entscheidung über den Bau eines modernen Junkers-Werkes für 13 Millionen Reichsmark neben dem alten in Dessau durch. Das neue Werk sollte auf die Fließbandproduktion umgestellt werden. Die Folge: Am Ende des Jahres 1934 beschäftigte die Ifa viermal so viele Arbeiter wie ein Jahr zuvor. Unter Milchs Anleitung als Staatssekretär im Reichsluftfahrtministerium beschäftigte die deutsche Luftfahrtindustrie, die bei seiner Amtsübernahme im Januar 1933 knapp 4000 Arbeitnehmer zählte, im Jahre 1937 schon 230 000 Menschen, von denen 121 000 Zellen und 73 000 Flugmotoren herstellten. Dieser Wachstumsprozess war zu diesem Zeitpunkt noch lange nicht abgeschlossen.

vgl.: ebenda: S. 91

1935 gehörten der deutschen Flugzeugindustrie vierzehn bedeutende Werke an: Arado, BFW (Messerschmitt), Bücker, Dornier, Fieseler, Focke-Wulf, Gotha Waggonfabrik, Hamburger Flugzeugbau, Heinkel, Henschel, Junkers, Klemm, Weser- und Flettner-Flugzeugbau.

Der Staatskonzern
Die Waffenschmiede

Der Ausbau der Flugzeugindustrie wurde beschleunigt weiter ausgebaut. Am 24. Oktober 1935 forderte Milch weitere 616 Millionen Reichsmark, um die Kosten der Programmbeschleunigung decken zu können. Innerhalb von zwei Jahren war die Liste der bedeutenden Flugzeugfabriken und ihrer Nachbauwerke auf 36 angewachsen.
In diesem Kontext ist zu berücksichtigen, dass die JFM mit Abstand das größte Unternehmen der Branche blieb und darüber hinaus sein Werksvolumen beträchtlich erweitert hat, in dem tatsächlich das JFM-Konzerneigene ABC-Programm realisiert wurde.

In der Zeit von 1934 bis 1937 entstand eine wohldurchdachte, an die neuen innerbetrieblichen Produktionsabläufe angepasste Werkstruktur:

1934:
- Flugzeugbau-Stammwerk Dessau (FSD)

1935:
- Flugzeugbau-Zweigwerk Aschersleben (FZA)
- Flugzeugbau-Zweigwerk Halberstadt (FZH)
- Flugzeugbau-Zweigwerk Leopoldshall (FZL)
- Motorbau-Zweigwerk Köthen (MZK)
- Motorbau-Zweigwerk Magdeburg (MZM)

1936:
- Flugzeugwerft Breslau (FWB)
- Flugzeugbau-Zweigwerk Schönebeck (FZS)

1937:
- Flugzeugbau-Zweigwerk Bernburg (FZB)
- Flugzeugwerft Leipzig (FWL)

Im Juni 1936 erfolgte der endgültige juristische Akt einer Fusionierung von Ifa und Jumo zur Junkers Flugzeug- und Motorenwerke A.G. (JFM). Es handelte sich von Anfang an um ein staatliches, also reichseigenes Unternehmen. Die Basis bildeten die sich noch zum Teil im Aufbau befindlichen zehn „innerdeutschen" Werke der Ifa und der Jumo.

Hervorzuheben ist die innerbetriebliche Struktur. Jedes der Werke der JFM erhielt einen kaufmännischen und einen technischen Werksleiter, dazu alle Abteilungen, derer eine autonome Gestaltung und Abrechnung der Produktion bedurfte. Mit dieser geschickten Aufgabenteilung gelang eine höchst effektive und flexible Produktionsorganisation und -durchführung. Nur so ist es zu verstehen, dass die Großserienfertigung des neuen Junkerskonzerns in der zweiten Hälfte der 30-er Jahre einen durchschlagenden Erfolg in der deutschen und europäischen Flugzeug- und Motorenbaubranche darstellte. Sie trug die Handschrift von Heinrich Koppenberg.

Der Ehrgeiz von Koppenberg war auch darauf gerichtet, aus der Managerposition in die Position eines Unternehmereigners aufzusteigen. Dieses Vorhaben sollte scheitern.

Motorenbau im Zweigwerk Köthen

Rumpf-/Zellenbau im Zweigwerk Aschersleben

Luftschraubenherstellung im Zweigwerk Magdeburg

Der Staatskonzern
Die Waffenschmiede

Auswirkungen auf die Region

vgl.: Lutz Budrass: Flugzeugindustrie und Luftrüstung in Deutschland 1918-1945, in: Schriften des Bundesarchivs, 50, Droste Verlag GmbH, Düsseldorf 1998, S. 445

Die Werke der JFM gruppierten sich südlich des Verkehrsknotenpunktes Magdeburg, wobei auf einer leicht gewölbten, etwa 80 km langen Linie zwischen Halberstadt und Dessau sämtliche Flugzeugwerke und das Motorenwerk Köthen lagen. Diese Standortkonzentration bildete jedoch nur einen Teil der Veränderungen, denen das Industriegebiet zwischen Saale und Elbe im Zuge der Expansion der Luftfahrtindustrie unterworfen wurde.

Interessant ist die Tatsache, dass der Ausbau der Luftfahrtindustrie in Mitteldeutschland (hierzu zählen auch die Ago in Oschersleben, die Siebelwerke in Halle, die Erla, die ATG und die Mitteldeutschen Motorenwerke in Leipzig) 1937 dazu führte, dass dieser Industriezweig ca. 57 000 Beschäftigte auswies, wovon mehr als 40 000 „Junkers-Leute" waren. Letztendlich führten diese und andere wirtschaftsstandortliche Veränderungen dazu, dass in der Zeit zwischen 1933 bis 1939 eine Steigerung der Beschäftigungszahlen um 222 % zu verzeichnen waren. Es ist also festzustellen: In dieser Relation einschließlich Quantität wurde dieser Wachstumsfaktor von keinem anderen deutschen Industriegebiet übertroffen. Die Auswirkungen waren so enorm, dass im Gebiet zwischen Leipzig und Magdeburg die JFM bereits 1936 mehr Menschen beschäftigte als die I.G. Farben in diesem wichtigsten deutschen Chemiestandort.

vgl.: Übersicht 3 „Dessau 1841-1941", Schematische Darstellung zur Einwohnerentwicklung des Landes Anhalt (1818-1939)

Der Bevölkerungszuwachs im Regierungsbezirk Magdeburg der preußischen Provinz Sachsen vergrößerte sich von 1933 bis 1939 um ca. 84 500 Personen (+ 6,5 %). Im kleinen Land Anhalt, in dem vier Städte (Bernburg, Dessau, Köthen und Leopoldshall) zugleich JFM-Standorte waren, wuchs die Einwohnerzahl zwischen Juni 1933 und Mai 1939 um 67 000 Einwohner.

vgl.: Lutz Budrass: Flugzeugindustrie und Luftrüstung in Deutschland 1918-1945, in: Schriften des Bundesarchivs, 50, Droste Verlag GmbH, Düsseldorf 1998, S. 446

„Die Zuwachsrate von 18,4 % (Deutschland 3,8 %), von denen 13,6 % auf Wanderungsgewinne entfielen, stellten den Spitzenwert der größeren Verwaltungsbezirke des Deutschen Reiches dar."

Der Auf- und Ausbau des neuen nationalsozialistischen Staatskonzerns JFM wandelte eine ganze gewachsene Industrielandschaft (NSDAP-Gau Magdeburg-Anhalt) grundlegend um. Der Großraum Dessau - Magdeburg - Harz war sozusagen „Junkersland".

Gestützt auf die Traditionen der Unternehmen von Prof. Hugo Junkers bis 1933 wurde von der Konzernleitung der JFM systematisch und gezielt ein „Junkers-Mythos" konstruiert und propagiert. Der „Junkersgeist" wandelte sich zu einem Qualitätsbegriff.

Der Staatskonzern
Die Waffenschmiede

Übersicht:

„Junkersbevölkerung" (J) und Wohnbevölkerung (W) von Städten im preußischen Regierungsbezirk Magdeburg und im Land Anhalt, 1938/39

vgl. ebenda: S. 447

	„Junkersbevölkerung" Dezember 1938				Wohnbevölkerung 17. Mai 1939	
	Beschäftigte	Verheiratete	Kinder	Summe J	Summe W	Anteil J an W
Ifa Dessau	11 975	7453	9939	29 367		
Jumo Dessau	7 495	4708	5172	17 375		
Dessau (ges.)				46 742	119 099	39,2 %
Köthen	4 500	3039	4185	11 724	33 655	34,8 %
Bernburg	1 507	932	1311	3 750	42 007	8,9 %
Leopoldshall	2 071	1458	1947	5 476	15 753	34,8 %
Aschersleben	5 039	3191	4787	13 017	31 646	41,1 %
Halberstadt	3 139	2246	3641	9 026	57 187	15,8 %
Schönebeck	2 246	1447	1909	5 602	39 497	14,2 %
Magdeburg	7 809	5108	7262	20 179	336 838	6,0 %

Die Angaben beziehen sich nur auf die JFM-Niederlassungen in Mitteldeutschland (ohne Breslau).

Sehr schnell war die Belegschaft der Junkerswerke zu einer „Werksgemeinschaft" zusammengeschweißt. Gestützt auf die 1936 erlassene „Betriebsordnung der Junkers Flugzeug- und Motorenwerke Aktiengesellschaft" wurde das „Führerprinzip" instrumentalisiert.

Zugleich versuchte die JFM-Konzernführung auch die soziale Komponente in einem bis dahin nicht gekannten Ausmaß zu bedienen. Die Ausrichtung auf die Rüstungsaufgaben setzte einen bedingungslosen Einsatzwillen der „Gefolgschaft" voraus.

Die 1934 ins Leben gerufene Werkszeitung „Der Propeller" wurde das propagandistische Sprachrohr dieser Zielstellung.

Geschickt wurden Erfolge des Siedlungs- und Wohnungsbaus an den Standorten der JFM als Beispiel einer gelungenen Konzernstrategie mit menschlichem Antlitz reich bebildert veröffentlicht. Es war geradezu selbstverständlich, dass sich der nationalsozialistische Staat in diesem Vorzeigeunternehmen der deutschen Luftrüstung konsequent sozial gab. Dies wurde ebenfalls wieder Gegenstand der propagandistischen Verwertung. Die Schaffung von Betriebskantinen, die Einführung einer betriebsärztlichen Betreuung, die Gewährung von bezahltem Urlaub, die Errichtung von kulturellen Einrichtungen

vgl.: Betriebsordnung der Junkers Flugzeug- und -Motorenwerke Aktiengesellschaft, Anhaltische Buchdruckerei Gutenberg Gustav Zichäus G.m.b.H., Dessau 1937

vgl.: Der Propeller, Werkzeitung für die Gefolgschaften der Ifa und Jumo, Dessau, Dessau (Ausgaben 1934 bis Mai 1936)
vgl.: Der Propeller, Werkzeitung für die Gefolgschaft der Junkers Flugzeug- und -Motorenwerke Aktiengesellschaft, Dessau (Ausgaben ab Juni/Juli 1936 bis 1943)

vgl.: Gesunde Menschen auf eigener Scholle, in: Der Propeller, Heft 4, April 1935, S. 69-70
vgl.: Die Dessauer Wohnungsfrage wird gelöst, in: Der Propeller, Heft 9, September 1935, S. 155-180
vgl.: Sonderheft: Siedlung und Heimstätte, in: Der Propeller, Heft 10, Oktober 1935, S. 186-195
vgl.: Sonderheft: Die Sozial-Einrichtungen Ifa-Jumo, in: Der Propeller, Heft 11, November 1935, S. 214-233
vgl.: Ein Ausdruck des neuen Geistes: Richtfest in der Ifa-Siedlung Dessau-Süd, in: Der Propeller, Heft 12, Dezember 1935, S. 260-262

Der Staatskonzern
Die Waffenschmiede

vgl.: Vier Jahre sozialer Aufbau, Hrsg.: Junkers Flugzeug- und -Motorenwerke A.G., Dessau 1938, S. 29

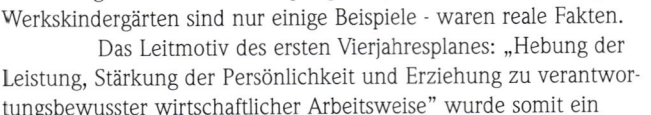

wie Gefolgschaftshäuser und Sportplätze, sowie die Einrichtung von Werkskindergärten sind nur einige Beispiele - waren reale Fakten.

Das Leitmotiv des ersten Vierjahresplanes: „Hebung der Leistung, Stärkung der Persönlichkeit und Erziehung zu verantwortungsbewusster wirtschaftlicher Arbeitsweise" wurde somit ein Hauptargument der werkseigenen Propaganda. Letztendlich zielten alle Maßnahmen auf eines ab: Bedingungsloser Einsatz für die Erfüllung der gestellten Rüstungsaufgaben durch das RLM. Der gebräuchliche Ausspruch: „Junkersarbeit - Qualitätsarbeit" war der verinnerlichte Stolz auf die geleistete Arbeit, auch auf das geschaffene Produkt: Ob Flugmotor oder Flugzeug.

Das „Junkers-Lied" bzw. „Das Lied der Junkers Flugzeug- und Motorenwerke" von Helmut Schwabe aus dem Jahre 1937 unterstreicht nur zu deutlich diese Aussage. Im Refrain heißt es:

Junkers-Lehrschau

> „Ins Rattern unsrer Hämmer dringt der brüllende Motor.
> Und in den blauen Äther schwingt ein Flugzeug sich empor.
>
> Auf Kamerad! Vorwärts zur Tat!
> Alle hier helfen wir Deutschland.
> Zur Luft soll uns keiner bezwingen.
> Wir sind nicht mehr ehrlos und klein.
> Wir geben Deutschland die Schwingen,
> um Herr seines Luftraums zu sein.
> Wir geben Deutschland die Schwingen,
> um Herr seines Luftraums zu sein."

Eine wichtige Säule für das Funktionieren eines so gewaltigen Unternehmens stellten die hochqualifizierten Facharbeiter und Ingenieure dar.

vgl.: Lutz Budrass: Flugzeugindustrie und Luftrüstung in Deutschland 1918-1945, in: Schriften des Bundesarchivs, 50, Droste Verlag GmbH, Düsseldorf 1998, S. 448

Die Belegschaft wuchs, wie bereits dargestellt, bis zum Kriegsbeginn 1939 in einem außerordentlichen Tempo. Im Krieg selber kam es noch einmal zu einer Verdopplung. Ein Fakt mit vielen Konsequenzen.

Der Staatskonzern
Die Waffenschmiede

Übersicht:
**Herkunft der Beschäftigten („Gefolgschaft") der JFM,
Dezember 1938 und Oktober 1941**

	Dezember 1938		Oktober 1941	
Anhalt	12 051	25,6 %	14 865	18,2 %
Provinz Sachsen	15 389	32,6 %	22 352	27,3 %
Land Sachsen	4 273	9,1 %	8 344	10,2 %
Thüringen	1 104	2,3 %	2 022	2,5 %
Brandenburg/Berlin	1 068	2,3 %	1 766	2,2 %
Rheinprovinz	2 061	4,4 %	2 840	3,4 %
Bayern	730	1,5 %	2 284	2,8 %
Provinz Westfalen	1 107	2,3 %	1 739	2,1 %
Niederschlesien	1 455	3,1 %	2 117	2,6 %
Oberschlesien	915	1,9 %	1 544	1,9 %
„Ostmark", Sudetengau	–	–	2 468	3,0 %
„Volksdeutsche"	–	–	2 203	2,7 %
Ausländer	2 228	4,7 %	8 399	10,2 %
Sonstige	4 759	10,2 %	8 959	10,9 %
Summe JFM	47 140		81 902	

Auf Grund des Zuzuges von immer mehr Arbeitskräften fehlte es an Wohnraum. Es wurden ab Anfang der 40er Jahre Notunterkünfte errichtet. So auch in Dessau. 1944 waren etwa 35 000 Menschen von dieser Situation betroffen. Die Stadt wurde zu einem Problemfall. Trotz Sonder- und Notbauprogrammen für die Gau- und Landeshauptstadt konnte diese Angelegenheit nicht gemeistert werden.

Das Ausbildungswesen - Rückgrat des modernen Konzerns

Dem Ausbildungswesen galt die besondere Aufmerksamkeit der JFM. Wer eine gutes Produkt abliefern will, muss einen hochqualifizierten, hochmotivierten, flexibel einsetzbaren und belastbaren Facharbeiterstamm vorweisen können. Die Lehrlingsausbildung genoss schon unter Prof. Hugo Junkers höchste Aufmerksamkeit und erreichte ein Niveau, welches in Deutschland nichts vergleichbares vorfand. Gestützt auf diese Erfahrungen baute die JFM ihr Ausbildungswesen auf. An allen Standorten des Konzerns entstanden Lehrwerkstätten. Die Facharbeiterausbildung erfolgte innerhalb von $3^1/_2$ Jahren. Zugleich gelang dem Junkerskonzern, ein einheitliches Ausbildungsprogramm für die gesamte Luftfahrtindustrie des Deutschen Reiches mit der Errichtung der „Lehrmittelzentrale des RLM" in Dessau durchzusetzen. Für eine weitere, von der JFM gesteuerte Qualifizierung entstand die Werkschule in Dessau-Alten. Besonders begabte

Werkschule der JFM in Dessau

Der Staatskonzern

Die Waffenschmiede

Facharbeiter wurden auf Ingenieurschulen bzw. Hochschulen delegiert. Die Unternehmensstrategie der JFM ließ nichts außer Acht, um den Qualitätsanforderungen des RLM zu genügen und konkurrenzfähig zu bleiben.

Schlussbemerkung

Mit der Junkers Flugzeug- und Motorenwerke A.G. entstand ein Unternehmen, welches sich auf das Erfahrungspotential der „Ära Hugo Junkers" und seiner Mitarbeiter bis 1933 stützen konnte.

Dem Organisationstalent von Dr. Heinrich Koppenberg und dem staatlichen Interesse an einer funktionierenden Luftrüstungsschmiede ist es zuzuschreiben, dass in kürzester Zeit der neue Staatskonzern JFM aufgebaut werden konnte. Mit seinen Zweigwerken, die wie aufgezeigt von 1934-1937 entstanden, dominierte die JFM den gesamten mitteldeutschen Wirtschaftsraum. Das Unternehmen wuchs zu einem Großkonzern heran, welcher nicht nur die weitere Entwicklung der Luftrüstung prägte, sondern auch die industrielle Struktur Deutschlands insgesamt veränderte.

„Mit der JFM gab es unter den fünf größten deutschen Unternehmen erstmals einen Konzern, der seinen Schwerpunkt in der Metallverarbeitung und speziell in der Fahrzeugproduktion hatte." Und in Dessau war der Sitz, der Kopf, dieses gewaltigen Unternehmens.

Aus wirtschaftsgeschichtlicher Sicht gelang eine Pionierleistung (allerdings ausgerichtet auf die Rüstung): „Koppenbergs Konzern meisterte die ‚economies of scale and scope'." Was heißt das? - Die JFM produzierte Flugzeuge am Fließband. Sie hatte den Charakter der kleinen Entwicklungsbüros der 20er Jahre abgestreift und wurde statt dessen von Managern geführt, die die Optimierung von Massenumsatz und Massenproduktion als ihre Aufgabe ansahen. Nicht zuletzt durch seine „amerikanische" Struktur schien Koppenbergs JFM ein Modell für jenen Typ von Unternehmen darzustellen, der in einem deutsch dominierten „Europa ohne Grenzen" die Märkte beherrschen würde. Doch es kam anders: Dr. Heinrich Koppenberg baute ein scheinbar unabhängiges Unternehmen auf, wo er als allgewaltiger Manager die unbegrenzten Befugnisse besaß. Bedingt durch die Kriegsentwicklung ab Ende 1941 erfolgte eine zunehmende Kontrolle und Eingriffnahme des Staates in die Produktionsabläufe. Es fand eine systematische Verdrängung und Entmachtung des ehr-

Lutz Budrass: Flugzeugindustrie und Luftrüstung in Deutschland 1918-1945, In: Schriften des Bundesarchivs, 50, Droste Verlag GmbH, Düsseldorf 1998, S. 890

ebenda: S. 890

Ju 86-Bomber

Der Staatskonzern
Schlussbemerkung

geizigen Koppenbergs statt. Die JFM wurde „Befehlsempfänger" des RLM und später des Ministeriums von Albert Speer. Wirtschaftliche Kontrollmechanismen wurden endgültig ausgeschaltet.

Zum Ende des Krieges leistete das Rüstungsunternehmen JFM mit einer Belegschaft von über 200 000 Menschen quantitativ, trotz zunehmender Attacken durch alliierte Luftangriffe, Höchstleistungen. Die Agonie des Werkes setzte Ende 1944 ein.

In den Entwicklungsabteilungen und Konstruktionsbüros in Dessau sowie in den Auslagerungsbetrieben entstanden noch großartige Projekte, die die Luftfahrt revolutionieren sollten. Doch nicht mehr die JFM, sondern die Sieger des II. Weltkrieges waren es, die dieses Wissen, diese Erkenntnisse und Erfahrungen übernahmen und mit „Junkersgeist" und „Junkersqualität" an die Gestaltung der internationalen Luftfahrtindustrie der Nachkriegszeit gingen.

Was ist geblieben?
In Dessau, in Mitteldeutschland, hat nicht nur die „Ära" von Prof. Hugo Junkers, sondern - oder gerade auch der Staatskonzern JFM viele Spuren und Erinnerungen hinterlassen. Trotz der Zerstörungen im II. Weltkrieg, die viele Narben im Antlitz von Dessau hinterließen, sind noch steinerne Spuren der Architektur beider „Junkersabschnitte" (Prof. Hugo Junkers bis 1933, der nationalsozialistische Staatskonzern JFM ab 1933-1945) sichtbar. Wir finden sie noch heute, die Industriebauten, die vielen Standorte des Wohn- und Siedlungsbaues.

Das Werk ist tot - doch der Geist, die Ideen Hugo Junkers leben weiter.

Zerstörtes Gebäude der Hauptverwaltung

Epilog: Nachklang einer Ära
Hugo Junkers (von Werner Fromm)

Sei glücklich du, daß du geschlossen
die Augen hast zur ewigen Nacht,
der Tränen viel hättest du vergossen
zu seh'n, was dieser Krieg gebracht.

Dein Werk, wo ruhelos geschafft
du einst hast für ein fernes Ziel.
Dem Boden gleich dahingerafft,
im Bombenhagel es zerfiel.

Der Staatskonzern

Schlussbemerkung

Dein Ziel von einst galt dem zu dienen,
was Frieden heißt, der Welt zu Glück.
Und diese silbernen Maschinen
erfreuten aller Menschen Blick.

Sie flogen einst in ferne Welten
und zeugten vom Erfindergeist,
den du und diese Männer stellten
und heute noch den Weg uns weist.

Das Werk ist tot, doch nicht vergessen
ist seines Schöpfers Geistestat.
Denn Hugo Junkers war's gewesen,
der diesen Weg beschritten hat.

Wir werden Deiner stets gedenken
und unser Sinnen danach lenken,
daß ewiglich der ganzen Welt
dein Name zu den Größten zählt.

Die Zerstörung von Werksanlagen der JFM in Dessau

Junkers - die Person
Eine Biografie

Hugo Junkers wurde am 3. Februar 1859 in Rheydt (Rheinland) geboren. Von 1864 bis 1875 besuchte er das Realgymnasium und legte schließlich an der Höheren Gewerbeschule (1878) das Abitur ab. Hugo Junkers studierte an der TH Berlin und TH Karlsruhe Maschinenbau. 1881 wechselte er an die TH Aachen und schloss dort 1883 sein Maschinenbaustudium ab. Bis 1887 arbeitete er in Rheydt und Aachen; in dieser Zeit legte er die Prüfungen im Lokomotivfahrdienst und als Baumeister ab.

1888 kam Junkers als Ingenieur für die Gasmotoren-Entwicklung nach Dessau, um bei der Continental-Gas-Gesellschaft Dessau (Conti) von Wilhelm von Oechelhaeuser sen. zu arbeiten. 1889 folgte dann gemeinsam mit Wilhelm von Oechelhaeuser jun. die Gründung der Versuchsstation für Gasmotoren im Norden Dessaus, welche Junkers ab 1892 allein weiterführte. In diesem Jahr entstand auch der erste 100-PS-Gegenkolbenmotor, dem bis 1898 eine 1000-PS-Variante folgte. 1893 meldete Junkers sein erstes Patent an: das Kalorimeter zur Bestimmung des Heizwertes von Gasen. Aus dem Prinzip des Wärmeaustausches im Kalorimeter entwickelte er kurze Zeit später den Gasbadeofen und eine Gastherme, die nachfolgend als Volkstherme bezeichnet wurde. Hugo Junkers ließ beide Erfindungen in seinem 1895 gegründeten Werk „Junkers und Co." (Ico) als Massengüter herstellen und sicherte aus den Gewinnen, die dieses Werk abwarf, seine Forschungsarbeit.

Dieses Modell der wechselseitigen Förderung von Forschung und Produktentwicklung endete mit der allgemeinen Wirtschaftskrise von 1929. Hugo Junkers wurde politisch gezwungen, das Werk an den Bosch-Konzern zu verkaufen, um mit dem Erlös die Forschung und Produktion auf dem Gebiet des Flugzeug- und Motorenbaus zu retten. Der aus dem Ico-Werk nach 1945 hervorgegangene VEB Gasgeräte-Werk Dessau fertigte Erzeugnisse und Weiterentwicklungen der von Junkers hergestellten Gas-Warmwasser-Apparaturen bis zum Ende der DDR.

Neben seinen unternehmerischen Tätigkeiten leitete Hugo Junkers von 1897 bis 1912 das Maschinenlaboratorium an der RWTH Aachen. 1914 erhielt er den Auftrag zum Bau des ersten Ganzmetallflugzeuges und begann mit der Flugzeugproduktion. Im Dezember 1915 kam es dann zum Erstflug der Junkers J 1. 1916 entstand der Windkanal in Ausführung eines geschlossenen Ringes. 1919 begründete er mit der Junkers J 10 den zivilen Flugverkehr zwischen Dessau und Weimar. Von 1923 bis 1925 verlegte Hugo Junkers den Flugzeug- und Motorenbau vom In- ins Ausland, um die Produktions-

Ölgemälde von Schmidt-Rom, Geschenk der Stadt Dessau

Junkers - die Person

Eine Biografie

beschränkungen und -verbote, die Deutschland nach dem I. Weltkrieg auferlegt wurden, zu umgehen. Dies wurde ihm später von den Nationalsozialisten als Landesverrat vorgeworfen.

1933, nach der Machtergreifung der Nationalsozialisten, wurde Junkers gezwungen, seine Patentrechte den Dessauer Werken zu übertragen und bis Ende des Jahres erfolgte seine vollständige Enteignung. Ihm wurde verboten, sich in Dessau aufzuhalten und auf dem Gebiet des Flugzeugbaus weiterhin tätig zu sein. Mit seiner Familie wurde er nach Bayrischzell verbannt. Hier widmete er sich u. a. dem Metallhausbau und gründete in München die „Forschungsanstalt Professor Hugo Junkers GmbH". Am 3. Februar 1935 verstarb Hugo Junkers in Gauting bei München.

Das Unternehmen
Anfänge in Dessau

Anfänge in Dessau

Hugo Junkers' unternehmerische Tätigkeiten begannen 1888 in Dessau. Auf Empfehlung von Professor Slaby erhielt er eine Anstellung bei der in Dessau ansässigen Deutschen Continental-Gas-Gesellschaft. Wilhelm von Oechelhaeuser sen., welcher damals die Conti leitete, wollte sich mit großen Gasmotoren zum Antrieb von Dynamomaschinen auf dem neuen Elektromarkt etablieren. Aufgrund von Leistungsgrenzen bei den zu der Zeit bestehenden Systemen beschloss er, auf diesem Gebiet zu forschen. Hugo Junkers übernahm als „Civilingenieur" mit Wilhelm von Oechelhaeuser jun. die Forschung, die bereits nach einem Jahr beendet wurde, weil mit der gewählten Methodik kein Ergebnis zustande gekommen war. Im Jahr 1889 gründeten Junkers und Oechelhaeuser jun. zusammen die „Versuchsstation für Gasmotoren Oechelhaeuser und Junkers" zur Schaffung von freien Arbeits- und Forschungsmöglichkeiten. Hugo Junkers war gleichberechtigter Partner, auch wenn er mit nur einem Drittel an dem Startkapital beteiligt war.

Bis zum Jahr 1892 wurde hier ein Gegenkolben-Gasmotor entwickelt, der am 8. Juli 1892 am Kaiserlichen Patentamt in Berlin registriert wurde. Das Prinzip des Motors beruhte auf zwei in einem Raum befindliche Kolben, die sich in entgegengesetzter Richtung bewegten. Mit diesem Motor entwickelten Junkers und Oechelhaeuser eine neue Motorengeneration, deren Leistung sich wesentlich steigern ließ.

Aus der Notwendigkeit heraus, den Brennwert der hier eingesetzten Gase zu bestimmen, wurde jedoch die für die Firmengeschichte wesentlich wichtigere Erfindung gemacht. Hugo Junkers entwickelte das so genannte Kalorimeter und erhielt noch im selben Jahr am 29. Juni 1892 für diese Erfindung sein erstes eigenes Patent. Sie ist der Vorläufer der heutigen Zentralheizung und wurde von Junkers bis zum Jahr 1894 zum Gasbadeofen weiterentwickelt. Im Jahr 1894 meldete er diese Entwicklung mit der Bezeichnung „Flüssigkeitserhitzer" zum Patent an. Da sich kein Interessent fand, der die Produktion übernehmen wollte, begann Hugo Junkers selbst mit der Produktion der Geräte und gründetet dazu 1895 zusammen mit Dr. Robert Ludwig als Geschäftsführer „Junkers und Co.". Es gab jedoch starke Absatzprobleme mit den Gasbadeöfen. Insbesondere die Montage an der Wand erweckte das Misstrauen vieler Kunden, weil sie es nicht für ausreichend sicher und stabil hielten. Erst ein Werbeprospekt mit dem Foto eines auf dem Badeofen sitzenden Jungen überzeugte.

Apparatefabrik Junkers & Co., 1895

Das Unternehmen

Anfänge in Dessau

Daraufhin fanden die Badeöfen schnell weite Verbreitung. Dies spiegelt sich in den Angestelltenzahlen wieder. Anfangs hatte Junkers nur einen Klempner angestellt, bis 1898 stieg diese Zahl bereits auf 30 Angestellte, bis 1927 dann auf 1100 Mitarbeiter. Es traten jedoch bald Spannungen zwischen den beiden Geschäftsteilhabern auf. Nach zwei Jahren wurde die Zusammenarbeit beendet, Robert Ludwig kündigte und Hugo Junkers zahlte ihm mit einem Bankkredit, den ihm sein Vetter Ernst Vierhaus vermittelte, seinen Anteil aus.

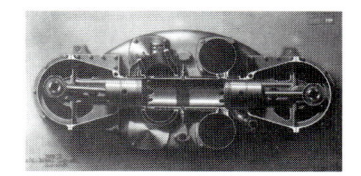

Junkers-Gegenkolbenmotor

Junkers in Aachen

Durch seine Erfindungen wurde Hugo Junkers bekannt. Er wurde 1897 für Lehraufgaben und als Leiter des Maschinenlabors an die Technische Hochschule in Aachen berufen, lehrte und forschte dort als Professor für Thermodynamik. Hugo Junkers gründete noch im selben Jahr die „Versuchsanstalt Professor Junkers" und versuchte, seine bei der Arbeit mit den Gas-Gegenkolbenmotoren gewonnenen Erkenntnisse auf Ölmotoren umzusetzen. Diese Firma bestand auch nach der Beendigung seiner Lehrtätigkeit in Aachen weiter. Hier waren 1919 ca. 29 Angestellte tätig. Allerdings war der Betrieb nicht kostendeckend und konnte nur durch Zahlungen der Junkers & Co. aufrechterhalten werden. Mit seiner Lehrtätigkeit in Aachen begann Junkers, seine Büros dort zu konzentrieren. So gründete er 1899 mit seinem Schwager ein Konstruktionsbüro für Warmwassergeräte, um Gasbadeöfen zu entwickeln. 1908 entstand ebenfalls in Aachen das „Kaloriferwerk Hugo Junkers", in dem Warmluft-Heizgeräte produziert wurden. Kurz vor dem Ende seiner Lehrtätigkeit in Aachen siedelte er dieses Unternehmen nach Dessau um. Seine anderen Büros und Unternehmen folgten nach.

Junkers Motorenbau

Nachdem Hugo Junkers verstärkt an der Entwicklung der Wärmegeräte gearbeitet hatte, widmete er sich wieder verstärkt dem Motorenbau. Hierzu gründete er im Jahr 1902 die Versuchsanstalt für Ölmotoren in Aachen. Nach den ersten zwei Jahren der Forschung und Entwicklung wurde erstmals im November 1904 ein Motor zum Laufen gebracht. Dieser arbeitete zunächst noch mit Gas, eine Umstellung auf Benzin erfolgte später. Nach dem Auslaufen der Diesel-

Das Unternehmen
Junkers Motorenbau

Patente im Jahr 1907 meldete Junkers ein grundlegendes Patent für einen nach dem Dieselverfahren betriebenen Doppelkolbenmotor an (DRP-Nr: 220124). Im Jahr 1908 entwickelte er dann seinen ersten Versuchs-Ölmotor, auf den viele verschiedene Modelle für unterschiedliche Einsatzzwecke folgten.

Hugo Junkers versuchte, wenn möglich die Kosten der Forschung über die Vergabe von Lizenzen zu finanzieren. Da aber die in Dessau hergestellten Motoren zu wenig Interesse fanden, gründete Hugo Junkers 1913 die „Junkers-Motorenwerke" in Magdeburg, die dort bis 1915 bestanden. Bis zum Ausbruch des Ersten Weltkrieges erfolgte hier eine enge Zusammenarbeit mit der englischen Firma „Doxford & Sons", die Öl-Schiffsmaschinen baute. Die Jumo Magdeburg musste während des I.Weltkrieges ihren Betrieb einstellen. Nach Kriegsende siedelte sie am 27. 8. 1919 nach Dessau über. Hier waren jetzt alle wichtigen Betriebe der Junkers-Werke beheimatet.

Flugzeugbau

Wichtigen Einfluss auf die Firmenentwicklung Junkers' hatte seine Lehrtätigkeit in Aachen vor allem durch die Bekanntschaft mit Prof. Hans Reissner, der ebenfalls an der Hochschule in Aachen lehrte und sich mit praktischen Flugversuchen beschäftigte. Damals steckte der Motorflug noch in seinen Anfängen. Es wurde experimentiert, aber es gab in Deutschland zu dieser Zeit noch kein funktionstüchtiges Flugzeug. Im Jahr 1909 stellte Prof. Reissner ein erstes Versuchsflugzeug fertig, das jedoch abstürzte und zerstört wurde. 1912 wurde dann ein sogenannter Enten-Eindecker fertig gestellt. Bemerkenswert war hier insbesondere die Verwendung von gewelltem Metall zur Ausbildung der Tragflächen, die in den Dessauer Werkstätten von Junkers & Co hergestellt wurden. Bei diesem Flugzeug lag ein großer Teil der Entwicklung noch bei Prof. Reissner. Durch die Zusammenarbeit angeregt, verstärkte Hugo Junker seine Forschungen auf dem Gebiet des Flugzeugbaus und meldete im Dezember 1909 sein erstes Patent über die „körperliche Gestaltung von Tragflächen" an. Es stellt einen freitragenden gewölbten Flügel aus Metall vor, der durch ein besonders ausgebildetes Profil Auftrieb erzeugte. Dies war der erste Flügel heutiger Bauart. Er wurde durch ausgiebige Tests im Windkanal optimiert und das zu einer Zeit, als in anderen Fabriken noch zerbrechliche Tragflächen mit Stoffbespannung verwendet wurden. Um die gewonnenen Erkenntnisse umzusetzen, begann Hugo Junkers,

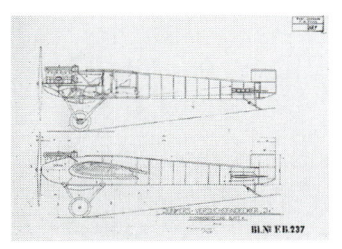

Junkers J 1

Das Unternehmen
Flugzeugbau

Junkers & Co. 1916/17

einen Eindecker aus Metall zu entwickeln, bei dem alle Verstrebungen innen lagen. 1914 wurde diese Arbeit in den Werkstätten von Junkers & Co. aufgenommen. Nach Ausbruch des I. Weltkrieges besuchte eine Kommission der Heeresverwaltung das Dessauer Werk, um sich über die Möglichkeiten zur Produktion eines Ganzmetallflugzeuges zu erkundigen. Ein Auftrag zur Herstellung eines Versuchsmusters wurde jedoch nicht erteilt, weil nicht alle Bedenken zerstreut werden konnten. Bis Dezember 1915 dauerten die Entwicklung und der Bau des ersten Metallflugzeuges, das am 12. Dezember seinen Erstflug in Döberitz bei Berlin absolvierte. Weitere Flugversuche erfolgten im Januar 1916. Da die Maschine nach Meinung der Inspektoren zu schwer war, wurde nur ein Probeauftrag erteilt.

Das erste Flugzeug Junkers', das in größerer Stückzahl zum Einsatz kam, war die Junkers J 4. Von ihr wurden insgesamt 227 Stück gefertigt. Es war das erste Flugzeug, mit dem die Firma ein wirtschaftliches Auftragsvolumen erzielte. Die erwirtschafteten Gewinne ermöglichten es, 1917 einen leichten Eindecker aus Duraluminium zu entwickeln. Es entstand die Junkers J 7, die 1918 an einem Vergleichsfliegen teilnahm. Obwohl das Flugzeug seinen Konkurrenten überlegen war, erregte es aufgrund seiner ungewöhnlichen Konstruktion Unbehagen bei den Piloten. A. H. G. Fokker bot sich daraufhin als „unparteiischer Pilot" an. Er ließ das Modell aber am Ende seines Fluges in einen Graben rollen, so dass es aus dem Wettbewerb ausschied und die Fa. Fokker den Auftrag mit einem Gesamtvolumen von 400 Flugzeugen erhielt.

Junkers Fokker AG
Kriegbedingt bestand zu diesem Zeitpunkt ein großer Bedarf an Flugzeugen. Nach Besichtigung des Werkes befand die Fliegertruppe Idflieg, dass Junkers über zu wenig Erfahrung im Flugzeugbau und über wenig fliegerische Praxis verfügte. Um trotzdem die Kapazitäten des Werkes auszunutzen, wurde Hugo Junkers gedrängt, eine Partnerschaft mit Fokker einzugehen. Am 20. 10. 1917 kam es in Dessau zur Gründung der Junkers-Fokker A. G. (Ifa). Fokker stieg mit 3,5 Mio. Mark Kapital bei Junkers ein und wurde gleichberechtigter Direktor. Er brachte etliche seiner Ingenieure und Arbeiter mit, um die Arbeit in dem Dessauer Werk zu verbessern. Schnell entstanden Spannungen zwischen Junkers, der an seinen Ganzmetallkonstruktionen festhielt, auch wenn dies eine Verzögerung der Konstruktion

Das Unternehmen

Junkers Fokker AG

und einen Mehraufwand bei der Entwicklung bedeutete, und Fokker, dem der Holzflugzeugbau und ein zügiger Produktionsstart weitaus wichtiger erschien. Junkers erkannte bald, dass diese Partnerschaft eine von der Idflieg gewünschte Einmischung in seine Produktion und Entwicklung darstellte. Bis zum Kriegsende wurden noch einige Flugzeugtypen entwickelt, aber trotz guter Flugleistungen nicht mehr in größeren Stückzahlen produziert, und Hugo Junkers wandte sich aufgrund der Meinungsverschiedenheiten wieder verstärkt seiner Badeofenproduktion zu.

Trotz dieser Schwierigkeiten nahm der Flugzeugbau bei Junkers in diesen Jahren einen starken Aufschwung. Waren 1915 in seinem Werk nur 15 Mitarbeiter im Flugzeugbau beschäftigt, so waren mit Kriegsende von schätzungsweise 2000 Angestellten aller Produktionsbereiche 1250 im Flugzeugbau tätig. Auch die Produktionsfläche wurde stark erweitert. Von der Werkstatt ausgehend, die anfangs bei Junkers & Co. für den Flugzeugbau abgeteilt wurde, hatte sich der Flugzeugbau in eigenen Anlagen über eine Gesamtfläche von 20 400 m² ausgedehnt. Für Kriegszwecke waren insgesamt 210 Flugzeuge von Junkers geliefert worden. Das entsprach einem Anteil von 44 %. 1917 wurde ein eigener Flugplatz am Stadtrand von Dessau bei Mosigkau eröffnet. Die Junkers-Fokker AG wurde nach Kriegsende am 24. April 1919 wieder aufgelöst und in Junkers Flugzeugwerk A.G. umbenannt. Lediglich die Abkürzung Ifa wurde beibehalten.

Junkers Flugzeug AG

Mit Kriegsende stellte Hugo Junkers die Herstellung von Militärflugzeugen umgehend ein und betrieb ausschließlich die Entwicklung von Verkehrsflugzeugen. Ziel war es, verschiedene Typen für die zivile Luftfahrt zu schaffen. Vorgesehen war ein Kleinverkehrsflugzeug, ein mittleres Flugzeug von 118 kW bis 136 kW und ein Großverkehrsflugzeug. Mit dem Ende der Kriegsrüstung brach der Markt für Flugzeuge zusammen. Dies zwang Junkers, große Teile seiner Belegschaft zu entlassen. Lediglich die Wärmegeräteproduktion konnte konstant gehalten werden.

J 11 als Umbau mit Stoffkabine, 1919

Davon abgesehen bestand auf dem Flugzeugmarkt ein Überangebot. Maschinen aus der Kriegsproduktion waren noch verfügbar und nicht ausgeliefert worden. Die Hersteller versuchten nun, diese mit leichten Veränderungen und Umrüstungen zu verkaufen.

Das Unternehmen

Junkers Flugzeug AG

Junkers ließ für den sich schnell entwickelnden zivilen Luftverkehr eine modifizierte J 10 bauen, um im Wettbewerb bestehen zu können. Es war das erste Ganzmetallflugzeug, das im zivilen Luftverkehr eingesetzt wurde. Aber diese Maschine war für Hugo Junkers nur eine Übergangslösung: Sein Forscher- und Erfindergeist konzentrierte sich ganz auf die Entwicklung eines neuen Flugzeugtypus, weil er befürchtete, durch das bloße Umbauen von alten Kriegsflugzeugen den technischen Vorsprung im Vergleich mit den anderen Herstellern wieder zu verlieren. Er wollte einen Flugzeugtyp entwickeln, der im aufkommenden Passagierflug gut einzusetzen und leicht weiterzuentwickeln war. Das Ergebnis war die Junkers F 13. Mit diesem ersten Ganzmetall-Kabinen-Flugzeug gelang ein wegweisender Erfolg. Im Juli 1919 wurde diese Flugmaschine der ersten deutschen Musterprüfung für ein Verkehrsflugzeug unterzogen und erhielt das Kennzeichen D-1. Sie war den anderen am Markt befindlichen Flugzeugen technisch weit überlegen und das Urmuster des modernen Flugzeugbaus. Mit diesem Flugzeugtyp, der bis zum Jahr 1932 gebaut wurde, begann der wirtschaftliche Erfolg für Hugo Junkers im Flugzeugbau. Allein in Dessau wurden ca. 370 und zusammen mit den Lizenzherstellern insgesamt ca. 1000 Stück gefertigt.

Der Versailler Vertrag hatte die Flugzeugproduktion in Deutschland untersagt und zwang Hugo Junkers, die Produktion von Ganzmetallflugzeugen ins Ausland zu verlegen, in Schweden und Russland neue Werke aufzubauen.

Junkers im Ausland

Um die Isolation Deutschlands zu brechen, wurden mit Sowjetrussland politische und wirtschaftliche Beziehungen aufgebaut und im November 1921 Hugo Junkers die Genehmigung erteilt, dort sein Vorhaben umzusetzen. Am 6.Februar 1922 wurde vereinbart, die Produktion im Sommer in Fili bei Moskau aufzunehmen. Die Investitionen wurden auf rund eine Milliarde Reichsmark veranschlagt und, obwohl die Kosten vom deutschen Militär nicht vollständig gedeckt wurden, gelang es Junkers, die Produktion von Flugzeugen im neuen Werk vereinbarungsgemäß aufzunehmen. Die deutsche zivile Luftfahrt war gesichert; denn für Junkers war die Zusammenarbeit mit dem Militär nur ein Mittel zum Zweck, die zivile Luftfahrt weiterzuentwickeln. Sein Ziel war es, den zivilen Luftverkehr im russischen und asiatischen Raum aufzubauen. Am 26. November 1922 wurde ein

Das Unternehmen
Junkers im Ausland

Konzessionsvertrag abgeschlossen, in dem Hugo Junkers beauftragt wurde, Flugzeuge und Flugmotoren in Fili herzustellen, den Transitluftverkehr nach Schweden und nach Persien einzurichten und die Luftvermessung des sowjetrussischen Territoriums durchzuführen. Der Vertrag hatte eine Laufzeit von 30 Jahren. Die Produktionsrate betrug 300 Militärflugzeuge und 450 Flugmotoren. Hugo Junkers verpflichtete sich, in den ersten 5 Jahren 50 Prozent der Belegschaft mit russischem Personal zu besetzen und diesen Anteil in den folgenden 25 Jahren auf 70 Prozent zu erhöhen.

Ende 1922 bestellte die Sowjetregierung 100 Flugzeuge, die eine vorläufige Finanzierung der Aufbaukosten sicherten. Langfristig aber konnte der Betrieb nur mit Hilfe der deutschen Reichswehr durch eine Abnahme des größten Teils der Produktion aufrecht erhalten werden.

Die Errichtung eines großen Materiallagers und einer Arbeiterwohnsiedlung verursachten zusätzliche Kosten. Die Produktionsstätten in Fili unterstützten die Entwicklung der russischen Flugzeugindustrie. Sie waren eine der technisch am weitesten entwickelten Standorte der russischen Flugzeugindustrie und eine Fortbildungsschule für eine ganze Generation von Luftfahrtingenieuren und Mechanikern. Im Junkers Werk Fili wurden unter anderem die J 22 I, die J 22 II (Jagdeinsitzer), die J 21 (Aufklärungsflugzeug) und die J 20 (Wasserflugzeug) gebaut.

Der Versailler Vertrag führte auch zum Aufbau von Produktionsstätten in Schweden und Japan. Junkers hatte dem Großindustriellen Henry Ford den Lizenzbau seiner Flugzeuge in den Vereinigten Staaten von Amerika vorgeschlagen. Da Henry Ford dieses Angebot aber ausschlug, bemühte sich Hugo Junkers um andere ausländische Geschäftspartner und fand diese zunächst in den Brüdern Flormann in Schweden. Nach der Gründung der „Aktie Bolaget Flygindustri" 1925 in Limhamn nahm er in Schweden die Produktion auf. Die „A. B. Flygidustri" war eine Tochtergesellschaft des Flugunternehmens „A. B. Aerotransport".

Am Anfang wurden lediglich Ummotorisierungen von Junkers G 23- auf G 24-Maschinen vorgenommen und dann die Junkers G 24 ganz in Limhamn montiert. Alle Bauteile, auch die Motoren, wurden in Dessau produziert und nach Schweden geliefert, wo der Zusammenbau durchgeführt wurde. Später folgte der eigenständige Lizenzbau von Junkers-Militärflugzeugen, der in Deutschland aufgrund des Versailler Vertrages immer noch untersagt war. Interessant an der Produktionsstätte in Schweden ist, dass es sich

Das Unternehmen
Junkers im Ausland

zwar rechtlich und nach außen um ein rein schwedisches Unternehmen handelte, der eigentliche Finanzier und Leiter der Firma aber in Dessau saß. So wurde erst viel später, im Jahre 1980, durch eine Publikation der „Königlichen Kriegswissenschaftlichen Akademie" in Schweden festgestellt, dass Hugo Junkers das gesamte Aktienkapital der schwedischen Produktionsfirma besaß und über 80 % Aktien der Fluggesellschaft „A. B. Aerotransport" hielt. Durch den Aufkauf der Aktien über Strohmänner umging Hugo Junkers geschickt eine offene Teilhaberschaft. Das Werk in Limhamn bei Malmö war somit tatsächlich ein Zweigwerk der Firma Junkers in Schweden. So gelang es ihm, den zivilen Flugverkehr in Europa weiter auszubauen.

Durch das schwedische Werk kam es auch zu Lizenzverhandlungen zur Produktion von Junkersflugzeugen in Tokio. 1927 wurde das zweimotorige Transportflugzeug mit der schwedischen Musterbezeichnung S-AABP mit allen Nachbaurechten von dem japanischen Flugzeugbauer „Mitsubishi Nainenki Kabushiki Kaisha" gekauft und zum Militärflugzeug umgerüstet. 1931 folgte dann der Bau unter der Typenbezeichnung Ki 1 in Tokio. Auch das zweite Modell dieses Flugzeuges wurde von dem japanischen Unternehmen aufgekauft und zum Bombenflugzeug Ki 2 weiterentwickelt. Die Firma Mitsubishi interessierte sich für eine Bomberversion der Junkers G 38 und forderte sofort nach dem ersten erfolgreichen Flug des Flugzeugtyps aus den Dessauer Junkerswerken Entwürfe an. Diese militärische Variante des viermotorigen Flugzeuges mit der Typisierung Ki 20 wurde anschließend mit Lizenz zum Nachbau freigegeben. Es wurden insgesamt nur sechs Stück dieses Flugzeugtyps ausschließlich für Japan gebaut. Sie waren bis 1949 im Einsatz.

Die Produktionsbeschränkungen des Versailler Vertrages wurden 1922 gelockert, durch „Bestimmungen für den deutschen Luftfahrzeugbau" ersetzt und die Größe, Motorenleistung und Ausstattung der Flugzeuge weiterhin stark beschränkt. Erst im Mai 1926 wurden die Beschränkungen aufgehoben und in Deutschland wieder Flugzeuge gebaut.

Ausweitung des Unternehmens
Die Produktion, insbesondere der Flugzeugbau, führte zu einem sich ständig erweiternden Gesamtangebot und Hugo Junkers begann einen umfassenden Service und Beziehungen zu anderen Firmen aufzubauen, um durch einen breit angelegten Markt den Absatz seiner Produkte

Das Unternehmen

Ausweitung des Unternehmens

zu sichern. So erweiterte er z. B. 1921 die Junkers-Flugzeugwerk A.G. durch die Abteilungen Luftbild und Luftverkehr. Aus diesen Abteilungen ging dann 1924 die Junkers Luftverkehr A.G. (Ilag) hervor, die Vorgängerin der heutigen Lufthansa. Im Jahr 1924 kamen die A.B. Aerotransport, 1925 die Junkers Flugzeugführerschule und die Abteilung Schädlingsbekämpfung hinzu. Neben diesen Betrieben gründete er noch die Abteilung Stahlbau im Junkers Kalorimeter Werk mit dem Ziel, leichte und transportable Hallen zu entwickeln und zu fertigen. Sie waren gut als Flugzeughangar zu verwenden: Vom Fluggerät über die Flugschule bis hin zur Wartungshalle wurde alles in den Junkers Werken entwickelt, hergestellt und angeboten.

Der wirtschaftliche Aufschwung begünstigte die Prosperität des Betriebes bis zur Weltwirtschaftskrise 1929, die Deutschland aufgrund enger wirtschaftlicher Verflechtungen mit den USA besonders hart traf. Die Junkerswerke hatten große finanzielle Schwierigkeiten. Scharfe Kritik an der Geschäftsführung führte nach heftigen Streitigkeiten zur Entlassung von Direktoren. Abfindungsprozesse beschleunigten zusätzlich die prekäre wirtschaftliche Situation und es kam zu Entlassungen von Werksangehörigen. Im Jahr 1932 waren die Zahlungsschwierigkeiten so groß, dass ein Vergleichsverfahren unvermeidlich und die Firma Junkers & Co. an den Bosch-Konzern abgetreten wurde, um die Selbständigkeit der Forschungsabteilungen sowie der Flugzeug- und Motorenwerke zu erhalten.

Die Nationalsozialisten setzten dem Wirken Hugo Junkers in seinem Unternehmen ein abruptes Ende. Sie wollten aus dem Werk ein Rüstungszentrum machen. Nachdem sie das Ausscheiden Hugo Junkers aus seinen Betrieben und die Übergabe all seiner Rechte und Patente erzwungen hatten, bauten sie die Flugzeug- und Motorenwerke zum Rüstungskonzern um und erteilten umgehend Militäraufträge: Bereits am 22. August 1933 wurden 199 Flugzeuge vom Typ Junkers W 33, 1191 Stück vom Typ Junkers W 34 und 4845 Maschinen vom Typ Junkers Ju 52/3m bestellt, und die Unternehmen, die sich noch ein Jahr zuvor um die Übernahme der Junkers Betriebe bemühten, arbeiteten jetzt als willige Zulieferer für die nationalsozialistische Rüstungsindustrie.

Junkers Geschäftsprinzipien

Hugo Junkers strebte in seiner Luftverkehrsgesellschaft die Eigenwirtschaftlichkeit an. Sie war das Grundprinzip seiner gesamten Unter-

Das Unternehmen
Junkers Geschäftsprinzipien

nehmensphilosophie. Als Unternehmer hatte er frühzeitig eingesehen, dass Eigenwirtschaftlichkeit eine wesentliche Voraussetzung für seine unternehmerische Freiheit darstellte und den Erfolg seiner Betriebe auf dem Weltmarkt bedingte. Durch Untersuchungen hatte er als Erfinder und Konstrukteur schnell erkannt, dass es im Flugzeugbau nicht allein auf möglichst gute Flugleistungen ankam. Die entscheidende Rolle spielte vielmehr die Zuverlässigkeit, mit der ein Flugzeug diese Leistungen erbrachte. Ein gutes Flugzeug musste für ihn ein günstiges Verhältnis von Nutzlast zum Eigengewicht haben. Um die Betriebssicherheit, die Unterhaltskosten und die Lebensdauer des Flugzeuges günstig zu gestalten, erschien es nicht immer ratsam, sein Eigengewicht zugunsten einer maximalen Nutzlast zu reduzieren.

Dieses Beispiel zeigt den ausgeprägten Geschäftssinn dieses Mannes, der trotz all seiner Verpflichtungen seine Mitarbeiter nicht vernachlässigte. Jeden Tag unternahm Hugo Junkers Rundgänge durch seine Werkanlagen, er hatte immer ein freundliches Wort, war deswegen sehr beliebt und Vorbild für viele. Auch waren die Menschen von der äußerst fortschrittlichen Technik seines Unternehmens fasziniert. Abgesehen von der Einstellung von Arbeitslosen, Werbeaktionen und eigener Lehrlings- und Pilotenausbildung gewannen die Junkers-Werke durch ihren guten Ruf neue Mitarbeiter über Ländergrenzen hinaus. Es wurden eigene Siedlungen gebaut, die Bezahlung und Arbeitsbedingungen waren sehr gut und die Facharbeiter wuchsen zu einer Art Großfamilie zusammen. Sie standen immer hinter Professor Junkers und erklärten sich zur Zeit der Weltwirtschaftskrise sogar bereit, auf ihren Lohn zu verzichten, um die Werke zu halten.

Das Bauhaus Dessau
Das Bauhaus

Das Bauhaus

1925 zog das Bauhaus von Weimar nach Dessau, den Neubau hatten Großindustrielle, unter anderem auch Hugo Junkers, finanziert. Dieses Ereignis machte Hugo Junkers mit Künstlern und Architekten wie Wassily Kandinsky, Hannes Meyer, Walter Gropius, Marcel Breuer, Ludwig Hilbersheimer und Ludwig Mies van der Rohe bekannt und er pflegte mit ihnen den Gedankenaustausch. In einem Vortrag an der Technischen Hochschule in München sagte Hugo Junkers, dass die Zusammenhänge in den Ausbildungsmethoden von Künstlern und Technikern, in den Junkerswerken und am Bauhaus, eine geistige Vorraussetzung für die zu realisierende Symbiose von Kunst und Technik darstellten.

Kunst und Technik

1923 stellte Junkers den expressionistischen Maler Friedrich Peter Drömmer, der seit 1919 am Bauhaus tätig war, als Werbefachmann ein. Peter Drömmer entwarf wohl eines der berühmtesten Markenzeichen der Welt, den stilisierten, fliegenden Menschen. Ferner wirkte Drömmer als künstlerischer Berater für die Innenausstattung von Flugzeugen und bei der Formgebung von Metallmöbeln. Ende 1928 wurde Drömmer der Werbeleiter für den gesamten Junkerskonzern. 1926 übernahm die Abteilung Typographie und Reklame des Bauhauses unter der Leitung von Herbert Bayer die Gestaltung und Erstellung der Typographie der „Junkers Nachrichten". Diese Zeitschrift war die wichtigste Werbeschrift der Junkerswerke und vorrangig für die Auslandswerbung bestimmt. Die Redaktion leitete Dipl.-Ing. Fritz Longolius. Das Bauhaus setzte für die Junkers-Werbung neue Maßstäbe. Durch die klare Gliederung der Seiten, die ungewöhnliche Anordnung der Fotografien, das Hervorheben des Wesentlichen und die ausgefallene Gestaltung mit Fläche, Linie und Punkt erreichte die Reklame einen neuen Qualitätsstandard. Es entstanden Werbeprospekte für den neuen Flugzeugtyp G 24 sowie für den Prospekt „Heißwasserversorgung für ein ganzes Haus".

Werbeprospekt von Joost Schmidt (Bauhaus) für den Fremdenverkehrsverein 1930
Titel: Dessau - auf dem Boden alter Kultur - lebendiges Schaffen der Gegenwart

Reklame und Messearchitektur

Am 19. April 1929 öffnete die Ausstellung „Gas und Wasser" auf dem Gelände am Kaiserdamm in Berlin. Unter der Leitung von Joost

Hannes Meyer / Bauhaus: bauhaus, Zeitschrift für Gestaltung, Verlag Bauhaus, Dessau, Juli/September 1929

Das Bauhaus Dessau

Reklame und Messearchitektur

Junkers-Stand auf der Ausstellung Gas und Wasser, Berlin 1929

Schmidt entstand durch die Bauhausstudenten der Reklameabteilung ein Präsentationsstand von Junkers Gas- und Warmwassergeräten. Die Ausstellung der Apparate stand in enger Wechselbeziehung zum täglichen Leben. Die Junkers Geräte wurden als unentbehrliche Gebrauchsgegenstände für Wirtschaft, Haushalt und Hygiene vorgestellt, um die stärkste Wirkung und Propaganda zu erreichen. Bei der Gestaltung des Standes wurde nicht nur auf Wort und Bild geachtet, sondern auch auf Licht, Farbe und Bewegung. Alle ausgestellten Apparate zeugten in ihrer Beschaffenheit von Qualitätspflege der Junkerswerke. Durch die dargestellten Forschungs- und Arbeitsmethoden wurde vermittelt, in welchem Umfang die praktische Arbeit im Werk wissenschaftlich grundgelegt war. Der Gasiator stand für das neueste technische Erzeugnis, seine Entwicklung und Konstruktion wurde in allen Stadien vorgeführt. Die Ausstellung zeigte auch Junkers-Lehrmitteltafeln, Schnittmodelle der Armaturen und Hilfsapparate aller Art, die beim Unterricht der Lehrlinge in den Werken verwendet wurden. Die schwierigen Probleme der richtigen, fachmännischen Installation wurden erklärt und erläutert. Die rein technische Wiedergabe fand durch den künstlerischen Rahmen, in dem man präsentierte, großen Beifall und Anerkennung. In der Zeitschrift „bauhaus" heißt es über die „Verantwortung des Schaffenden": „Alle bauen am Bild der Welt mit. Jede Handlung verändert das Alte und schafft ein neues Bild, dies ist Ausdruck des inneren Wesens und stets auch der Kultur." Die Ausstellung „Gas und Wasser" beschäftigte sämtliche Bauhauswerkstätten. In der Tischlerei entstanden neue Stühle, die von der Weberei mit Bezügen ausgestattet wurden. Die aus Metall gebauten und teilweise mechanisch zu bewegenden Ausstellungsmittel stellte die Metallwerkstatt her. Der neue Werkstoff Aluminium kam bei dieser Ausstellung zum Einsatz. Er diente für die Rahmenkonstruktion, um die Wirkung der ausgestellten Fotos graphisch zu steigern. Die Reklamewerkstatt stellte Schrifttafeln sowie Prospekte her. Ein weiteres Betätigungsfeld für das Bauhaus war die Breslauer Ausstellung „Wohnung und Werkraum", auf der „Junkers & Co." seine Produkte präsentierte.

Junkers und Bauhäusler

Durch die auch in den Junkerswerken untergebrachten Bauhauswerkstätten wurden die dort tätigen Studenten angeregt, mit neuen Werkstoffen zu experimentieren, und wegen der Verwendung von

Das Bauhaus Dessau
Junkers und Bauhäusler

Aluminium in ihren Arbeiten wurden die Studierenden scherzhafter Weise von den Junkers-Mitarbeitern als „Dural-Studenten" bezeichnet. Viele der Bauhäusler waren bei und für Junkers tätig, hier werden einige vorgestellt:

Heinrich Siegfried Bormann war von 1930 bis 1933 in der Metallwerkstatt der Bau/Ausbau-Abteilung des Bauhauses beschäftigt. 1931 entwarf er für Junkers ein Stahlrohrbett. Willi Hauswald, von 1927 bis 1933 als Werkstattmeister in der Fotografie-Abteilung, der plastischen Werkstatt sowie in der Reklamewerkstatt am Bauhaus tätig, gestaltete die Ausstellung Junkers „Gas und Wasser" in Berlin. Für das Werbungs- und Ausstellungsdesign war Heinz Loer tätig, der als Schüler von 1926 bis 1931 am Bauhaus eingeschrieben war und mit dem Diplom der plastischen Werkstätten abschloss. Der Architekturentwurf für die Ausstellung „Gas und Wasser" stammte von Johannes Niegemann. Dieser lehrte als Gastdozent ab 1925 am Bauhaus. Hans Przyrembl arbeitete von 1924 bis 1928 in der Metallwerkstatt und in der Bau-Ausbauabteilung. 1928 entwickelte er ein Modell für die Verkleidung einer Gastherme in den Junkers-Werken. Auch Alexander Schawinsky war an der Gestaltung der „Junkers-Koje" des Ausstellungsstandes für „Gas und Wasser" in Berlin beteiligt sowie für verschiedene Werbearbeiten für „Junkers & Co.". Am Bauhaus arbeitete er von 1924 bis 1929 in der Bühnenwerkstatt. Eine weitere Brücke der Zusammenarbeit stellte der am Bauhaus tätige Marcel Breuer dar. Seinen ersten Sessel aus Präzisionsstahlrohr entwarf er 1925, der nach einigen Überarbeitungen international als „Wassily-Stuhl" bekannt wurde. In Zusammenarbeit mit dem Schlossermeister Karl Körner entstand im Herbst 1925 das erste Versuchsmodell. Die besonderen Merkmale dieses Stuhls bestanden in der starren Metallkonstruktion und dem autogen geschweißten und vernickelten Stahlrohrskelett mit insgesamt 20 Schweißstellen. Weiterhin besaß das Versuchsmodell vier Stuhlbeine und eine grobe Segeltuchbespannung. Die Weiterentwicklung stellte den Prototypen der „Wassily"-Stuhlreihe dar. Die Konstruktion wurde später weitestgehend beibehalten. Die Schweißstellen reduzierten sich auf 14 Stück und an Stelle der vier Stuhlbeine stand der Stuhl auf zwei Kufen. Die Bespannung wurde von einem Eisengarnstoff ersetzt. Durch die noch konstruktive Unausgereiftheit entstand dieser Prototyp in handwerklicher Einzelanfertigung. Das einzige nachweisbare Exemplar ist heute im Besitz der wissenschaftlichen Sammlung der Stiftung Bauhaus Dessau. Die Serienfertigung des Sessels „Wassily" übernahm Ende 1926 „Standard Möbel Berlin". Die Reihenbestuhlung aus vernickeltem

Walter Gropius/Walter Carl Behrendt: Die Form/Zeitschrift für gestaltende Arbeiten, Verlag Hermann Reckendorf, Berlin 1926, H 6, S. 117-122

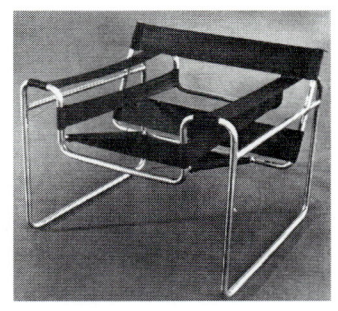

Prototyp „Wassily"-Sessel, November 1925

Das Bauhaus Dessau

Junkers und Bauhäusler

Stahlrohr des Bauhauses entstand nach Entwürfen von Marcel Breuer 1925/1926 in den „Junkers Kaloriferwerken" in Dessau. Für die im Frühjahr 1926 eröffnete Ausstellung des Bauhausgebäudes und der Meisterhäuser wurden nach Mustern Breuers weitere Bestuhlungen in den Junkerswerken angefertigt. Im Frühjahr 1926 Entwarf Breuer Sitze für das Junkersflugzeug G 31, die jedoch nicht zur Ausführung kamen. Marianne Brandt, die besonders von der Montage der Flugzeuge beeindruckt war, führte regelmäßige Exkursionen mit Besuchern des Bauhauses in den Junkerswerken durch. Aber auch Produkte des Bauhauses fanden in Junkers' Privathaus ihren Platz. Auf einem Foto von 1926 ist das Schlafzimmer von Frau Junkers zu sehen, auf dem eine Deckenleuchte von Marianne Brandt und ein Toilettentisch mit schwenkbarer Ablage von Marcel Breuer zu sehen sind. Der Junkers Gasheizofen, für dessen Werbung die große Sachkenntnis eines Moholy-Nagy verantwortlich zeichnete, setzte sich aufgrund seiner zweckmäßigen Form endgültig durch. Für die Inneneinrichtung eines Wohnhauses der Bauhaussiedlung ließ Carl Fieger Ende 1927 in den Dessauer Junkerswerken die ersten Möbel aus starkwandigem Duraluminium anfertigen und das Junkers Kaloriferwerk und Junkers & Co. installierten im Bauhaus und in den Meisterhäusern die gesamten wärmetechnischen Anlagen. Die gekuppelten Fensterdrehflügel im Werkstattgebäude des Bauhauses führte Junkers Stahlbau 1926 aus. Das 1928 entstandene Verwaltungsgebäude der Junkerswerke stattete die Metallwerkstatt des Bauhauses mit Beleuchtungskörpern aus. Sie entwarfen auch für andere Büros von Junkers die Lampen. Walter Gropius, inspiriert von den Junkerswerken, äußerte sich wie folgt: „Das Kunstwerk ist immer auch ein Produkt der Technik. Was zieht den künstlerischen Gestalter zu dem vollendeten Vernunftserzeugnis der Technik hin? Die Mittel seiner Gestalt! Denn seine innere Wahrhaftigkeit, die knappe, phrasenlose, der Funktion entsprechenden Durchführung aller seiner Teile zu einem Organismus, die kühne Ausnutzung der neuen Stoffe und Methoden, ist auch für die künstlerische Schöpfung logische Voraussetzung. Das Kunstwerk hat im geistigen wie im materiellen Sinne genau so zu funktionieren wie das Erzeugnis eines Ingenieurs, z. B. wie ein Flugzeug, dessen unerbittliche Bestimmung es ist, zu fliegen. In diesem Sinn kann der künstlerisch Schaffende in ihm ein Vorbild sehen und aus der Vertiefung in seinen Entstehungsvorgang wertvolle Anregungen für sein eigenes Werk empfangen."

Das Bauhaus Dessau

Inspiration Bauhaus

Inspiration Bauhaus

Der Austausch mit Intellektuellen des Bauhauses, von denen einige politisch links orientiert waren, spiegelte sich in der Hinwendung Junkers zu sozialen Fragen wieder. Er begann, Überlegungen für den Bau rationeller Wohnhäuser anzustellen und versuchte, seine erworbenen Forschungserfahrungen auf einem neuen Gebiet, dem des Metallwohnhaus, auszudehnen und neue Werkstoffe aus dem Flugzeugbau in die Architektur einfließen zu lassen, um preiswerter, schneller und qualitativ hochwertiger zu bauen. Die entworfenen Gebäude sollten die Vorzüge bekanntem Wohnkomforts und - ihrer Zeit voraus - erstklassige Wärmedämmung sowie eine Gewinnung von Sonnenenergie im Haus bieten. Hugo Junkers ließ sich vom Bauhaus inspirieren. In seiner entworfenen Denkschrift heißt es: „Die neue Zeit hat die Form der Gebrauchsgegenstände außerordentlich stark gewandelt. Die Ansicht über Wohnhygiene, Lebensart und -gewohnheit haben sich grundsätzlich geändert. Bei aller Gärung ist das Verlangen nach Klarheit, Sachlichkeit und der Verzicht auf komplizierte Zierformen bereits erkennbar." Das Metallhaus und die Metallrohrmöbel sollten dieses neue Wohnen und Leben ermöglichen.

Für Junkers war die Reklame ein wichtiger Bestandteil seines Unternehmens. Für ihn war sie ein Lehrmittel, um den Nutzer und Kunden über das Produkt besser zu unterrichten. Dies hieß für ihn, angefangen von der Qualitäts- und technisch-wirtschaftlichen Forschung über die Eigenschaft und Wirtschaftlichkeit bis zur informationsgerechten Darstellung der didaktischen Umsetzung das fertige Produkt in Wort und Bild zu vermitteln. Neben dem Inhalt spielte der Zeitgeist, den die dargestellten Klassiker zeigen, eine wesentliche Rolle. Sie verdeutlichten das „Wie" der Produktwerbung und stellten beispielhaft die Brauchbarkeit, Funktion, Konstruktion, Wartung und Wirtschaftlichkeit dar.

Junkers-Prospekt von 1928

Corporate Identity
Der Name Junkers

Der Name Junkers

In diesem Artikel wird der „weiche" Aspekt des Designs aufgegriffen, denn selten wurde bis jetzt über das Corporate Identity der Firma Junkers gesprochen. Hugo Junkers - der Vater des heutigen Passagierflugzeugs ist bekannt. Junkers und sein Unternehmen sind Synonym für technischen Fortschritt, naturwissenschaftliche Innovation, visionären Erfindungsgeist und strategisch-unternehmerisches Handeln. Weniger bekannt ist, dass sich Junkers schon frühzeitig um den Außenauftritt des Unternehmens gekümmert hat, d. h. Werbung und Imageaufbau wurden gezielt betrieben.

Die Unternehmensgeschichte von Junkers fällt in die Frühzeit der Reklame, die sich parallel als eigenständige, theoretisch fundierte Designdisziplin herausbildet, so spiegelt das Corporate Design - Junkers hätte gesagt seine „Konzernpropaganda" - in besonderer Weise Kulturgeschichte wider.

Der Name Junkers wurde intentionell publiziert. So wurde er verbunden mit technischem, wissenschaftlichem und kulturellem Höchststand. Forschung war für den Konzern sehr wichtig und sollte zum Ruf beitragen. Forschungsergebnisse wurden geschickt durch grafische, fotografische und modellhafte Darstellungen in der Werbung genutzt. Durch unermüdliche Forschungstätigkeit sollte Kompetenz gegeben werden. Man maßte sich an zu behaupten, dass das Ziel der Arbeit der Menschheitsfortschritt schlechthin war. In der Gesellschaft gab es allgemeine Technikvorurteile, Flugängste und ungute Gefühle gegenüber technischen Neuerungen. Deshalb nennt Hugo Junkers selbst die Propaganda eine „technische Aufklärung" und somit eine Dienstleistung an die Kundschaft. Der Konzern hatte eine vielseitige Produktpalette: Warmwassererzeuger, Heizungsapparate, Messgeräte, Industriebaufenster, Stahlmöbel, Lamellendächer, zerlegbare Brücken, kunstgewerbliche Lampen, Motoren, Kompressoren, Flugzeuge und letztlich Dienstleistungen wie die Technikforschung, Luftbildfotografie, Schädlingsbekämpfung, Piloten- und Lehrausbildung, Flugzeugreparatur, Beförderung von Personen und Gütern zur Luft. Von 1892 bis 1934 entstehen über 40 relativ eigenständige Betriebe und Forschungsanstalten unter diesem Namen. Henri Ford bezeichnete die Firma als eine eher technische Universität als einen arbeitenden Konzern. Es entwickelte sich ein sprichwörtlicher „Junkersgeist".

Junkers selbst: „Der Name Junkers gehört nicht mehr mir oder meiner Familie, sondern er ist Eigentum des Werkes und all seiner Mitarbeiter geworden". Leistungen der Mitarbeiter sind Eigentum des Namen Junkers, d. h. auch kreative Leistungen, ob nun

Michael Geyersbach, Designzentrum Sachsen-Anhalt: Junkers, Wie verkauf ich meine Tante? Corporate Design bei Junkers 1892 bis 1933, Dessau 1996
Günter Schmitt: Hugo Junkers, Ein Leben für die Technik, Aviatic Verlag 1991

Junkers' Signatur

Handschriftliche Notizen

Ansprache Hugo Junkers in: Festschrift Hugo Junkers zum 70. Geburtstag, 1929

Corporate Identity

Der Name Junkers

technischer, logistischer oder gestalterischer Art. Das macht es auch sehr schwierig, Entwurfsleistungen zum Corporate Design konkreten Personen zuzuweisen. Design für Junkers ist Design unter dem Namen Junkers.

Das Markenzeichen

Der erste Entwurf für das Markenzeichen des Konzerns besteht seit 1924. Der „fliegende Mensch" wurde gestaltet von Friedrich Peter Drömmer und wird am Patentamt auf Hugo Junkers eingetragen. Bis zur Entstehung dieses Bildzeichens wird mit Wortzeichen gearbeitet: „Junkers", „Prof. Junkers", „Junkers & Co.". Die typografische Gestaltung unterliegt dem jeweiligen Zeitgeschmack und ändert sich ständig. Vorher war es üblich, das Initial „J" als Markenzeichen in diversen Stilen zu benutzen. Die verschiedenen Unternehmenszweige verwenden zeitgleich unterschiedliche Schrifttypen. Das Wortzeichen durchlebt einen zeittypischen Wandel von der Jahrhundertwende bis in die 20-er Jahre. 1926 wird das Wortzeichen in Schreibschrift als Marke eingetragen.

Mit der wirtschaftlichen Expansion von Junkers nach der Jahrhundertwende auch auf internationalem Parkett (bis 1910 entstehen sechzehn Auslandsvertretungen) entsteht der Anstoß für ein einheitliches Firmenlogo mit hinreichender Kennzeichnungskraft. 1913 erfolgt ein Preisausschreiben, bei dem viele Entwürfe von bekannten Gestaltern eingehen. 1923 tritt der Maler und Grafiker Peter Drömmer als Werbeleiter bei Junkers ein. 1924 wird die Junkers-Marke (der fliegende Mensch) von Drömmer schon öffentlich benutzt. Im Laufe der Etablierung gibt es verschiedene Ausprägungen: im Figur-Grund-Verhältnis, in der Form der Umrandung oder in der Einbeziehung des Wortzeichens.

Was lässt sich zur Hausfarbe des Unternehmens sagen? Das Blau des Unternehmens ändert sich nur einmal. Das ursprüngliche Preussischblau wird 1935 zu einem Blauton mit einem leichten Anteil an Türkis. Dies geschieht in Zusammenhang mit der Konzernbildung der Nazis und dem Erbe von Junkers, das seine Frau Therese verwaltet. 1926 fusionieren die Aero Lloyd AG und die Junkers Luftverkehrs AG zur Deutschen Luft Hansa. Der damalige Blauton wird übernommen.

Das berühmte Initial

Der fliegende Mensch

Wortmarken

Corporate Identity

Ausstellungen und Messen

Ausstellungen und Messen

Der Konzern war ständig bestrebt, sein visuelles Erscheinungsbild in anderen Werbeschriften und Zeitschriften zu publizieren. Fotos, die bei Messen und Ausstellungen entstehen, werden in den eigenen Werbeschriften abgedruckt. Die Junkers-Nachrichten besprechen außerdem Ausstellungskonzept und Publikumsresonanz. Insgesamt ließen sich erfolgreiche Auswirkungen durch die Zusammenarbeit mit den Ausstellungsmachern nachweisen. 1893 erfolgt die erste Weltausstellung in Chicago, bei der Junkers die Goldmedaille für sein Kalorimeter bekommt.

Durch die Erweiterung der Produktpalette auf Gasbadeöfen (1894) und Schnellwassererhitzer (1896) nimmt die Firma an weiteren Ausstellungen teil. Unter anderem die Hygieneausstellungen in Berlin und Dresden (1907 und 1911). Junkers konzentriert sich auf die „wissenschaftliche" Präsentation seiner Produkte, um somit stärker ihren innovativen Charakter als Verkaufsargument herauszustellen. Es folgen die Weltausstellungen in Paris 1900, St. Louis 1904 und Brüssel 1910, bei denen mehrere Goldmedaillen an Hugo Junkers gehen. Bei der Ausstellung „Gas und Wasser" in Berlin lässt Junkers sein didaktisches Marketingprinzip von Joost Schmidt umsetzen. Hierbei werden die Kunden zuerst durch wandgroße Fotos vom Ausstellungsstand visuell angezogen und dann technisch mit einem didaktischen Leitsystem aufgeklärt, um ihnen eine rationelle Wahl zu ermöglichen. Die Botschaft war eindeutig: Erst durch ausgiebige Forschung entstehen Junkers Produkte. Eine besondere Ausstellung war die ILA (Internationale Luftfahrtausstellung), bei der die Rekordleistungen des Konzerns dementsprechend präsentiert wurden. Die „Bremen" (das erste deutsche Flugzeug, das den Atlantik überquerte) stand mit „Stars and Stripes", Union Jack und den Pilotenbildern geschmückt auf einem sechsfachen Treppenaufbaupodest, der einem Siegertreppchen glich. Hugo Junkers leistete sowohl privat als auch als Firma in Zusammenhang mit den Ausstellungen eine rege Pressearbeit. Ausstellungen und Messen bedeuteten für ihn gezieltes Beeinflussen.

Kontakte zur Design-Avantgarde

Wie in dem Artikel „Das Bauhaus Dessau" schon ausführlich beschrieben, ist Junkers von Anfang an bestrebt, professionelle Kontakte zu den Bauhäuslern zu halten. Junkers sah seine Werke als Stätten der Forschung. Auch das Bauhaus verfolgte seit 1923 zielstrebig die

Weitere Informationen im Artikel: Die Ausstellung „Gas und Wasser" in Berlin

Die Weltausstellung in St. Louis 1904

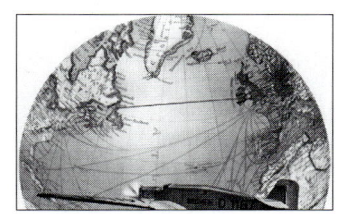

Die Bremen

Ute Brüning, bauhaus-archiv Berlin: Das A und O des Bauhauses, Bauhauswerbung: Schriftbilder, Drucksachen, Ausstellungsdesign, Edition Leipzig 1995

Corporate Identity
Kontakte zur Design-Avantgarde

Helmut Erfurth: Symbiose von Kunst und Technik, in: Die Metallwerkstatt am Bauhaus, Klaus Weber, herausgegeben für das bauhaus-archiv Berlin, Kupfergraben Verlagsgesellschaft mbH, Berlin 1992
Mart Stam, El Lissitzky: Die Reklame, Typografische Mitteilungen 10/1925

Bauhaustypografie

Flugblatt

Tendenz, theoretische Erkenntnisse praktisch umzusetzen und anzuwenden. Die Metallwerkstatt des Bauhauses suchte Kontakte zu Dessauer Betrieben. Die Studenten experimentierten in Junkers-Betrieben. So inspirierte man sich gegenseitig. Es ist fast möglich, von einer Symbiose von Kunst und Technik am Bauhaus und in den Junkerswerken zu sprechen. Aus heutiger Sicht verband diese Werkstätten das intuitive Schöpfertum, das „praktische Gefühl", wie es Junkers einmal selbst nannte. Es lässt sich eine gegenseitige Einflussnahme durch die Mitarbeit bei Ausstellungen nachweisen.

Bei Messen für Wohn- und Küchenbereiche werden u. a. seine Schnellwassererhitzer und Badeöfen von anderen Herstellern ausgestellt. Außerdem wirbt er mit der Tatsache, dass namhafte Architekten in ihren Bauten seine Produkte verwenden.

Mart Stam und El Lissitzky sagten einmal: „Die Reklame wirkt auf das Publikum durch Mitteilung, noch stärker durch Propaganda, noch stärker selbst durch Suggestion." Diese suggestive Wirkung erzielt Junkers absichtlich durch den Einsatz von Bildern aus der Familiensphäre. Durch suggestive Aussagen und Fragestellungen auf Postern wird der Kunde eindeutig beeinflusst.

Propaganda-Aufgaben
Gezielt kümmert sich Junkers um den Imageaufbau. 1923 erfolgt ein neues Programm im Propagandabereich, das auf folgende Punkte eingeht:
1. Pressearbeit (besonderer Wert liegt auf Auslandspresse)
2. Inserate
3. Drucksachen - einheitliche Ausstattung, normales Format und fortlaufende Nummerierung
4. Filme - Filmarchiv: Ausleihe an Lichtspieltheater, Filmgesellschaften, Vertreter und Privatpersonen
5. Fotos und Dias
6. Geschenkartikel
7. Wettbewerbe und Ausstellungen

Das Hauptbüro des gesamten Konzerns dient als Koordinierungs- und Archivstelle und stellt die Drucksachen für den gesamten Konzern her. Es gab die Abteilungen IFA (Flugzeugbau), die Abteilung Luftverkehr, die Jumo (Motorenbau) und die ICO (Warmwassergeräte, Badeöfen). Jede einzelne Abteilung war verantwortlich für die spezifische Reklame. Wichtige Aktivitäten wie Ausstellungsvorhaben,

Corporate Identity
Propaganda-Aufgaben

Plakate und Prospekte, Werbefilme und Fotoerstellung liegen bei den einzelnen Firmen bzw. ihren Propagandastellen. Trotzdem ist es für F. P. Drömmer fast unmöglich, die Werbung der verschiedenen Bereiche in der Zentrale zu koordinieren.

Wichtige Flüge, wie z. B. der Yoshihara-Flug wurden durch Printmedien publiziert. Bei einer Imageaktion bilden Lehrlinge vor dem Fabrikgebäude den Namenszug der Firma.

Imageaktion vor dem Werksgebäude, 1923

Michael Geyersbach: Designzentrum Sachsen-Anhalt: Junkers: Wie verkauf ich meine Tante? Corporate Design bei Junkers 1892 bis 1933, Dessau 1996

Pressearbeit und Druckschriften
Teilweise wurden bestimmte Aktionen gezielt veranstaltet, um in der Presse für Schlagzeilen zu sorgen (z. B. der Europarundflug mit dem ersten Großflugzeug). Die Propagandaabteilung verschickte hierfür Hunderte von Bild- und Textunterlagen an Schriftsteller, Zeitschriften und Fotozentralen im In- und Ausland.

Das „Luftverkehr-Nachrichtenblatt" (1923 bis 1925) soll für Angestellte über das Konzerngeschehen berichten. Die Zeitschrift definiert sich aber auch als Organ zur Aufklärung der Kundschaft. Sie erscheint mit einem Format von DIN A 4 fünfmal jährlich und ihr Erscheinungsort ist Dessau. Die Redaktion leitet Dipl.-Ing. Fritz Longolius. Das Nachrichtenblatt benannte sich um in „Junkers-Nachrichten" und sollte von 1926 bis 1943 über den Kreislauf des Geschäftsverkehrs informieren. Die künstlerische Leitung hatte F. P. Drömmer.

Imagebroschüren und Prospekte werden durch die Hilfe der fotografischen Abteilung und der Abteilung „Junkers Luftbild" hergestellt. In der Prospektwerbung arbeitet man mit Architekturmotiven. Die Funktionalität der innovativen Architektur wird bildlich auf die abgebildeten Junkers-Apparate übertragen. Es entstehen auch viele Fachschriften, die mit der Zeit ein umfangreiches Lehrmaterial ergeben.

Außerdem wird der Werbefilm „Jungborn der Menschheit" gedreht. Damals war es üblich, dass die UFA Werbefilme für Firmen herstellte, wie z. B. die Opel AG oder die Dresdner Bank. Junkers gab also einen Film in Auftrag, der die Verbindung von Lehrinhalt und Werbeaussage nutzt. In diesem Film wird die Kulturgeschichte des Bades erzählt, d. h. von den antiken Anfängen bis hin zu Junkers' revolutionären Erfindungen zur Wasserhygiene.

Plakat 1929

Werbefilm 1929

Corporate Identity
Pressearbeit und Druckschriften

Abschließend lässt sich sagen, dass Junkers bezüglich kreativer Leistungen, ob nun technischer, logistischer oder gestalterischer Art eine enorm innovative Leistung vollbrachte, die neben der eigentlichen Entwicklung von Junkersprodukten in besonderer Weise Kulturgeschichte widerspiegelt.

Industrie und Stadt
Werksflugplätze

Der erste Flugplatz

Die Junkers J 1, als Forschungsobjekt und Einzelstück, und auch die nachfolgende Junkers J 2 wurden auf dem weit entfernten Flugplatz in Döberitz bei Berlin eingeflogen. Dies war wirtschaftlicher, als einen eigenen Flugplatz anzulegen und zu unterhalten. Vorsorglich ließ Junkers nach einem geeigneten Gelände suchen, das nahe der Stadt Dessau, 400 - 500 Morgen groß, mit ebenem Grasboden und nahe eines Eisenbahnanschlusses gelegen sein sollte. Infolge des Zeitdrucks musste er auf eines der weniger geeigneten Angebote in der Umgebung eingehen. Das günstigste Gelände war ein Wiesenstück zwischen Alten und Mosigkau. Dieses grenzt heute unmittelbar an die westliche Bebauung des Neubaugebietes „Zoberberg". Ein Pachtvertrag wurde November 1916 abgeschlossen und das Gelände Anfang 1917 als Flugfeld genutzt. Die Fläche mit 350 000 m² in nordwest-südöstlicher Ausrichtung war zeitweilig bei hohem Grundwasserstand kaum nutzbar. Ein Zelt diente anfangs den Monteuren als Werkstätte, bald folgten zwei Schuppen mit den Maßen 17 x 13 m. Der Transport der Flugzeuge vom Werk zum Fluggelände war sehr umständlich. Die Entfernung betrug ca. 2,5 km und wurde mit Pferdegespannen durchgeführt. Jedes Flugzeug, zerlegt in Rumpf und Flügel, wurde dann vor Ort zusammenmontiert und eingeflogen.

Die Serienfertigung der nun entwickelten J 4 wurde nicht mehr in der Junkers Badeofen-Fabrik Ico durchgeführt, sondern in den direkt daneben neu entstandenen Gebäuden der Junkers-Fokker-Aktiengesellschaft (Ifa). Der Fusionsvertrag vom Oktober 1917 wurde im Dezember 1918 wieder aufgelöst, der Name Ifa blieb jedoch bestehen. In den folgenden Jahren wurden unter diesem Namen viele Flugzeuge von Junkers erprobt und eingeflogen, darunter die Typen Junkers J 7, J 8, J 9, J 10, F 13, T 19, T 23 und K 16.

Bald entsprach der Flugplatz nicht mehr den Erfordernissen, zumal er bei wechselnden Grundwasserständen nicht ganzjährig und durchgängig genutzt werden konnte. Der Boden war aufgeweicht, wodurch die Flugzeuge einsanken, beim Start nicht leicht und schnell abhoben und sich beim Landen festfuhren. Diese Umstände führten zu schweren Unfällen und Brüchen von Flugzeugen. Schon im Mai 1920 ersuchte Prof. Junkers die Behörden um Unterstützung für ein größeres und sicheres Fluggelände. 1923 wird der Platz auch für Flugverbindungen, z. B. Berlin–Dessau–Leipzig, genutzt. Das währenddessen entwickelte Großflugzeug G 23 war für das Gelände zu schwer, wodurch die endgültige Erprobung unmöglich gemacht wurde. Einschränkungen für PS-Zahl und Flughöhe sowie ein Flugzeugbauverbot

Montagehallen auf dem Fluggelände 1919

Industrie und Stadt
Werksflugplätze

1921/1922 behinderten Junkers zusätzlich in seiner Arbeit. Überall ging es in stürmischem Tempo voran, in vielen Ländern landeten Junkers Flugzeuge. Nur zu Hause in Dessau wurde die „Flugplatzfrage" spätestens jetzt zum Hemmnis der Flugzeugentwicklung.

Der zweite Flugplatz

Junkers und seine Fachleute hatten sich ein Gebiet zwischen den Stadtteilen Kleinkühnau, Siedlung und Alten als Werksflugplatz direkt neben seinem Werk ausgesucht. Die Begrenzung im Westen war die Straße von Alten nach Kleinkühnau und im Osten die Ziebigker Kreisstraße. Der nördliche Abschluss wurde von der Straße Kleinkühnau–Dessau, der südliche von der Bahnstrecke Dessau–Köthen gebildet. Am 15. August 1924 kam der Vertrag zur Verpachtung des 122,5 ha großen Geländes zustande. Im Oktober 1924 wurde eine Teilfläche freigeben und das erste Flugzeug konnte von der neuen Asphaltbahn starten. Der alte Mosigkauer Flugplatz stellte 1925 den Betrieb ein. Die Schuppen und Baracken wurden auf den neuen Flugplatz umgesetzt, welcher sich nun in unmittelbarer Nähe zum Flugzeugwerk befand. Nach den spärlichen Anfängen begann der zügige Ausbau des Platzes. 1925 wurde die erste große Montagehalle neben dem Bahnübergang auf dem Flugplatz errichtet. Die offizielle Eröffnung des Flugplatzes fand am 7. Januar 1926 durch die Anhaltische Landesregierung statt. Im selben Jahr war bereits mit dem Bau einer Beton-Start- und Landebahn von 750 m Länge und 10 m Breite begonnen worden. Diese wurde 1927 zur Vorbereitung des Ozeanfluges der W 33 „Bremen" verlängert und besaß 1928 eine Länge von 800 m. Auf diesem Flugplatz wurden im Laufe der Jahre die Flugzeugtypen G 24, G 31, G 38, W 33, W 34, T 29, A 32, Ju 49, A 50 eingeflogen.

Flughafen Dessau

Ab 1. Mai 1930 wurde der Junkers-Werksflugplatz als offizieller Verkehrs-Landeplatz zugelassen. An der nordöstlichen Begrenzung, der Kühnauer Straße, errichtete man ein kleines Abfertigungsgebäude für der öffentlichen Flugverkehr. Durch die Junkers-Werke waren Flugfunkstelle und Wetterwarte bereits vorhanden. Landezeichen wurden vor der Polizeiflugwache ausgelegt, eine Nachtbefeuerung erfolgte durch das Werk auf Anforderung.

Die Fluglinie Berlin–Dessau–Leipzig/Mockau wurde mit Junkers Flugzeugen beflogen. Die Linie war bis Ende 1931 in Betrieb. Nach mehrmonatiger Pause wurde der Luftverkehr ab 15. Mai 1932

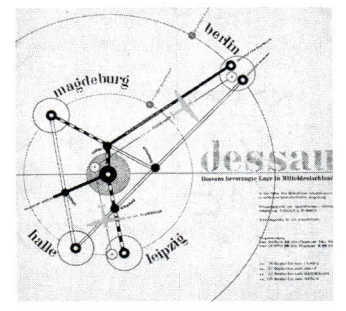

Junkers Flugzeug- und Motorenwerke 1927

Werbeprospekt des Fremdenverkehrsverbandes Dessau, Gestaltung J. Schmidt von 1930

Industrie und Stadt
Werksflugplätze

wieder aufgenommen und gleichzeitig als Luftpostlinie beflogen. 1933 war die Auslastung so gering, dass der Flugverkehr nach Dessau eingestellt wurde. Als danach der Flugplatz erweitert wurde, um den Anforderungen der voll in die Rüstung einbezogenen Junkers-Werken zu genügen, erfolgte 1934 die Umstufung vom Verkehrslandeplatz in ein Privatflugplatz der Junkers-Werke.

Verladung von Post

Nationalsozialismus
Im Mai 1932 wurde in Anhalt eine nationalsozialistische Landesregierung gewählt, die gegen Prof. Junkers eine inszenierte Enteignungskampagne auf Raten startete. Er stand ihren Zielen im Weg, weigerte sich zum Beispiel, Menschen einzustellen, die von den Nationalsozialisten vorgeschlagen wurden. Das Hauptanliegen der Regierung war es, an die 106 von insgesamt 580 Junkers-Patenten zu gelangen, die den Flugzeug- und Motorenbau betrafen, um sie für die Kriegsrüstung zu verwenden. Am 2. 6. 1933 schlossen sie mit Junkers ein Patentabkommen, das er nur unter Druck unterzeichnete. Am 18. 10. 1933 kam schließlich ein Nachvertrag zustande, der die Übergabe von 51 % der Aktien der Ifa und Jumo an den Staat beinhaltete und dem Professor somit die Stimmenmehrheit raubte. Daraufhin legte er am 24. 11. 1933 seine Ämter als Vorsitzender des Aufsichtsrates und der Geschäftsführung nieder und wurde am 13. 12. 1933 endgültig aus Dessau ausgewiesen.

1933 wurden die verschachtelten Anlagen und der kleinhandwerkliche Eindruck der Werke durch ein Gutachten Heinrich Koppenburgs kritisiert. Er leitete als späterer Vorsitzender des Aufsichtsrates und Vorstandes eine grundlegende Neuordnung im Flugzeug- und Motorenbau ein, die auf Massenproduktion der für die Rüstung wichtigen Flugzeuge ausgerichtet war. Ab 1934 vollzog sich ein großzügiger Ausbau der Werke und des Flugfeldes. Geländeerwerb für Erweiterungszwecke war jetzt keine Verhandlungssache mehr - es wurde per Gesetz, notfalls mit Enteignung, geregelt. Die Start- und Landebahn behielt ihre ursprüngliche Lage, wurde aber zunächst um 100 m am östlichen Ende, an der Ziebigker Kreisstraße, zurückgenommen, um Platz für kommende Produktionshallen zu schaffen. Die Ziebigker Kreisstraße zwischen Kühnauer Straße und Junkersstraße musste dem Aufbau des Ifa II-Werkes (Bezeichnung ab 1934) weichen. Der Schwarze Weg wurde als Ersatzweg für Radfahrer geschaffen. Die Junkers-Werke standen als „wehrpolitisch" im Vordergrund. Das Ifa I-Werk wurde als Motorenwerk genutzt. Außerdem entstanden Zweigstellen für den Teilebau und die Endmontage

Industrie und Stadt
Werksflugplätze

JFM-Konzern 1936

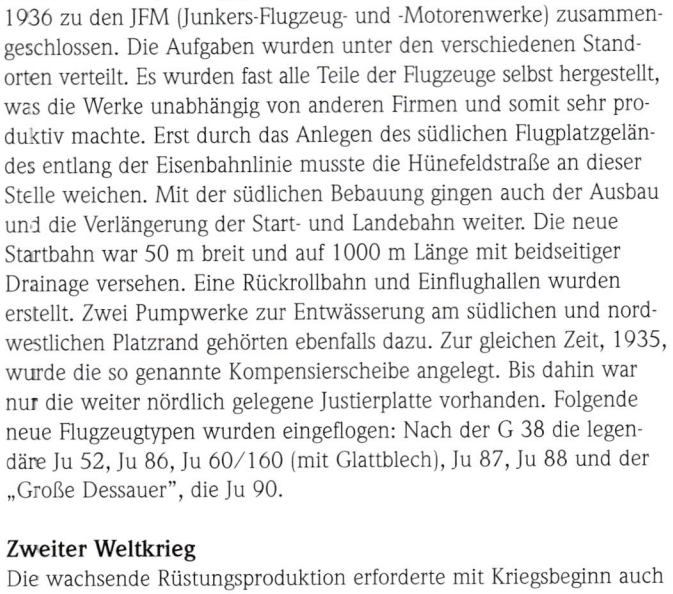

in vielen anderen Städten, wie zum Beispiel Aschersleben, Halberstadt, Leopoldshall, Schönebeck, Bernburg, Magdeburg, Leipzig und Breslau. Die Ifa (1919 gegründet) und Jumo (1923 gegründet) wurden 1936 zu den JFM (Junkers-Flugzeug- und -Motorenwerke) zusammengeschlossen. Die Aufgaben wurden unter den verschiedenen Standorten verteilt. Es wurden fast alle Teile der Flugzeuge selbst hergestellt, was die Werke unabhängig von anderen Firmen und somit sehr produktiv machte. Erst durch das Anlegen des südlichen Flugplatzgeländes entlang der Eisenbahnlinie musste die Hünefeldstraße an dieser Stelle weichen. Mit der südlichen Bebauung gingen auch der Ausbau und die Verlängerung der Start- und Landebahn weiter. Die neue Startbahn war 50 m breit und auf 1000 m Länge mit beidseitiger Drainage versehen. Eine Rückrollbahn und Einflughallen wurden erstellt. Zwei Pumpwerke zur Entwässerung am südlichen und nordwestlichen Platzrand gehörten ebenfalls dazu. Zur gleichen Zeit, 1935, wurde die so genannte Kompensierscheibe angelegt. Bis dahin war nur die weiter nördlich gelegene Justierplatte vorhanden. Folgende neue Flugzeugtypen wurden eingeflogen: Nach der G 38 die legendäre Ju 52, Ju 86, Ju 60/160 (mit Glattblech), Ju 87, Ju 88 und der „Große Dessauer", die Ju 90.

Zweiter Weltkrieg

Die wachsende Rüstungsproduktion erforderte mit Kriegsbeginn auch einen größeren Platzbedarf. Dem Ausbau und der Vergrößerung des Flugfeldes mußten 1941 die gesperrte Verbindungsstraße und die Mühle von Eberius samt Wohnhaus weichen. Die Landebahn wurde auf 1200 m verlängert. Im Zuge der Platzvergrößerung musste die Segelflughalle auf den jetzigen Standort in Bergens Busch verlegt werden. Durch die Luftangriffe der Alliierten auf die Junkers-Werke wurde die Stadt Dessau stark zerstört. Der Flugplatz blieb jedoch weitgehend unversehrt und durch schnelle Instandsetzungen konnte sein Betrieb immer wieder gesichert werden. Um noch nicht ausgelieferte Flugzeuge, insbesondere Erprobungsträger, zu schützen, wurde jedoch das westlich angrenzende Gelände in den Jahren 1943 bis 1945 auf einer Länge bis zu 3 km als Abstellfläche angelegt. Eine eigens dafür eingerichtete Verschiebebahn brachte die Flugzeuge vor Luftangriffen in Sicherheit. Außerdem wurde nordwestlich von Großkühnau ein Scheinflugplatz angelegt, um die Aufmerksamkeit bei Angriffen vom wirklichen Flugplatzgelände abzulenken. Durch die Zerstörung der Zweigwerke von Juli bis Oktober 1944 mussten immer schwerwiegendere Verluste hingenommen werden. Ab Februar 1945

Nach der Bombardierung am 16. 9. 1944

Industrie und Stadt
Werksflugplätze

war der Zusammenbruch der Werke aufgrund des Krieges wie des Material- und Personalmangels nicht mehr aufzuhalten. Am 21. April 1945 besetzten US-amerikanische Truppen den Flugplatz. Die Produktion wurde eingestellt.

DDR und heute
Ab 5. Juli 1945, unter sowjetischer Kommandantur, arbeitet das sowjetische OKB 1 (Konstruktionsbüro) im reaktivierten Junkers-Werk bis zur Demontage im November 1946. Anfang der 50-er Jahre wurde die Familie Junkers zugunsten der Gründung eines volkseigenen Betriebes (VEB) enteignet. Seit der Gründung der DDR nutzte die NVA das Gelände. Die alte Landebahn wurde verlängert und um eine Rückrollbahn ergänzt. Es bestehen nur noch wenige Gebäude der Junkers-Werke. Zum Beispiel wird die ehemalige Berufsschule nun als Krankenhaus genutzt. Von vielen Anlagen, wie der Schießhalle, der Lackiererei, der Hallen 204 und 330, der Kompensierscheibe und der Start- und Landebahn, bestehen nur noch Reste. Ein Bebauungsplan, der das gesamte Gelände als Gewerbegebiet ausweist, ist bereits in Kraft getreten.

Siedlungsbau

Vorgeschichte
Ab der zweiten Hälfte des 19. Jahrhunderts trat durch zunehmende Industrialisierung ein Strukturwandel in Deutschland auf. Neu geschaffene Arbeitsplätze zogen die Menschen vom Land in die Städte, wo sie in den neu entstehenden Fabriken Anstellung fanden. Durch diesen starken Zuzug war Wohnraum in den Industriezentren knapp. In der Nähe der Fabriken entstanden Arbeiterviertel. Dort herrschten ärmliche, beengte und unhygienische Wohnverhältnisse. Der I. Weltkrieg führte durch einen allgemeinen Baustopp zur Verschärfung dieser Situation. Durch die Junkerswerke wurden die Industrialisierung und der damit verbundene Strukturwandel in Dessau maßgeblich vorangetrieben. Besonders in der Zeit des Nationalsozialismus nach der Enteignung Hugo Junkers kam es zu einem erhöhten Bedarf an Wohnraum. Von 11 481 Wohnungen die zwischen 1918 und 1941 von gemeinnützigen Trägern in Dessau errichtet worden sind, wurden allein 2811 von Arbeitern und Angestellten der Junkers Flugzeugwerke bezogen. Im Vergleich dazu wurden zum Beispiel nur 433

Industrie und Stadt

Siedlungsbau

Wohnungen für die Reichsbahnwerkstätten oder 365 für Junkers & Co. gebaut.

Weimarer Republik
Im Frühjahr 1918 wurde Fritz Hesse Bürgermeister der Stadt Dessau. Während seiner Amtszeit etablierten sich große Unternehmen und Dessau entwickelte sich von einer Residenzstadt zu einem wichtigen Industriestandort in Deutschland. Um der Wohnungsnot entgegenzutreten, wurde 1919 die „gemeinnützige Siedlungsgesellschaft für Dessau, Stadt und Land mbH" (GSG) gegründet, wodurch der Wohnungsbau erstmals zur öffentlichen Aufgabe wurde. Es folgten selbstbestimmte Baugenossenschaften, und auch das Bauhaus trug zum Ziel der Schaffung landschaftlich geprägter Siedlungen bei. Am Stadtrand sollte günstiger und gesunder Wohnraum geschaffen und durch Gärten die Möglichkeit einer teilweisen Selbstversorgung gewährleistet werden. Es wurden somit die Ideen der Gartenstadtbewegung aufgegriffen, die sich bereits vor dem I. Weltkrieg abzeichnete. In dieser Zeit entstanden zum Beispiel die Siedlungen der Gartenstadt „Askania" und „Hohe Lache", die Bauhaussiedlungen I und II in Törten und an der Haideburger Straße.

Nationalsozialismus
Erste Phase
Nach der Enteignung Hugo Junkers durch die Nationalsozialisten wurden die Kapazitäten zur Produktion von Flugzeugen erheblich ausgebaut. Bis 1935 konnte der Wohnungsbedarf mit dem Bau von Kleinsiedlungen zunächst befriedigt werden. Finanziert von der Rüstungsindustrie wurden einfache kleine Häuser mit Satteldach aneinandergereiht und bildeten idyllische Wohngebiete am Rande Dessaus. Auch jetzt wurde an das Kleineigenheim oft ein großes Gartengrundstück angegliedert. Dies sollte nun durch eine genau vorgeschriebene Bewirtschaftung die Ernährung in wirtschaftlichen Krisenzeiten und auch im Falle eines Krieges sichern und die Bewohner ideell verbinden, um sie zu politisch zuverlässigen Trägern des NS-Staates zu machen. Die Siedlerauswahl erfolgte aus diesem Grund nach rassischen und politischen Kriterien. Die Junkerssiedlung und die Vogelsiedlung sind typische Beispiele dieser Bauphase, die im Jahre 1934 den Titel „Deutsches Siedlungswerk" erhielt.

Industrie und Stadt

Siedlungsbau

Zweite Phase

Der unter anderem durch die Expansion der Junkerswerke ausgelöste Zustrom konnte in den Folgejahren durch diese Maßnahmen jedoch nicht aufgefangen werden. In der zweiten Phase ab 1936 wurden deshalb verstärkt Mietshäuser nahe der Industriestandorte errichtet, um der Forderung nach kurzen Arbeitswegen der Rüstungsarbeiter zu erfüllen. Es entstanden zum Beispiel das Rodebilleviertel, das Ostmarkviertel sowie das Wohngebiet am Niemannschen Platz. Bemerkenswert ist, dass 1936 im gesamten Deutschen Reich nur in Rostock mehr Wohnungen pro Einwohner gebaut wurden. Nach einer kontinuierlichen Steigerung ab 1933 erreichte der Wohnungsbau in Dessau nun einen vorläufigen Spitzenwert (1411 Wohneinheiten, WE), der 1939 trotz des erlassenen Bauverbotes sogar noch überschritten wurde (1598 WE). Allein in den Jahren 1938 bis 1940 stieg die Zahl der Beschäftigten in der Region von 40 000 auf 90 000 an. Die entstehenden Bauten mussten deshalb schnell zu fertigen sein und waren auf wesentliche funktionale Elemente reduziert. Aufgrund des hohen Bedarfs an Wohnungen und den damit verbundenen kurzen Planungszeiten wurden städtebauliche Aspekte nur bedingt berücksichtigt. Als Ausdruck der so genannten anständigen Baugesinnung wurde aber auf einheitliche Firstrichtungen, Traufhöhen, Geschoßzahlen, Dachformen und Oberflächengestaltung geachtet.

Demgegenüber war der Dessauer Südosten das Quartier der ärmeren Bevölkerungsschichten. Hier, abseits der Produktionsstätten, ist wenig industriell geförderter Wohnungsbau, sondern hauptsächlich staatlich finanzierter, so genannter Volkswohnungsbau, entstanden. Der Nordwesten der Stadt schließlich gehörte aufgrund seines fast dörflichen Charakters, der innenstadtnahen Lage und der geringeren Belästigungen durch die Industriewerke zu den bevorzugten Wohngebieten der besser gestellten Bevölkerungskreise. Diese Tendenz wurde während des Nationalsozialismus durch die Bebauung der Elballee, der Georgenbreite, des Stromviertels und durch die Erweiterung der Siedlung Hohe Lache fortgeführt.

Dritte Phase

Da 1940 noch immer 1400 Wohnungen fehlten, konzentrierte man sich in der dritten Phase zusätzlich auf Standardisierung und Typisierung der Wohnhäuser. Schlichter, Kosten sparender und vor allem schneller Massenwohnungsbau war gefragt. Für die Errichtung einiger Siedlungen wurde kriegswichtiges Material benutzt, woran man erkennen kann, welche Bedeutung der Standort Dessau für die Rüstungs-

Industrie und Stadt
Siedlungsbau

industrie hatte. Erst 1941 zeigten sich auch hier die Auswirkungen der Materialknappheit. Gegen Ende des Krieges wurden sogar Behelfswohnheime aus vorgefertigten Baracken errichtet.

Siedlungen

In kaum einer zweiten Stadt wurde auf dem Gebiet des Siedlungsbaus so viel experimentiert. Wir möchten nun einige wichtige Siedlungen genauer beschreiben, um zu zeigen, welche Ideen verwirklicht wurden, welche Probleme auftraten, wie sich der Siedlungsbau entwickelte und welchen Einfluss dies auf das Stadtbild Dessaus hatte.

Hohe Lache

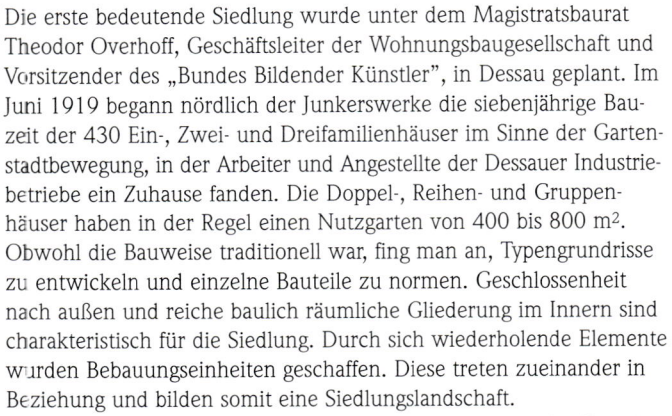

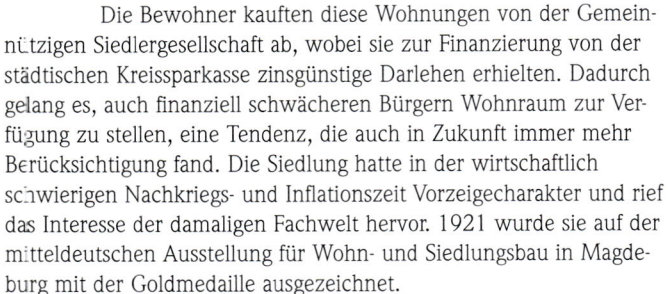

Die erste bedeutende Siedlung wurde unter dem Magistratsbaurat Theodor Overhoff, Geschäftsleiter der Wohnungsbaugesellschaft und Vorsitzender des „Bundes Bildender Künstler", in Dessau geplant. Im Juni 1919 begann nördlich der Junkerswerke die siebenjährige Bauzeit der 430 Ein-, Zwei- und Dreifamilienhäuser im Sinne der Gartenstadtbewegung, in der Arbeiter und Angestellte der Dessauer Industriebetriebe ein Zuhause fanden. Die Doppel-, Reihen- und Gruppenhäuser haben in der Regel einen Nutzgarten von 400 bis 800 m². Obwohl die Bauweise traditionell war, fing man an, Typengrundrisse zu entwickeln und einzelne Bauteile zu normen. Geschlossenheit nach außen und reiche baulich räumliche Gliederung im Innern sind charakteristisch für die Siedlung. Durch sich wiederholende Elemente wurden Bebauungseinheiten geschaffen. Diese treten zueinander in Beziehung und bilden somit eine Siedlungslandschaft.

Die Bewohner kauften diese Wohnungen von der Gemeinnützigen Siedlergesellschaft ab, wobei sie zur Finanzierung von der städtischen Kreissparkasse zinsgünstige Darlehen erhielten. Dadurch gelang es, auch finanziell schwächeren Bürgern Wohnraum zur Verfügung zu stellen, eine Tendenz, die auch in Zukunft immer mehr Berücksichtigung fand. Die Siedlung hatte in der wirtschaftlich schwierigen Nachkriegs- und Inflationszeit Vorzeigecharakter und rief das Interesse der damaligen Fachwelt hervor. 1921 wurde sie auf der mitteldeutschen Ausstellung für Wohn- und Siedlungsbau in Magdeburg mit der Goldmedaille ausgezeichnet.

Die Siedlung wurde ab 1936 aufgrund der kurzen Entfernung zu den Junkerswerken ergänzt. An der westlichen Seite der Fichtenbreite entstanden 80 Geschoßwohnungen für deren Arbeiter. Zum ersten und einzigen Mal fungierte der Betrieb in diesem Fall selbst als Bauträger, während für weitere 100 Angestelltenwohnungen,

Hohe Lache: Achteck 1924

Industrie und Stadt
Siedlungsbau

die ab 1937 im Anschluß an die Fichtenbreite und am Großkühnauer Weg errichtet wurden, die Mitteldeutsche Heimstätte den Bauauftrag erhielt.

Törten

In den Jahren 1926 bis 1928 entstanden unter der Leitung von Walter Gropius in drei Bauabschnitten 314 Reihenhäuser. Die Siedlung liegt zwischen der Hauptstraße Richtung Leipzig im Westen, dem Lorkbach im Osten und dem eingemeindeten Dörfchen Törten. Sie wird von geraden und gebogenen Straßenzügen ringförmig gegliedert. Gropius verwendete das Doppelhaus als Grundform und schuf mit seinem Entwurf die Voraussetzung für eine Vorfertigung. Mit der Flachdachbauweise und einer Rahmenkonstruktion als tragendes Gerüst, die mit Großhohlblockziegeln ausgemauert wurde, minimierte er außerdem Kosten und Zeitaufwand. Der Bau eines Hauses einschließlich der gesamten Inneneinrichtung, welche in den Werkstätten des Bauhauses entwickelt wurde, sollte nicht länger als 10 Tage in Anspruch nehmen. Die fehlende Erfahrung auf Gebieten der Planung und Fertigung führte allerdings zu Bauschäden, die die Bewohner häufig durch Umbauten beseitigen mussten. Die Gartengrundstücke mit Größen zwischen 350 bis 400 m² waren für den Gemüseanbau und die Kleintierzucht ausgelegt. Hinter dem Großen Ring wurde dann ab 1937 unter dem Nationalsozialismus eine weitere Wohnzeile mit Satteldach hinzugefügt.

Törten 1928

Knarrberg

Die genossenschaftlich finanzierte Siedlung am Knarrberg wurde im Norden Dessaus ebenfalls von 1926 bis 1928 errichtet. Der Entwurf von Leopold Fischer besteht aus drei Wohnstraßen und wurde aufgrund ihres Erscheinungsbildes fälschlicherweise schon damals den Bauhäuslern zugeschrieben. Im Unterschied zu der Gropiussiedlung in Dessau Süd gab es aber neben verschiedenen Reihenhaustypen für Arbeiter, Angestellte und Beamte auch Einfamilienhäuser für den gehobenen Mittelstand. Sie bildeten die Eingänge in die Siedlungsstraßen und wurden als geräumigere Einfamilienhäuser konzipiert. Unter den 182 Eigenheimen gab es vier verschiedene Haustypen mit 55 bis 86 m² Wohnfläche und einem durchgestalteten, streng rationell angelegten und bepflanzten Siedlergarten von 400 m². Die Doppelhäuser wurden weitestgehend in traditioneller Bauweise errichtet, erhielten aber ein Flachdach. Die zueinander versetzten Geschosse (Split-Level) lassen sich auf den Architekten Adolf Loos zurückführen,

Industrie und Stadt

Siedlungsbau

ein wichtiger Lehrer von Fischer. Die Häuser wirken im Innern sehr lebendig und sollten den komplizierten organischen Aufbau von Natur und Mensch verdeutlichen und so eine humanere Lebensweise fördern. Dabei wurde auch auf eine praktische und funktionale Raumaufteilung geachtet. Fischer verfolgte das Prinzip des sparsamen Bauens, wobei er nicht wie das Bauhaus mit neuen Materialien experimentierte, sondern traditionelle Baustoffe verwendete. Während der erste Bauabschnitt von 1926 bis 1927 reibungslos vonstatten ging, wurde die finanzielle Situation des Siedlerverbandes durch zu hohe Rohstoffpreise und erhöhte Hypothekenbelastungen bereits in der zweiten Bauphase immer schwieriger. Die Qualität der Häuser ließ nach und die Siedlung konnte nicht wie geplant zu Ende gebaut werden. In den folgenden Jahren wurde die Siedlung durch andere Siedlungsprojekte erweitert.

Knarrbergsiedlung im Bau 1927

Haideburger Straße

1930/1931 plante der im privaten Bauatelier von Walter Gropius beschäftigte Architekt Richard Paulick sieben Wohnblöcke mit je 32 Zwei- und Dreizimmerwohnungen von 46 m² an der Haideburger Straße. Die Flachdächer wurden wegen des Problems der inneren Entwässerung bereits 1934 durch Satteldächer ersetzt. Ende 1941 errichtete man vier verbindende Ladenbaracken zwischen den Blöcken, um die durch kriegsbedingten Benzinmangel gefährdete Versorgung der Anwohner mit Lebensmitteln zu gewährleisten. Da der geschaffene Wohnraum nicht ausreichte, wurden 1941/1942 weitere Wohnblocks im Stil Richard Paulicks errichtet und durch eine Straßenbahnlinie mit den Junkerswerken verbunden. So lebten bis kurz vor Kriegsende 8000 bis 10 000 Menschen im neuen Stadtteil Dessau Süd. Weitere kulturelle und öffentliche Einrichtungen waren in Form von Schulen, Kinos und Sparkassen in Dessau-Süd geplant. Der neue Stadtteil sollte nach den Plänen der Gauleitung das Südliche Portal der Stadt werden. Realisiert wurde aber nur eine Schule an der Ecke Damaschke- und Peterholzstraße, die noch im Frühjahr 1934 fertig gestellt werden konnte.

Kirschberg

Ein weiteres Projekt waren die Kirschbergsiedlung im nordwestlich gelegenen Stadtteil Ziebigk und die Steinhaussiedlung in Dessau Alten. Besonders erstere erfreute sich großer öffentlicher Aufmerksamkeit und wurde mehrmals im Anhalter Anzeiger besprochen. Die 1935 gebaute Siedlung umfaßte ca. 100 Eigenheime als Einzel- und

Wohnhäuser in der Fröbelstraße 1934/35

Industrie und Stadt
Siedlungsbau

Doppelhäuser. Eine Erweiterung auf 150 Häuser wurde angestrebt aber nicht verwirklicht. Die Häuser basieren auf einem Grundtyp, der je nach den Wünschen der Bewohner variiert werden konnte. Sie verfügen über drei bis fünf Zimmer und einen gesonderten Stall für die Kleinviehhaltung. Die Grundstücksgröße liegt zwischen 650 und 1000 m².

Steinhaus
Gleichzeitig entstand auch die Steinhaussiedlung. Ihr Umfang betrug etwa 140 Einzelhäuser. Hinsichtlich der Gestaltung weist keine der beiden Siedlungen architektonische Besonderheiten auf. Ungewöhnlich ist die Lage der Häuser auf dem Grundstück. Diese liegen nicht an der Straße, sondern auf dem von der Straße abgewandten Teil der Grundstücke. Dadurch erhält das Siedlungsgefüge einen verstreuten Charakter, der auch mit der Erweiterung durch die Holzhaussiedlung in den Jahren 1942/1943 nicht aufgehoben wurde.

Junkerssiedlung
Als besonders einfallsreich galt die 1935 entstandene Junkerssiedlung in Dessau-Süd. Das Bauvolumen von 516 Eigenheimen entstand in der für diese Siedlung charakteristischen Mischbebauung. Der Siedlungsgrundriss zeigt das Bestreben, Abwechslung und Raumqualität zu schaffen. Sieben verschiedene einfache Haustypen wurden als Einzel-, Doppel- und Reihenhäuser angeordnet und farblich differenziert, Straßenzüge organisch gekrümmt und zum Teil dorfangerähnlich erweitert.

Junkerssiedlung in Dessau-Süd

Kreuzberg
1935 wurde das Ufer des Muldearms Lork befestigt und in direkter Nachbarschaft baute man die 200 Eigenheime der Kreuzbergsiedlung. Geplant war ein Park, der die Wildnis der Gegend einbezieht. In den 20-er Jahren wurde das Gebiet von der Gropiussiedlung und der Junkerssiedlung aus erschlossen. Die Wohlfahrtserwerbslosen erhielten außer Darlehen auch die notwendigen Haustiere und Gartengeräte, um sich selbst versorgen zu können. Die Häuser wurden mit viel Eigenleistung so einfach wie möglich gebaut, da es kaum Baumaterial gab. Sie bestehen aus einem Vorraum, Küche, zwei Zimmern im Erdgeschoß, zwei Kammern und einem Dachboden. Dazu kam auf dem 700 m² großen Grundstück ein separater Stall. Die durchgehend typisierten Doppelhäuser der Kreuzbergsiedlung wurden den Bewohnern, die in der Regel gut bezahlte Arbeiter der Junkerswerke waren,

Industrie und Stadt

Siedlungsbau

ohne weitere Eigenleistung übergeben. Im Erdgeschoß befanden sich eine Wohnküche und zwei Zimmer, im Keller eine Waschküche. In der Lokalpresse wurde die Siedlung besonders im Vergleich mit der benachbarten Gropiussiedlung mit Genugtuung gelobt.

Vogelsiedlung

Ein Teil der Vogelsiedlung wurde bereits vor 1933 im südlichen Dessau errichtet. Nach der Machtergreifung der Nationalsozialisten kamen am Amsel- und Finkenweg 60 Siedlerstellen hinzu und ein Jahr später wurde die Siedlung um weitere 260 Eigenheime erweitert. Diese Häuser repräsentieren das Grundmuster der typischen Kleinsiedlung dieser Zeit: Minimierte Häuser, eineinhalb Geschosse hoch, mit Satteldach und Außentoilette. Zu den kaum 60 m² Wohnfläche, auf der oft 10-köpfige Familien Platz finden mussten, gab es einen Stallanbau für die Bewirtschaftung des etwa 700 m² großen Gartens. Hier wurde das Idealbild des einfachen, ländlichen Lebens formuliert, eine wohnungspolitische Notmaßnahme, die der Anhalter Anzeiger als ehrenhafte Pioniertätigkeit der Siedler umdeutet.

Rodebille

Die 354 Wohnungen des Rodebille Viertels in unmittelbarer Nähe der Junkerswerke wurden 1936 nach weniger als einem Jahr Bauzeit fertig gestellt. Die Planung des Wohngebietes übernahm als Bauträger die GSG, deren Geschäftsführer Theodor Overhoff bereits die Siedlung Hohe Lache geplant hatte. Die Gebäudegruppen bestehen aus zwei verschiedenen Haustypen; einem Zwei- und einem Dreispännertyp als Zeilenbebauung in Nord-Süd-Richtung angeordnet. Erwähnenswert ist die künstlerische Ausstattung des Wohngebietes, das hauptsächlich von Junkers Arbeitern und Ingenieuren bewohnt wurde. Über den Eingangstüren sind kleine Darstellungen von Tieren angebracht, und in einem der Wohnwege wurde eine Plastik vom Dessauer Künstlerehepaar Kieser-Maruhn installiert. Somit entsprach man der Forderung des Reichspropagandaministers Goebbels, der sich durch die Unterstützung der bildenden Kunst und des künstlerisch schaffenden Handwerks gegen die neue Sachlichkeit aussprach. Ab 1938 wurde das Rodebilleviertel um den Bereich südlich der Altener Straße erweitert. Insgesamt sind hier in den Jahren 1938 bis 1940 weitere 756 Volkswohnungen entstanden. Die Architektur im nördlichen Gebiet ist äußerst sparsam und sachlich. Im südlichen Teil an den Straßenfronten dagegen bilden kleine funktionslose Holzbalkone über den Eingangstüren und Holzklappläden im Erdgeschoß

Platzanlage im Wohnviertel

Siedlungsbau

Industrie und Stadt

eine etwas wahllos wirkende Kombination traditionalistischer Stilelemente.

Waldersee
Insbesondere die Junkerswerke beteiligten sich in Form von Arbeitgeberdarlehen an der Finanzierung des Siedlungsbaus. Neben der Junkerssiedlung in Dessau-Törten entstand so 1937 eine weitere im östlich von Dessau gelegenen Waldersee. Diese Siedlung war von wehrpolitischem Interesse und deshalb vom Reichsluftfahrtministerium protegiert. Man legte 180 Eigenheime als Doppel- und Einzelhäuser an. Sie wurden an abgewinkelten und geschwungenen Straßenzügen angeordnet. Auf einer Wohnfläche von ca. 44 m² befand sich im Erdgeschoß die Wohnküche, im Obergeschoß ein Schlafzimmer sowie eine Kammer. Ein freistehender Stall kam hinzu. Die Grundstücksgröße betrug 600 bis 700 m².

Junkerssiedlung Heidestraße
In den Jahren 1937/1938 wurden fast 500 Wohnungen zwischen dem Kabelweg und der Eyserbeckstraße erstellt. Bauträger war hier wie im Rodebilleviertel die GSG. Auch Wohnungsgröße und Miete entsprachen etwa den Bedingungen des Rodebilleviertels. Nur die Randbebauung der Heidestraße als repräsentativem „Einfallstor" der Stadt gestaltete man pompöser. Hier wurden halbkreisförmige Fenster und ein turmartiges Treppenhaus ausgeführt. Daneben findet sich der Rückgriff auf den Traditionalismus in Gestalt der Klappläden im Erdgeschoß wieder. Statt großflächiger einheitlicher Bebauung wurden in diesem Viertel vor allem Bauschließungslücken und Ergänzungen im Bestand vorgenommen.

Junkersbauten in der Heidestraße

Ostmark
Das Ostmarkviertel ist das wohl größte während des Nationalsozialismus erschlossene Stadterweiterungsgebiet. Die Bezeichnung „Ostmark" stand im Zusammenhang mit dem 1938 vollzogenen Anschluss Österreichs an das Deutsche Reich. Insgesamt ca. 1000 Wohnungen sind im Ostmarkviertel zwischen 1938 und 1943 errichtet worden. Diesmal war die Angestellten-Wohnungsbau-Gesellschaft, Berlin/Breslau (AWOG) tätig, die in Dessau nur an dieser Stelle als Bauträger in Erscheinung tritt. Die Mitarbeiter der Junkers Flugzeugwerke wurden bei der Vergabe der Wohnungen bevorzugt behandelt. Doch viele Wohnungen wurden an andere Industrieunternehmen vergeben, wobei es sich bei den Wohnungen um Volkswohnungen mit der

Bauten am heutigen Bauhausplatz

Industrie und Stadt
Siedlungsbau

üblichen minimalisierten Größe von 37 - 53 m² handelte. 1936 begannen die Bauarbeiten an der heutigen Gropiusallee und am Bauhausplatz. Dort und im nördlichen Abschnitt der Gropiusallee entstanden 156 Wohnungen für Angestellte in dreigeschossigen Mehrfamilienhäusern. Abgesehen von der Betonung der Treppenhäuser und den Balkonen über den Eingangstüren am Bauhausplatz blieb die Architektur trotz wohlhabender Bewohner und teureren Wohnungen schlicht. Die Bebauung der Gropiusallee wurde ab 1937 südlich des Bauhauses fortgesetzt und dehnte sich schließlich 1938 in das Gebiet östlich der Straße aus.

Stromviertel

Im Stadtteil Ziebigk entstand das Stromviertel nach der Planung von Paul von Sommer mit 80 Wohnungen für Angestellte der Flugzeugwerke. Ab 1940 wurde diese Bebauung an der Spreestraße und Kirchstraße durch die Gemeinnützige Wohnngsbaugesellschaft „Mittelelbe" ergänzt. Die Architektur von Paul von Sommer zeigt sich mit filigraner Gliederung eigenständig. Die Fenster im Erdgeschoß haben Klappläden und die Fensterstürze von Treppenhaus und Obergeschoß sind als Segmentbögen ausgebildet. An der nach Süden gerichteten Straßenfassade sind im Obergeschoß kleine Balkons angebracht. Diese durchaus nicht aufdringliche, vorsichtige Anwendung traditioneller Stilelemente und die geschwungene Straßenführung machen das Stromviertel und die Bauten der Elballee zu einem der gelungeneren Architekturbeispiele des Wohnungsbaus in Dessau während des Nationalsozialismus.

Modell eines Wohnhauses in der Elballee

Schenkenbusch

Durch die Gemeinnützigen Aktiengesellschaft für Angestellten-Heimstätten (Gagfah), eine gemeinnützige Baugenossenschaft für Angestellte, wurden ab 1937 44 Eigenheime am Schenkenbusch errichtet. Die Häuser verfügten mit einer Waschküche und einem Abstellraum im Kellergeschoß, der Küche und 2 Zimmern im Erdgeschoß, zwei Schlafzimmern im Obergeschoß sowie Bad mit WC über einen gehobenen Standard. Obwohl sie dadurch sehr teuer waren und die mit nur 550 m² viel zu kleinen Grundstücke eine intensive Nutzung unmöglich machten, wurde die Siedlung 1938 um 118 Häuser dieser Art erweitert.

Industrie und Stadt

Siedlungsbau

Peterholzring

Folgend ließ die IG Farben Wolfen ab 1939/1940 weitergehend für ihre Angestellten am Peterholzring Einzel- und Mehrfamilienhäuser planen. Unter Mithilfe des Architekten Prof. Bruno Paul aus Berlin und dem Gartenbaudirektor Hans Schmidt wurde eine interessante Siedlungsform entwickelt, die sich in einigen Punkten von den schon bekannten Formen absetzen konnte. Besonders die Verbindung zur Natur durch zusätzliche Bepflanzung und die Offenheit durch das Weglassen von Zäunen fielen positiv auf. In dieser Siedlung wurde der aufkommende Automobilverkehr durch massive Garagen, die etwas zurückgesetzt neben den Gebäuden stehen, bereits bei der Planung berücksichtigt. Die Gärten wurden nach biologisch-dynamischen Gesichtspunkten von Landschaftsgärtnern angelegt und waren nicht für die Selbstversorgung, sondern zur Erholung vorgesehen. Die Siedlung wurde auch „Dauerparksiedlung" genannt und erhielt unter den Nazis Vorzeigestatus als ausgesprochen gute Siedlung.

Kochstedt und Mosigkau

Die Nähe von Kochstedt und Mosigkau zu den Junkerswerken animierte den Bauhausstudenten Wilhelm J. Hess neben Chörau und Dessau-Süd, Kleinkühnau und Großkühnau 1932/33 als Standorte für ein von ihm entwickeltes Trabantensystem vorzusehen.

Nachdem die Mitteldeutsche Heimstätte den Auftrag der Junkerswerke für den Bau einer Großsiedlung in Mosigkau erhielt, wurde 1937 ein Siedlungskonzept vorgestellt, das 700 Wohnungen in Einzel-, Doppel- und Reihenhäusern vorsah, das jedoch nie realisiert wurde. Ein zweiter Entwurf unterschied sich auffallend von seinem Vorgänger. Es dominierten über fünfhundert 3- und 4-Raum-Wohnungen. Man beauftragte den Architekten Tessenow, der noch im März 1942 an der Planung arbeitete, obwohl das Projekt Mosigkau bereits vollständig ad acta gelegt wurde. Zwar erhielt die Heimstätte noch einen weiteren Auftrag für eine Gemeinschaftssiedlung in Rodleben, deren Realisierung jedoch mit Kriegsausbruch und dem Verbot aller nicht kriegswichtigen Neubauten 1939 ebenso zum Erliegen kam.

Die Werke errichteten auf dem Grundstück Mosigkau erst 1945 Behelfsheime für ausgebombte Werksarbeiter. In Rodleben entstanden dagegen noch während der Erstellung des Generalbebauungsplans 40 Volkswohnungen in der Straße E, heute: Heinrich-Heine-Straße. Ein Jahr später wurde die Siedlung um 260 Eigenheime erweitert.

Industrie und Stadt
Siedlungsbau

Heute verlassen immer mehr Menschen Dessau. Gebäude sind nur zum Teil bewohnt oder stehen leer. Doch vor allem die zwischen 1918 und 1945 entstandenen Siedlungen bleiben beliebte Wohnquartiere, die ein angenehmes Wohnen in der Stadt zulassen.

Junkers - Produkte
Motoren

1892 entsteht in der „Versuchsstation für Gasmotoren von Oechelhaeuser und Junkers" in Dessau nach zweijähriger Arbeit die erste Zweitakt-Gegenkolben-Gasmaschine. Hugo Junkers bestand auf eine durch Schlitzsteuerung getrennte Luft- und Gaszufuhr. Im Gegensatz zu Oechelhaeuser, der Luft und Gas durch Schlitze in den Brennraum eintreten lassen wollte, plädierte Junkers für die Variante, das Gas separat während der Kompression einzublasen. Die Innovation dieser Maschine lag aber im Wesentlichen in dem Prinzip der zwei, bei einem Zweitaktmotor untereinander gegenläufigen Kolben. Sie betätigten zwei parallel angeordnete Kurbelwellen. Das ansonsten übliche Hinausschieben der Abgase und das Ansaugen über den Ventildeckel entfielen. Die anfallenden Abgase wurden über ringförmige, am Zylinder angeordnete Schlitze ausgespült. Dieser Motor, der am 10. Januar 1892 erstmals gestartet wurde, erreichte bei nachfolgenden Versuchen eine Leistung von 73 kW, also ca. 100 PS. Am 8. Juli 1892 wird der „Oechelhaeuser-Junkers-Zweitakt-Gegenkolben-Gasmotor" unter der DRP-Nummer 66 961 von Junkers zum Patent angemeldet.

Nach seiner Berufung an die RWTH Aachen 1896 setzte Junkers, als Leiter eines neuen Maschinenlaboratoriums, seine Arbeit fort. Er gründet neben der schon 1897 in Dessau entstandenen „Versuchsanstalt Prof. Junkers" am 1. Oktober 1902 in Aachen eine „Versuchsanstalt für Ölmotoren". Am 8. November 1904 startete hier unter der Leitung des Oberingenieurs Wilhelm Scheller die so genannte Verbundmaschine M 11 für gasförmige und flüssige Brennstoffe. Diese Doppelkolben-Verbundmaschine stellte die Fortsetzung des in Dessau entwickelten Motorentyps dar. Die M 11 war eine Versuchsmaschine, welche die Voraussetzungen für spätere Tandem-Gasmaschinen schaffen sollte, bei der zwei neben- oder hintereinander gekuppelte Doppelkolben-Zylinder die Leistung eines Motors erheblich steigern sollten. Später lief sie mit Petroleum, nachdem ein Versuchslauf mit Benzin 1906 gescheitert war. Nach weiterer Forschungsarbeit folgte 1907 ein nach dem Dieselverfahren arbeitender Motor, welcher ebenfalls zwei in einem Zylinder gegenläufig angeordnete Kolben aufwies, die Ein- und Auslass von Gemisch und Abgasen selbstständig regelten. Bei dieser Patentanmeldung handelte es sich um den späteren so genannten „Junkers-Motor". Von ihm gab es in der Nachfolgezeit etliche Varianten und Weiterentwicklungen. Es folgten Versuchsreihen zur Entwicklung von Ölmaschinen bis hin zu Benzinmotoren.

Bauhausarchiv Dessau
„Wie wohnen wir gesund und wirtschaftlich?" vom Architekten Richard Paulick 1927
Werbeheft: „Kohle oder Gas?"
Heft: Junkers, Stand 212 auf der deutschen Ausstellung Gas und Wasser in Berlin, Autor unbekannt
„Gesundheitsingenieur" / Zeitschrift für die gesamte Stadthygiene, 3. Heft, München, 21. Januar 1928, 51. Jahrgang, Vortrag auf der Hauptversammlung des Märkischen Vereins von Gas- und Wasserfachmännern am 25. März 1927 in Berlin
www.junkers.de
Günther Schmitt: Hugo Junkers und seine Flugzeuge, Transpress, Berlin, 1986
Olaf Groehler/Helmut Erfurth: „Hugo Junkers", Ein politisches Essay, Militärverlag der DDR, Berlin, 1989
Helmut Erfurth: Im Rhythmus der Zeit, Hugo Junkers und die zwanziger Jahre in Dessau, Anhaltische Verlagsgesellschaft, Dessau 1994
Wolfgang Wagner: Hugo Junkers, Pionier der Luftfahrt - seine Flugzeuge, Bernhard & Graefe, Bonn, 1996

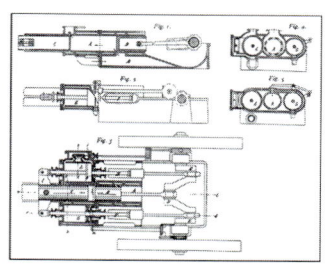

Patentzeichnung für einen Junkers-Gegenkolbenmotor

Junkers-Gegenkolbenmotor M 11

127

Junkers - Produkte

Motoren

Nach Entwürfen von Junkers entstanden Schiffs- und Lokomotivmaschinen sowie Fahrzeug- und Flugmotoren.

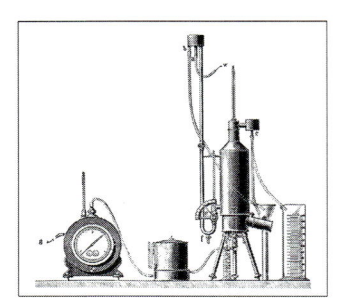

Apparate

Im Jahr 1893 ließ Hugo Junkers sein Kalorimeter patentieren, welches den Heizwert brennbarer Gase bestimmte. Die Funktionsweise basierte auf einer kontinuierlichen Übertragung der entwickelten Verbrennungswärme von Gas auf einen fließenden Wasserstrom. Dieses Gerät legte den Grundstein für all seine folgenden gasbeheizten Apparate zur Wärmeübertragung und revolutionierte einen kompletten Industriezweig.

Der Gasiator

Der Gasiator baute auf Hugo Junkers Patent der Wärmetransformation auf. Die technische Ausführung basierte auf ein von Heizgas durchströmtes Innenheizrohr, das von einem äußeren Heizmantel umschlossen wird. Das Innenheizrohr verfügt über eine hohe Oberflächentemperatur, so dass die Wärme vorwiegend durch Strahlung an den äußeren Heizmantel übertragen wird, der wiederum die Wärme an den zu beheizenden Raum abgibt. Das Innenheizrohr bestand aus Schmiedeeisen. Es wurde metallisiert und erhielt eine widerstandsfähige Alu-Legierung, welche eine lange Lebensdauer garantierte. Infolge der großen Oberfläche des äußeren Heizmantels, ist seine Oberflächentemperatur gering. Dies verhinderte die Staubverschwelung sowie die Austrocknung der Zimmerluft. Weiterhin bewirkte die vergrößerte Oberfläche eine lebhafte Zirkulation großer Mengen warmer, milder Luft und eine rasche Erwärmung des Zimmers. Der äußere Heizmantel erhielt einen hitzebeständigen Lackanstrich, so dass er glatt und leicht zu reinigen war. Das innere Heizrohr besaß einen steigenden und einen fallenden Zug. Durch diese Zugumkehr konnte der Gasiator sowohl bei mittlerer als auch bei niedriger Belastung mit gleichem Wirkungsgrad wie bei normaler Leistung arbeiten. Bei dieser Ausführung wurde die vollständige Verbrennung der Gase erreicht. Die Abgase konnten über den Schornstein einwandfrei und völlig geruchlos entweichen. Die Armatur besaß eine doppelte Gashahnsicherung und eine Vorrichtung zum Einregulieren der katalogmäßigen Gasmenge. Der selbsttätige Temperaturregler erzielte den für diese Zeit sparsamsten Gasverbrauch.

Versuchsaufbau Präzisionslaborkalorimeter

Warmwasserwanderhitzer Typ W 25 von 1904

Junkers - Produkte
Apparate

Heißwasser-Apparaturen
Die Fabrik „Junkers & Co." in Dessau, die die größte ihrer Art auf dem Kontinent und führende Firma des Geschäftszweiges in der ganzen Welt war, fabrizierte Gasbadeöfen, Schnell-Wassererhitzer, Heißwasser-Vorratsautomaten und Kochend-Wasser-Automaten. Diese Geräte lieferten heißes Wasser nicht nur für den Haushalt, sondern auch für den Hotelier, Gastwirt, Friseur und Arzt. Prof. Junkers Warm-Wasser-Apparate waren als Qualitätserzeugnisse seit Jahrzehnten bekannt und haben sich Weltruf erworben. Mit dem Motto „heißes Wasser überall" wurde eine ganze Reihe neuartiger, gasbeheizter Warmwasser-Durchlauferhitzer entwickelt und ein ganzer Industriezweig revolutioniert. Mit dem Namen „Volkstherme" zogen die Geräte in den 20-er Jahren in viele Haushalte ein und das zivile Bedürfnis nach ständiger Bereitstellung von warmem Wasser wurde technisch befriedigt. Der druckfeste Heißwasser-Strom-Automat war imstande, mehrere Zapfstellen zu versorgen. Durch seine ständige Bereitschaft, leichte Installation und geringen Anschaffungskosten war dieses Gerät das Ideal einer zentralen Warmwasserversorgung für das moderne Wohnhaus und bedurfte nahezu keiner Wartung. Weiterhin ersparte dieser Apparat den Kohlenkeller und die Notwendigkeit, diese anfahren zu lassen und lagern zu müssen. Richtig installiert arbeiteten die Geräte automatisch durch Öffnen und Schließen eines Warmwasser-Zapfhahnes.

Junkers Werbeplakat für Gasbadeöfen von 1927

Luftbeheizer und Lüfter
Das bei der Forschungsarbeit von Junkers gefundene Prinzip der indirekten Wärmeübertragung wurde zum Röhrenradiator weiterentwickelt. Die geringe Oberflächentemperatur des Radiators verhinderte die Staubverbrennung. Eine kurze Anheizdauer wurde durch den geringen Wasserinhalt als wärmeleitendes Medium im Radiator möglich. So wurde bei niedrigstem Materialaufwand die höchste Wärmeabgabe erzielt. Das Gewicht pro m² Heizfläche betrug nur ein Fünftel im Vergleich zum gusseisernen Radiator.

Gesundes Wohnen, das zu Junkers Leitsätzen zählte, war nur durch eine ausreichende und gute Entlüftung der Wohnräume möglich. Dies wurde mit der Konstruktion der Junkers-Lüfter verbessert. Hauptsächlicher Bestandteil war der stromlinienförmige Flügel. Dieser erwies sich als sehr günstige Querschnittsform, da er bei hoher Förderfähigkeit wenig Luftwiderstand bot und deswegen einen hohen Wirkungsgrad erzielte. Bei einer großen mechanischen Festigkeit hatte der Lüfter durch die Ausbildung des Flügels als Hohlkörper nur

Junkers - Produkte

Apparate

ein sehr niedriges Gewicht. In Serie wurden vollständige Wandlüfter mit Wandung und Motorkonsole gefertigt sowie auch nur Flügelräder. Die in den Firmen „Junkers & Co." sowie „Kaloriferwerken" gefertigten Produkte zeichneten sich durch gute Qualität, funktionsgerechte Gestaltung und Langlebigkeit aus.

Junkers Flugzeugforschung

Erste Versuche

Wellblechtragfläche für die Reissner-Ente 1909

1906 wurde Dr. Ing. Hans Reissner (geb. 1874) zum Professor für Technische Mechanik an die RWTH Aachen berufen. Seine Interessen in Flugtechnischer Mechanik und Aerodynamik wollte er auch in die Praxis des Fliegens umsetzen. Zur Ausführung seiner Ideen benötigte er allerdings die Mithilfe Junkers, der damals auch Professor in Aachen war und über große praktische und technische Erfahrungen verfügte. Zudem schaffte Junkers mit seinen Werken die Voraussetzungen für die Konstruktion. Das erste Flugzeug, dass in der Maschinenhalle in Aachen entstand, war ein französischer Voisin-Doppeldecker, der Reissner und Junkers zu Gleichgewichts-, Steuer- sowie Fahrgestellversuchen diente. Noch während der Probephasen an dem Doppeldecker wurde der Entschluss gefasst, ein eigenes Flugzeug zu bauen. Junkers regte an, dies ganz in Metall auszuführen. Sie entschieden sich für eine „Enten"-Bauart, bei der das Leitwerk in Flugrichtung zeigt und dem Kopf einer Ente ähnelte. Die Konstruktion bestand aus einem Stahlrohrskelett, mit Flügeln aus gefalteten Blechplatten, die sich Reissner 1908 patentieren ließ. Diese Bauart galt damals als völlige Neuerung, da die damaligen Doppeldecker hauptsächlich aus Holzleisten und Stoffbespannungen bestanden. Die Tragflächendecke und die Stabilisierungsflächen am Höhenruder waren zickzackförmig gestaltet und in einer Leichtmetallbauweise ausgeführt. Dies sollte das Gesamtgewicht niedrig halten. Bei 5 cm hohen Faltungen wurde 2 mm starkes Aluminiumblech verwendet. Die Reissner-Ente, das „erste flugfähige Ganzmetallflugzeug", soll am 23. Mai 1912 von Robert Gsell in Aachen geflogen worden sein. Am 20. März 1908 ließ sich Gustav Alfred Wilm das „Verfahren zum Veredeln von magnesiumhaltigen Aluminiumlegierungen" patentieren (Patent-Nr.: 244 554). Das „Duralumin" war so leicht und von so hoher Festigkeit, dass es für Reißner und Junkers zum Flugzeugbau sehr gut geeignet erschien. Ausgangspunkt für die Überlegungen

Junkers - Produkte
Junkers Flugzeugforschung

Junkers war „die Erschließung anspruchsvoller Anwendungsbereiche des Flugzeugs". Die damalige Entwicklung der Luftfahrt hin zu Doppel-, Drei-, 4- oder gar 6-Deckern mit einer Vielzahl von aussteifenden Latten und Drahtabspannungen veranlasste Junkers wie auch Reissner, den Luftwiderstand zu senken. Beide gingen vom Eindecker aus, wobei Reissner noch eher „klassisch" versuchte, das Flugzeug möglichst leicht zu bauen, um den Auftriebswiderstand zu minimieren. Auch war sein „Enten"-Flugzeug noch nicht frei von Streben und Abspannungen. Junkers hingegen befasste sich mit dem Verhältnis von Auftrieb und Widerstand: A/W. Sein Ziel war es, für die zivile Luftfahrt mit ihren Ansprüchen an Festigkeit und Nutzbarkeit Flugzeuge zu bauen und begann, aerodynamische Versuchen im Windkanal durchzuführen. Junkers fand heraus: „. . . dass der Kernpunkt des Flugproblems nicht auf dem Gebiete des Gewichtes, sondern dem der Strömungstechnik liegt. Das Gewicht wird ja durch den Motor nicht direkt gehoben, sondern durch Vermittlung der Flügel. Die Schraube hat deren Widerstand zu überwinden, das Gewicht wird durch den Auftrieb getragen, das Maßgebende ist also das Verhältnis von Auftrieb zu Widerstand A/W. Ein noch so großes Gewicht kann ohne weiteres bei einem gegebenen Schraubenzug durch den Flügel getragen werden, wenn nur A/W genügend groß ist." So kam Junkers zur Gestaltung eines fischförmigen „dicken Flügels", der einerseits den aerodynamischen Ansprüchen (Auftrieb) gerecht wurde, darüber hinaus aber auch Hohlräume zur Aufnahme von Maschinen, Nutzlasten, Personen usw. bot (Patent 1909, Patent-Nr.: 253 788; weitere Patente: FRA 1910, GB 1911, USA 1914, A 1915). Zugleich mussten alle Flugzeugteile, die den Luftwiderstand erhöhten, entfernt oder verkleinert werden. 1910 wurde der erste Windkanal in Aachen in Betrieb genommen und ein neuer Lehrstuhl für Luftfahrt geplant, der nach seiner Gründung von Reissner und Junkers geleitet wurde. Ab 1912 wurde Reissner die gesamte Leitung des aerodynamischen Institutes übertragen - Junkers wirkte noch als Mitarbeiter. Bereits 1911 hatte sich eine internationale Zusammenarbeit entwickelt. 1912 fand die erste „Allgemeine Luftfahrt-Ausstellung" (ALA) in Berlin statt. Durch Junkers Arbeiten, die ab 1914 auch im eigenen Windkanal in Aachen, der „Versuchsanstalt Prof. Junkers", getestet wurden, gewann er neue Erkenntnisse über den sogenannten „dicken Flügel".

Vom Mehrdecker zum Eindecker
Hugo Junkers sah sich in seiner Vorstellung bestätigt, den verspannungslosen Eindecker dem Mehrdecker vorzuziehen. Er stieß zwar

Erster Junkers-Großwindkanal in Aachen, System Eifel

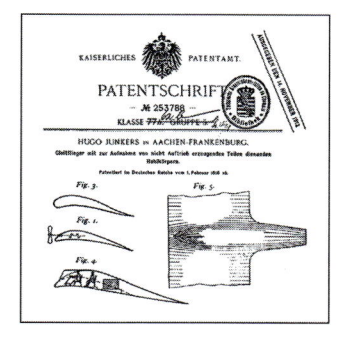

Erstes Luftfahrtpatent von Hugo Junkers

Junkers - Produkte

Junkers Flugzeugforschung

Tragflächenbelastung mit 15 Personen

Junkers J 1, das erste Ganzmetallflugzeug am 12. 12. 1915

nicht gerade auf Akzeptanz und Unterstützung bei seinen Mitarbeitern und Freunden. Für sie war die Vorstellung unmöglich, Metall zum Fliegen zu bringen. Zudem waren seine Mitarbeiter in den Klempnerwerkstätten industrielle Massenfabrikation gewohnt und taten sich mit kreativem und innovativem Denken schwer.

Im November 1915 war der „welterste freitragende Ganzmetalleindecker" fertiggestellt - die J 1. Ganz im Gegensatz zu den Flugmodellen der Konkurrenz flog Junkers J 1 gleich auf Anhieb. Es folgten Weiterentwicklungen des „dicken Flügels", wie zum Beispiel ein „hohler Tragflügel für Flugzeuge" (Patent 1916) oder der „Eindecker mit selbsttragenden Flügeln" (Patent 1918). Ab dem 26. April 1916 konnten mit der Fertigstellung des Windkanals auch aerodynamische Versuche in Dessau durchgeführt werden. Hugo Junkers beschäftigte sich nun ausführlich mit der Aerodynamik. An mehr als 300 Flugmodellen testete er günstige Verhältnisse von Auftrieb und Widerstand. Durch den Wegfall von Verstrebungen und die aerodynamische Optimierung war sein Eindecker den sonst üblichen Mehrdeckern überlegen, so dass sein Gleitflügelpatent bereits durch sein dickes Flügelprofil zu günstigen Resultaten führte. Selbst in den Kriegszeiten gelang es Hugo Junkers in einer Zeit von nur vier Jahren, vom Flugzeugbau-Neuling an die technische Weltspitze vorzudringen. Die Flugzeugtypen Junkers J 1 bis J 11 zeichneten sich durch folgende Merkmale aus: eine freitragende Ganzmetallbauweise, einem dicken Flügelprofil und eine tragende Wellblechhaut. Die Junkers J 1 war der erste flugfähige Ganzmetallmitteldecker der Welt mit einem hohlen, freitragenden Ganzmetallflügel ohne jegliche Verspannung. Das Rumpfmittelstück bestand aus einem geschweißten Stahlrohrgerüst. Die zweisitzige Maschine wurde von einem Mercedesstandmotor D 2 angetrieben und erreichte eine Höchstgeschwindigkeit von 170 km/h. Sie galt damals als schnellstes Flugzeug.

Am 31. Januar 1916 bestellte die deutsche Wehrmacht (Idflieg) sechs Kampfeindecker. Die Junkers J 2 stellt eine unmittelbare Weiterentwicklung dar. Das Flugzeug verfügte über abnehmbare Außenflügel, die mit Hilfe von vier Kugelschrauben an dem Rumpf befestigt wurden. Obwohl Duraluminium als hervorragender Werkstoff seit dem Bau des Reissner Flugzeuges bekannt war, wurde auf Grund weniger Kenntnisse über die Verarbeitung, fehlende Werkzeuge und Maschinen sowie Marktengpässen die tragende Haut aus Eisenblech gefertigt. Trotz ihrer überlegenen Geschwindigkeit und gelungenen Formgebung entsprach das Flugzeug nicht den Anforderungen des Militärs. Die J 2 war durch ihr hohes Gewicht, geringer Nutz-

Junkers - Produkte
Junkers Flugzeugforschung

masse und mangelhafter Wendigkeit sowie den geringen Leistungen im Steigflug den aus Holz und Stoff bestehenden Mehrdecker-Jagdflugzeugen unterlegen. Weiterhin ergaben sich Schwierigkeiten beim Einbau von Waffen in die Maschine. Junkers ließ die Tragflächen vergrößern sowie einen stärkeren Motor einbauen. Die verbesserte J 2 lag nun, nach Angaben Fokkers, sehr gut in der Luft. Sie erreichte im Vergleich mit der besten Albatrosmaschine D 2 erheblich bessere Steigzeiten und war um 15 km/h schneller. Die weiterentwickelte Junkers J 3 war eine Studie zum Leichtmetallbau. Die Außenhaut der J 3 bestand erstmals aus Duraluminium. Im Vergleich betrug das Gewicht von Duraluminium nur ein Drittel von dem des Eisenblechs, jedoch weist es die gleiche Zugfestigkeit von 40 kg/mm^2 auf. Die einsitzige Maschine war ein freitragender Tiefdecker und verfügte über ein durchgehendes Flügelmittelstück. Mit ihrem 14-Zylinder-Oberursel-Umlaufmotor mit 114 kW und einem Einheitsgewicht von 1,70 kg/kW hatte die J 3 eine Abflugmasse von 770 kg.

Junkers-Flugzeuge im ersten Weltkrieg

Die anfänglichen Militäroffensiven des I. Weltkrieges verwandelten sich immer mehr in einen Stellungskrieg. Die Fronten verharrten, die Kriegsgegner gruben sich sprichwörtlich in die Erde ein. Aus diesem Grund forderte das Militär Junkers auf, einen Doppeldecker als Infanterieflugzeug zu bauen. Am 18. November 1916 nahm Junkers den Auftrag der Idflieg für drei gepanzerte Infanterieflugzeuge an. Der Bau der Junkers J 3 wurde gestoppt. Die 1917 gegründete Junkers-Fokker AG (IFA) entwickelte nun ein gepanzertes Flugzeug, das zwischen den Stellungen operieren sollte. Die Junkers J 4 war auf Grund der Präferenz des Militärs als Anderthalbdecker gebaut. Die Panzerwanne bestand aus 5 mm dickem Stahlblech, um den Motor sowie den Führungs- und Beobachtungssitz zu schützen. Der Antrieb war ein Sechszylinder-Mercedes-Benz-Motor mit 147 kW (200 PS). Als Besonderheit galt das durchgehende Flügelmittelstück, mit abnehmbaren Außenflügeln. Der Aufbau der Flügel bestand aus einem Duraluminiumgerüst mit Wellblech-Außenhaut.

Die Projekte der Junkers J 5 und J 6 waren Vorstudien zum Leichtmetalljäger J 7. Dieser stellte einen Durchbruch zum Duraluminium-Tiefdecker dar. Das gesamte Traggerüst sowie die Außenhaut des Versuchsflugzeuges bestanden aus Duraluminium. Auf dem Mittelgerüst bauten die tragenden Teile für den Rumpf und den Motor auf. Durch die tiefe Lage des Flügels erhöhte sich die Sicherheit für den Flugzeugführer bei Notlandungen. 1918 erzielte die

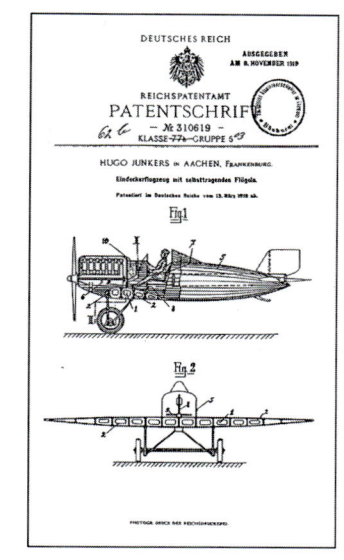

Das sogenannte Tiefdeckerpatent von 1918

Junkers - Produkte

Junkers Flugzeugforschung

Maschine beim Vergleichsfliegen in Berlin-Adlershof beachtliche Steigleistungen von 7,2 m/s in Bodennähe und ließ auch bei der Geschwindigkeitsprüfung die Konkurrenz weit hinter sich. Mangelhaft war jedoch die Wendigkeit dieses Typs. Nach einer Überarbeitung wurde das Flugzeug bei einem Testflug von Rittmeister Freiherr von Richthofen für gut befunden. Durch den schleppenden Serienbau der Junkers J 4 erhielt Junkers von der Idflieg vorerst einen Auftrag über drei J 7.

Hugo Junkers war es im Zeitraum von nur drei Jahren gelungen, ein Leichtmetallflugzeug zu bauen, dessen Leermasse niedriger war als die der Holz-Stoff-Flugzeuge und bessere Steigleistung sowie höhere Geschwindigkeiten erreichte. Im Dezember 1917 wurde nach Junkers eigenen Vorstellungen ein Infanterieflugzeug mit der Bezeichnung Junkers J 8 gebaut. Eine J 7 wurde als Zweisitzer umgerüstet. Um dies zu erreichen, wurde der Rumpf verlängert, die Spannweite vergrößert und die Tragflächen verdoppelt. Als Vorteile gegenüber dem Doppeldecker ergab sich ein freies Schussfeld für den Beobachter, eine bessere Sicht für den Piloten und eine höhere Geschwindigkeit. Aus diesen Gründen gehörte die J 8 zu Junkers besten Flugzeugen, dem nach Meinung Fokkers die Konkurrenz in Leistung und militärischen Qualitäten nichts entgegenhalten konnte. An der Junkers J 7 wurden weiterhin Änderungen vorgenommen. Die verbesserten Muster bezeichnete man als Junkers J 9. Bei mehreren Testflügen befand allerdings die Idflieg diese Maschine auf Grund ihrer mangelnden Wendigkeit als unzureichend. Die Junkers J 9 fand Interesse bei den Marinefliegern, die hohe Geschwindigkeit und nicht Wendigkeit forderten. Diese Maschine kam erst nach dem Waffenstillstand zum Einsatz.

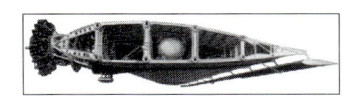

Junkers erstes Passagierflugzeug

Im Jahr 1918 meldete Junkers ein weiteres Patent an, das Eindeckerflugzeug mit selbsttragenden Flügeln. Somit war es möglich, die Flugmotoren an den Tragflächen zu befestigt. Diese Platzersparnis kam der Aufnahme größerer Lasten in der Kabine zugute und war die Grundlage zum Bau eines mehrsitzigen Flugzeuges.

1919, mit Ende des Krieges, trennten sich Junkers und Fokker, die IFA lief nun unter dem Namen: „Junkers-Flugzeugwerke AG" weiter. Um im Flugzeugmarkt richtig Fuß zu fassen begann Junkers, Verkehrsflugzeuge zu entwickeln. Die Konkurrenzunternehmen verkauften umgerüstete Militärmaschinen, und die Konzentration auf Personenbeförderung war neu. Mit der Entwicklung eines

Junkers Ju 52/3m Tragflächenprofilschnitt

Junkers - Produkte

Junkers Flugzeugforschung

Passagierflugzeuges mit der Bezeichnung Junkers F 13 wurde Otto Reuter beauftragt. Die Maschine war ein freitragender Ganzmetall-Tiefdecker und das erste Ganzmetallkabinen-Verkehrsflugzeug der Welt, welches bis zu 8 Personen befördern konnte. Durch den einfachen Aufbau hielt man den Wartungsaufwand sehr gering. Die Junkers F 13 verfügte über eine geschlossene und beheizbare Fahrgastkabine und große Fensteröffnungen, die eine gute Sicht ermöglichten. Weiterhin konnte man das Fahrwerk mit Schwimmern oder Skiern ausrüsten. Nachdem das Flugzeug die ersten Testflüge hinter sich hatte, stellte es schon am 13. September 1919 einen Höhenweltrekord von 6750 m auf. In kurzer Zeit wurde die Junkers F 13 weltbekannt. Aus gutem Grund wird dieses Flugzeug als Junkers Schrittmacher für den internationalen Luftverkehr bezeichnet. Die Junkers F 13 wurde wegen ihrer Zuverlässigkeit und Sicherheit das am häufigsten verwendete Verkehrsflugzeug seiner Zeit und stellte in den USA mehrere Höhen- und Langstreckenweltrekorde auf. Mit dem Dauerflug-Weltrekord von 26 Stunden ist die Maschine weltbekannt geworden. Eine Besonderheit war auch ihr großes Platzangebot. Häufig wurde die Junkers F 13 mit bis zu 10 Personen überladen. Der Non-Stop-Flug von Omaha nach Philadelphia über 1932 km in elf Stunden wurde mit einer erheblichen Überladung geflogen. Am 10. Januar 1920 trat in Deutschland der Versailler Friedensvertrag in Kraft. Dieser beinhaltete das Bauverbot jeglicher Flugzeuge. Die Herstellung der Junkers F 13 in Deutschland wurde von der Interalliierten Kontrollkommission, die als Schirmherr des Versailler Friedensvertrages wirkte, erst am 11. Mai 1921 durch das totale Bauverbot unterbunden. In Fili und in Malmö wurde weiter produziert. Es wurden insgesamt 360 Flugzeuge dieses Typs gebaut.

„Neuer Höhen-Weltrekord" F 13, 13. 9. 1919

F 13 mit Zeppelin über Dessauer Rathaus (Fotomontage)

Verkehrsflugzeuge
Hugo Junkers setzte auf Grund der großen Nachfrage seine Prioritäten auf die Entwicklung von Großverkehrsflugzeugen. 1923 wird sein Chefkonstrukteur Ernst Zindel beauftragt, ein entsprechendes Flugzeug zu entwerfen. Dieser entschied sich für eine Bauweise in Abwandlung der bewährten F 13. Nach schwierigen Genehmigungsverfahren entstand in der Montagehalle in Fürth die dreimotorige Junkers G 24 mit einem BMW-Mittelmotor und zwei Mercedes-Benz-Außenmotoren. Das Flugzeug unternahm im Juni 1925 einen Siebenstaatenflug durch Europa und legte eine Flugstrecke von 4000 km zurück. Nach weiteren Verbesserungen stellte sie mehrere Weltrekorde auf. Die Sicherheitsfrage für die Passagiere stand bei Hugo Junkers

Junkers - Produkte

Junkers Flugzeugforschung

Junkers W 33 W, W 33 L

Junkers G 38, das größte Landflugzeug seiner Zeit von 1929, Kennung D-2000

vor allen anderen Qualitäten an erster Stelle. Die Notlandung einer schwedischen Junkers G 24 in einem Bahnhof, bei der niemand ernsthaft verletzt wurde, spiegelt dies wider. Weitere Maschinen wurden wegen den einengenden Bestimmungen der Interalliierten-Kontrollkommission, vor allem in Bezug auf entsprechende Motorisierung, in Schweden hergestellt. Insgesamt sind 54 Maschinen vom Typ Junkers G 24 gebaut worden. 1926 wurde im Flugzeugwerk Dessau die dreimotorige Junkers G 31 konzipiert, es war eine Weiterentwicklung der Junkers G 24 als freitragender Tiefdecker in Ganzmetallbauweise. Was die Sicherheit anbelangt, galt die Junkers G 31 als unübertroffen. Die Kabine wurde durch das darunter liegende Flügelgerüst und den Gepäckraum verstärkt. Das Flugzeug bot bequemen Platz für 11 Passagiere, hinzu kam die dreiköpfige Besatzung und zusätzlich standen noch vier Notsitze zur Verfügung. Die Kabine bestand aus drei Abteilen mit einem durchgehenden Mittelgang. Sie wurde bald als „fliegender Speisewagen" bezeichnet, da in diesem Flugzeug ab dem Jahr 1928 ein Steward mitflog, der die Passagiere während des Fluges mit Speisen und Getränken aus der integrierten Bordküche versorgte. Die neuartigen Passagiersitze konnte man teilweise wie eine Klappcouch in eine Liege verwandeln und sie verfügten über eine leichte Tischkonstruktion. Der „Atlantikbezwinger", eine einmotorige Junkers W 33 war eine Weiterentwicklung der Junkers F 13 und diente dem Frachtflugverkehr. Die aerodynamische Durchbildung des Rumpfes und der geringe Kraftstoffverbrauch machten diesen Flugzeugtyp für Dauer- und Langstreckenflüge besonders geeignet.

1929 entstand das viermotorige Großverkehrsflugzeug G 38. Bei den Entwürfen griff Junkers auf sein Gleitflieger-Patent aus dem Jahre 1909 zurück. Als besondere Neuerung galten die während des Fluges zu begehenden Flügel, die die Wartbarkeit der im Innern der Flügel untergebrachten Motoren gewährleistete. Die Flügel boten weiterhin Platz für sechs Passagiere, die in den Flügelnasen zwischen Rumpf und dem inneren Motor saßen. Die Junkers G 38 verfügte insgesamt über 36 Passagierplätze und war mit vier Junkers-Motoren ausgestattet. 1932 wurde eine zweite Maschine mit einigen Verbesserungen gebaut. Beide Flugzeuge standen im Dienste der Lufthansa und flogen im regelmäßigen Linienverkehr.

Tante JU

Im Jahr 1931 entstand unter der Leitung Ernst Zindels das dreimotorige Passagierflugzeug Junkers Ju 52. Die in Serie gefertigten Flugzeuge wurden von luftgekühlten BMW-Sternmotoren angetrieben.

Junkers - Produkte
Junkers Flugzeugforschung

Schon nach kurzer Zeit war dieser Flugzeugtyp das neue Erfolgsflugzeug aus Dessau. Durch seine stabile und sichere Bauweise sowie die gute Motorenausführung war es das zuverlässigste und wirtschaftlichste Flugzeug seiner Zeit. Die Kabine konnte bis zu 17 Fluggäste aufnehmen und verfügte über Warmluftheizung, Wärmeisolation, Waschraum, eine Toilette und einen Stauraum für Passagiergepäck. Da sich in den Tragflächen Leichtmetallbehälter in zylindrischer Form befanden, konnte die Maschine bis zu 2000 Liter Kraftstoff mitführen, welcher mittels Kraftstoffpumpen (bei Junkers entwickelt) zu den Motoren befördert wurde. Insgesamt stellte die Lufthansa 74 Maschinen in ihren Liniendienst. Die Junkers Ju 52 wird auf Strecken innerhalb Europas, Ostasiens und quer durch Südamerika bis nach Santiago de Chile eingesetzt. Am 30. August 1932 beim „Internationalen Alpenflug-Wettbewerb" ging eine Ju 52 als Siegerflugzeug hervor. Die Route mit 708 km Länge führte über Zürich–Genf–Mailand–Zürich, die Ju 52 mit der Kennung D-2201 benötigte dafür 3 Stunden, 43 Minuten und 29 Sekunden.

Junkers Ju 52/3m, Kennzeichen D-2527, auf dem Werkflugplatz in Dessau

Junkers letzte Entwicklungen

Junkers Forschungen hatten weittragende Auswirkungen auf die Flugzeugtechnologie. Schon Anfang der 30-er Jahre führte Hugo Junkers erste raketentechnische Versuche mit Flüssigkeitstriebwerken in einer Junkers W 34w erfolgreich durch. 1928 entwickelte Junkers ein Höhenforschungsflugzeug, die Junkers Ju 49, welche eine flugtechnische Spitzenleistung des Junkers Flugzeugbaus darstellte. Die Maschine verfügte über eine druckdichte, doppelwandige Höhenkammer mit Kälteschutzisolierung sowie ein Sehrohr zur Erdsicht im Rumpfboden. Die Ju 49 erreichte eine Flughöhe von mehr als 9000 m und steigerte sich 1935 auf über 13 000 m. Das im gleichen Jahr entstandene Sportflugzeug A 50 verbesserte mehrere Weltrekord. Der letzte fertiggestellte Flugzeugbau, welcher in der Zeit der Dessauer Tätigkeit von Professor Hugo Junkers entstand, war die Junkers Ju 60 im Jahr 1932, ein Tiefdecker für acht Personen mit Glattblechrumpf und Einziehfahrwerk.

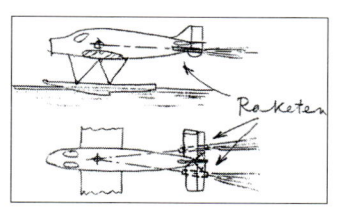

Skizze Flugzeug mit Raketenantrieb von 1928/29

Junkers - Produkte

Junkers Flugzeugforschung

VERSUCH EINER ZEITLICHEN DARSTELLUNG DER FLUGZEUGENTWICKLUNG DER WELT

JUNKERS-FLUGZEUGE

GESCHICHTLICHER ENTWICKLUNGSWEG: SOFORT REINER METALLBAU UND WAHL DER GRUNDLEGEND NEUEN BAUFORM „FREITRAGENDER EINDECKER". FORTFALL DER ÄUSSEREN VERSPANNUNG, LASTEN DIREKT AM FLÜGELGERÜST, TIEFDECKER, LASTEN IM FLÜGEL

ANDERE FLUGZEUGE

GESCHICHTLICHER ENTWICKLUNGSWEG: HOLZ, STOFF, GEMISCHTBAU, REINER METALLBAU DOPPELDECKER, VERSPANNTER EINDECKER, FREITRAGENDER EINDECKER, TIEFDECKER

1910 — GRUNDLEGENDE IDEENSKIZZE EINES NURFLÜGELFLUGZEUGES MIT GERINGSTEM LUFTWIDERSTAND (JUNKERS-PATENT 1910)

LASTEN DIREKT AM DURCHLAUFENDEN FLÜGELGERÜST NACH DRP 313 692

1915, 1917, 1918, 1919, 1923, 1925, 1926, 1928, 1930, 1932, 1933

1910 — FLUGZEUG ÜBLICHER BAUART AUS DER DAMALIGEN ZEIT GROSSE LUFTWIDERSTÄNDE DURCH VERSPANNUNG

HOLZ-, STOFF-, GEMISCHTBAU
GANZMETALLBAU
GANZMETALLTIEFDECKER

Entwicklung der Ganzmetallflugzeuge, Zeitraum 1910-1933.

Junkers - Produkte
Junkers Flugzeugforschung

Kriegsrüstung
Nach nationalsozialistischen Plänen sollten die Junkers Flugzeugwerke dem Großserienbau von Kriegsflugzeugen dienen. Junkers widersetzte sich diesen Forderungen vehement.

Am 13. Dezember 1933 wurde Prof. Hugo Junkers offiziell und endgültig aus Dessau von den Nazis vertrieben. Die Junkers-Werke standen nun ausschließlich im Dienste der Luftkriegsvorbereitung. Unter der Leitung von Heinrich Koppenberg als Generaldirektor erfolgte die Umrüstung der Flugzeugwerke für die Großserienherstellung von Militärflugzeugen. Schon 1934 ging die JFM Ju 86 in die Massenproduktion. Sie wurde als Kampfflugzeug, Bomber und Aufklärer für große Flughöhen gebaut. Der Sturzkampfbomber Stuka wurde speziell für den Kampf gegen England gebaut. Dieser zeichnete sich durch seine hohe Treffergenauigkeit, Knickflügel sowie das Hosenbeinfahrwerk aus und galt als gefürchteter Gegner. Die 1936 entwickelte JFM Ju 88 war ein Horizontal- und Sturzkampfbomber. Von diesem Flugzeugtyp wurden 15 000 Stück in den Junkerswerken gefertigt. Nach anhaltenden Forderungen der Lufthansa entstand auch ein zivil zu nutzendes Flugzeug. Ergebnis war die JFM Ju 90, ein viermotoriges Großverkehrsflugzeug mit einer Kabine für 40 Passagiere und zusätzlich vier Mann Besatzung. Die Forschungs- und Entwicklungsarbeiten Hugo Junkers ausbeutend, begann man 1944 einen Abfangjäger mit einem Strahltriebwerk zu bauen. Dieses Flugzeug ging bis zum Ende des Krieges jedoch nicht in die Serienfertigung.

JFM Ju 87 (Stuka)
Serienfertigung in Dessau von 1937/38

Junkers - das Baubüro

Serielles Bauen
Das Elementieren und Vorfertigen von Bauelementen ist so alt wie die Architektur. Schon die Römer setzten diese Technik ein, um in den von Rom weit entfernt liegenden Kolonien mit schnell zu errichtenden Bauwerken ihren Machtanspruch wirksam zu sichern und ihr Imperium auszubauen. Krieg und Kolonialismus begünstigten das Vorfertigen von temporären oder schnell zu errichtenden Unterkünften und Gebäuden. Militärbaracken sind aus dem 18. Jahrhundert bekannt und wurden während der Türkenkriege und des Amerikanischen Sezessionskrieges eingesetzt. Der Ausbau des Sanitätswesens förderte das Vorfertigen von Baracken: 1885 schrieb das Rote Kreuz einen Wettbewerb für Sanitätsbaracken aus. Dies war der erste internationale

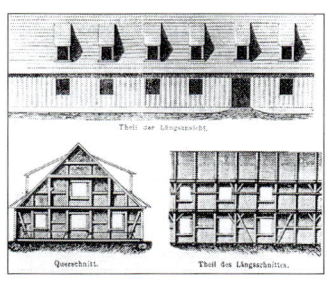

Preußische Lazarettbaracke, 1885

Junkers - Produkte

Junkers - das Baubüro

Vorgefertigte Kolonialhäuser, 19. Jahrhundert

Wettbewerb für vorgefertigtes Bauen. Auch in den europäischen Kolonien wurde der Import von vorgefertigten Gebäuden aus Europa durch wirtschaftliche und politische Zwänge begünstigt: Sie boten preiswerte, schnelle Unterkünfte und beförderten so das Kolonialisieren. Besonders in Nordamerika wurde die Technologie mit dem Balloon-Frame-System weiterentwickelt und vereinfacht. Die vom Sägewerk gelieferten standarisierten Hölzer konnten ohne großen Aufwand zusammengebaut werden und das ermöglichte den Aufbau auch größerer Städte in sehr kurzer Zeit. Bei all diesen Systemen war ein geringes Gewicht der Konstruktion entscheidend, weil die Bauteile oft über beträchtliche Strecken transportiert werden mussten. Die meisten Bauten waren daher aus Holz. Die Bauten Junkers bestanden aus Metall. Durch eine materialsparende Konstruktion waren sie sehr transportabel und kamen in entlegenen Gebieten zum Einsatz, wo das Erstellen eines Hangars sonst nicht ohne weiteres möglich gewesen wäre. Im Verlauf der industriellen Entwicklung im 19. Jahrhundert wurde Holz zunehmend durch Eisen ersetzt. Metallteile konnten serienmäßig gegossen werden und wurden im Brücken- und Hallenbau eingesetzt. Das wohl populärste Beispiel für den frühen Metallbau ist Paxtons Crystal Palace für die Weltausstellung 1851 in London. Bedingt durch die Überproduktion im englischen und amerikanischen Hüttenwesen kam es vorübergehend sogar zur Fertigung ganzer Gebäude aus gusseisernen Tafeln, was sich aber nicht bewährte. Es zeigte sich, dass Eisen als Tragkonstruktion gut für das Errichten von Großbauten wie Hallen, Brücken und Hochhäusern geeignet war. Durch den Einsatz standardisierter Eisenträger in verschiedenen Stärken wurde es möglich, eine hohe Anpassungsfähigkeit an die spezifischen Bedürfnisse eines Bauwerkes bei einem hohen Vorfertigungsgrad zu erreichen.

Innenansicht des Crystal Palace von Paxton, Stahlstich 1851

Stahlbau bei Junkers

Die von Junkers entwickelten Konstruktionen der Lamellenhalle und der Paneelbauweise bilden hier Ausnahmen. Beide Systeme sind aus der geschichtlichen Entwicklung des Metallbaus teilweise herausgelöst. Die meisten Eisenkonstruktionen waren standardisierte, allgemein verwendbare Träger oder schwere, gusseiserne Bauteile. Junkers entwickelte aus seinen im Flugzeugbau gewonnenen Erkenntnissen freitragende Leichtmetallkonstruktionen, passte diese ganz besonderen Aufgaben an und legte großen Wert auf materialsparende Konstruktionsmethoden. Trotz dieser Vorteile ließen sich diese Konstruktionen auf anderen Gebieten nicht einsetzen. Das ist sicherlich ein Grund,

Junkers - Produkte
Junkers - das Baubüro

warum diese Produkte heute nicht mehr hergestellt werden. Die Lamellenbauweise stieß außerdem mit zunehmender Größe der Flugzeuge auf statische Grenzen.

Die Entwicklung von Metallbausystemen wurde zu Beginn der 20-er Jahre im Kaloriferwerk Hugo Junkers GmbH aufgenommen. Dazu wurden separate Abteilungen gegründet - 1921 die Abteilung „Junkers-Lamellenbau" und 1924 die allgemeinere Abteilung Stahlbau. Man entwickelte als erstes Produkt die Lamellenhalle in Zoll-Lamellenbauweise und weitete die Produktpalette zügig aus. Bereits 1927 hieß es: „Wir liefern Stahlkonstruktionen aller Art, Stahlhochbauten, Industriebauten, Konstruktionen für Dach- und Hallenbauten, Toranlagen für Flughallen und Junkers Stahl-Lamellendächer". Nach seiner Vertreibung aus Dessau widmete sich Hugo Junkers dem Metallbau, insbesondere dem Paneelbau, intensiv.

Prospekt für Junkers-Stahlbauten 1927, abgebildet in: H. Erfurth: Im Rhythmus der Zeit - Hugo Junkers und die zwanziger Jahre, Anhaltische Verlagsgesellschaft mbH, Dessau, 1994, S. 93

Lamellenhallen

Das wohl erfolgreichste Produkt Junkers auf dem Gebiet des Bauwesens war eine Halle in Stahllamellenkonstruktion, die aus wenigen standardisierten Teilen zusammengesetzt werden konnte. Sie wurde von einer 1924 im Kaloriferwerk gegründeten Abteilung „Stahlbau" entwickelt. Ein Prototyp dieser Halle wurde 1925 auf dem Werksgelände errichtet. Sie war vorwiegend als Flugzeughangar gedacht, ließ sich jedoch auch für viele andere Zwecke einsetzten. Besonderer Wert wurde bei dieser Halle wie auch bei vielen anderen Junkers-Produkten auf einen sparsamen Materialeinsatz gelegt. Dies führte zur vereinfachten Montage, Leichtigkeit und guten Transportfähigkeit, wie es der Export in 27 verschiedene Nationen zeigt. Der vielseitigen Verwendung dieses Bausystems kam eine breite Fächerung der angebotenen Typen zugute. Von Junkers wurden vier verschiedene Typen angeboten: Flachbogendächer mit einem Stich von 1:6 bis 1:10 eigneten sich ideal als Dachkonstruktion über großen, stützenfreien Räumen. Rundbogendächer mit einem Stich von 1:2 bis 1:5 ließen sich sowohl als Hallen und Hangars direkt vom Boden aus als auch über bestehenden Wänden einsetzen. Spitzbogendächer wurden überwiegend aufgrund gestalterischer Vorlieben eingesetzt, boten jedoch auch den Vorteil, dass sie im unteren Bereich schnell an Höhe gewannen. Auch Kuppeldach-Konstruktionen mit Spannweiten zwischen 10 und 50 m wurden in diesem Bausystem angeboten.

Als Vorläufer der von Junkers konstruierten Lamellenbausysteme kann die von Friedrich Zollinger entwickelte „Zollbauweise" gelten. Zollinger war in den Jahren 1918 bis 1930 Stadtbaurat in

Junkers Reklameblatt, abgebildet in: H. Erfurth: Im Rhythmus der Zeit - Hugo Junkers und die zwanziger Jahre, Anhaltische Verlagsgesellschaft mbH., Dessau, 1994

Wasserwerk Dessau mit Dach in Lamellenbauweise

http://www.merseburg-querfurt.de/tourismus/personen/zollbau.htm
G, Nr. 3, Juni 1924, S. 8-13, nachgedruckt in Fritz Neumeyer, Mies van der Rohe - Das kunstlose Wort, Gedanken zur Baukunst, Siedler Verlag, Berlin, 1986

Junkers - Produkte

Junkers - das Baubüro

Stahlrautendach von Zollinger

Junkers-Nachrichten Nr. 1, 1928, S. 20 ff., Stadtarchiv Dessau

Lamellenhalle mit Spitzdachkonstruktion

Merseburg. Durch den starken Zuzug von Arbeitern für die Leuna-Werke musste neuer Wohnraum geschaffen werden. Zollinger entwickelte eine gewölbte Lamellendachkonstruktion aus gleichartigen Brett- oder Bohlenstücken. Die Vorteile dieser Konstruktion lagen in einer Materialersparnis von 40 % sowie in der leichten Montierbarkeit. Als Problem dieser Konstruktion sind jedoch die Verbindungsstellen zu betrachten. Hier wurde zugunsten einer weniger komplexen Knotenausbildung eine Verschiebung der einzelnen Tragelemente zueinander in Kauf genommen. In der Zollbauweise realisierte Dachtragwerke wurden in Merseburg seit 1921 eingesetzt. Dieses System hatte zu dieser Zeit bereits breitere Verwendung und auch Beachtung gefunden. Als wohl bekanntestes Bauwerk, welches in dieser Bauweise errichtet wurde, kann Hugo Härings Scheune von Gut Garkau bei Lübeck genannt werden. Auch Mies van der Rohe war diese Bauweise bekannt. In seinem 1924 veröffentlichten Artikel „Industrielles Bauen" verwendet er ein Bild eines Lamellendaches der Deutschen Zollbau GmbH Berlin. Von Carl Huber wurde dann eine derartige Konstruktion erstmals in Metallbauweise entwickelt. Die Knotenausbildung war aber auch hier noch nicht gelöst und verformte die einzelnen Tragelemente.

Erst in der bei Junkers entwickelten Halle wurde das Problem der Knotenausbildung gelöst. Hier kam die Erfahrung auf dem Gebiet des Leichtmetallbaus, die in den Junkers-Werken durch die Entwicklung und Produktion von Ganzmetallflugzeugen bestand, zum Einsatz. Es wurde ein System entwickelt, dass auf seine Nutzung optimiert war und gleichzeitig mit einem geringen Material- und Konstruktionsaufwand erstellt werden konnte. Die Erfahrung bei der Verwendung von Metall bewirkte eine umfassende Betrachtungsweise der Konstruktion, welche daher in einer idealen Ausbildung und mit hoher Haltbarkeit entwickelt werden konnte. Das Tragsystem benötigte lediglich vier verschieden Bauteile. Das wohl wichtigste Teil, die Lamelle, wurde aus 25 bis 35 cm breiten Blechstreifen durch Pressen in eine Z-Form erstellt. An den Enden der Lamellen sind die Flanschen in der Form aufgebogen, dass in Verlängerung des Steges eine ebene, um die Breite des Flansches erhöhte Fläche entsteht. An dieser Stelle verband man die Lamellen miteinander und mit Backenblechen, über die wiederum eine einfache Anbindung der Ober- und Unterpfette möglich war. Die Pfetten bestanden aus U-förmigen Metallträgern, die an ihren Enden ineinander gesteckt und kraftschlüssig verbunden werden konnten. Die Erhöhung der Lamellen bot den Vorteil, dass keine vollflächige Verbindung mit der Außenhaut bestand.

Junkers - Produkte
Junkers - das Baubüro

Die Lamellen waren somit allseitig von Luft umspült und erwärmten sich aufgrund des dünnen Materials schnell auf Raumtemperatur. Hierdurch wurde die Bildung von Schwitzwasser an den Lamellen verhindert und die Korrosion der Bauteile minimiert. Die Verbindung der Lamellen mit den Pfetten bildete einen Dreiecksverband, der Windkräfte aus den Giebelwänden aufnahm und in der Konstruktion ableitete. Die Hallen benötigten keine Abspannungen oder Verstrebungen. Alle Verbindungen wurden mittels Schrauben erstellt, so dass kein Schweißen auf der Baustelle notwendig war. Dies vereinfachte nicht nur das Aufstellen der Hallen, sondern ermöglichte auch die Demontage und das Versetzen der Bauwerke.

Für die Ausbildung des Daches wurden verschiedene, an die Einsatzzwecke und -orte der Hallen angepasste Lösungen entwickelt. Die wohl einfachste Form war das Aufbringen von Well- oder Pfannenblechen. Die Ausprägung der Pfetten bot jedoch auch die Möglichkeit, nach der Verlegung der Dachplatten eine Zementschicht aufzubringen, die mit dem U-Profil der Pfette kraftschlüssig vergossen wurde. Dies bewirkte eine höhere Festigkeit der Konstruktion, weil sich dann auch die Dachhaut zum Lastabtrag einsetzen ließ. Es wurden auch Bleche angeboten, die für das Einschieben von Dämmstoffen vorbereitet waren und auf die eine äußere Dachhaut aus Zement aufgespritzt werden konnte. Hiermit erreichte man auch höhere Isolationswerte. Im Scheitelpunkt der Halle kam es häufig zum Einsatz eines Oberlichtes. Dies gewährleistete eine gute Ausleuchtung.

Alle Teile der Halle waren handlich in den Abmessungen, so dass kein schweres Gerät zum Errichten der Hallen notwendig war. Dem Transport kam auch die sehr kompakte und gut stapelbare Ausprägung der einzelnen Bauteile zugute. So liegt der beanspruchte Frachtraum maximal 10 % über dem m^3-Gewicht des Baustoffes. Dies wirkte sich in geringen Transportkosten aus. Bis zum Jahr 1929 wurde ein vollständig transportabler Typ dieser Halle entwickelt. Im Tragwerk war er identisch zu den schon bestehenden Hallen. Die Giebelwände konnten dabei je nach Bedarf geschlossen bzw. mit Türen oder auch mit großen Toren geliefert werden. Die Spannweite der Halle betrug 25 m und in der Länge ließ sie sich im 5-m-Raster beliebig erweitern. Im Scheitel des Hallenbogens war eine Laufkatze vorgesehen, die 1,5 t aufnehmen konnte. Sie war in ihren Abmessungen auf die Junkers F 13 abgestimmt und bot auch an entlegenen Orten eine Unterstell- und Reparaturmöglichkeit. In den Giebelseiten der Halle konnten bis zu 19 m Breite und 5,5m hohe Tore eingesetzt

Arbeiter beim Errichten einer Lamellenhalle

Junkers-Nachrichten Nr. 3, 1929, S. 32, Stadtarchiv Dessau

Transport einer Junkers Lamellenhalle auf Kamelen

143

Junkers - Produkte
Junkers - das Baubüro

werden. Auftretende Windkräfte wurden hier an der oberen Laufschiene in einer Konstruktion analog zum unterspannten Träger aufgenommen. Außen stabilisierte eine Windverstrebung die obere Laufschiene. Auch hier wurden Bauteile mit kleinen Abmessungen verwendet. Das Tor war in 6 gleiche Teile unterteilt, von denen sich je drei auf eine Seite schieben ließen. Ein halbes Torelement bildete mit einer Abmessung von 1,65 x 5,5 m die größte Einheit.

Die Halle wurde konsequent aus der Funktion entwickelt und hatte auch hohe gestalterische Qualitäten. Sie entsprach der modernen Ästhetik der Zeit oder war ihr sogar voraus, weil hier die Form wirklich aus der Konstruktion entwickelt war. Dies erkannte auch Junkers. In der Werbung für dieses Produkt wurde neben seiner Konstruktion mit dem Spruch „Schönheit der Technik" auf seine Erscheinung hingewiesen - eine Bemerkung von Walter Gropius über die Formensprache dieser Bauweise - und ein Hinweis auf eine Ähnlichkeit mit den Stern- und Netzgewölben der Gotik verweist auf den engen Bezug von Konstruktion und Architektur.

Die Junkers-Halle war eine für ihre Zwecke hervorragend geeignete Lösung. Durch ihre leichte Montierbarkeit, die Versetzbarkeit und die Möglichkeit, Kranbahnen an der Konstruktion zu befestigen, war sie gut für das Unterstellen und Reparieren von Flugzeugen geeignet. Auch als Werkshalle wurde sie verwendet, obgleich es hier meist geeignetere Lösungen gab wie die auf dem Junkers Werksgelände überwiegend verwendete Dachkonstruktion aus Stahl-Fachwerkträgern. Als Überdachung für Saalbauten war sie, wie z. B. beim Festsaal des Hotels „Goldener Beutel" in Dessau, gut geeignet. Hier wurde eine Flachbogenkonstruktion in Verbindung mit einer transluzenten Eindeckung eingesetzt und eine sehr ansprechende Lösung gefunden. Durch die im unteren Bereich höheren Steigungswinkel bot diese Konstruktion als Spitzdach große Vorteile gegenüber herkömmlichen Dächern, durch Massenfertigung und mögliche Selbstmontage ließen sich hier zusätzlich Kosten einsparen, wie Zollinger dies mit der Verwendung seiner Holzkonstruktion vorgemacht hat. Aber diese vorgefertigten Konstruktionen ließen sich nur schwer in einen historischen Ort einfügen und für den Hausbau - insbesondere das Wohnhaus - bevorzugte Junkers standardisierte Wandbausysteme, an die sich natürlich wesentlich einfachere Anschlüsse an ein Flachdach ergaben.

Junkers-Werbeprospekt 1928

Junkers - Produkte
Junkers - das Baubüro

Brücken
Auch Brücken wurden von Junkers angeboten. Ähnlich wie die Hallen wurden sie durch die Addition standardisierter Elemente gebildet. Sie bestanden aus Ober- und Untergurten in identischer Ausführung, die durch dreieckförmig angeordnete Füllstäbe verbunden wurden. Die Brücken hatten ein Rastermaß von 5 Metern. Ein Segment des Ober- bzw. des Untergurtes entsprach dieser Länge, ebenso wie die Höhe der Brücke. In einem Typenblatt aus dem Jahr 1927 wurden Brücken mit bis zu 11 solcher Elemente zwischen zwei Stützen und Spannweiten von bis zu 55 Metern angeboten. Die Verbindungen wurden durch spezielle Teile ausgebildet, die die Rohre des Ober- und Untergurtes umschlossen. Sie wurden aus mehreren Teilen zusammengesetzt, verschraubt und liefen zu einer Seite flach aus, um die Füllstäbe, die ebenfalls flache Verbindungsteile besaßen, anschließen zu können. In der Querrichtung wurden I-Profil-Träger an die Verbindungsteile oben in der Ebene des Obergurtes und unten über der Ebene des Untergurtes montiert. Die Dimensionierung dieser Träger war den unterschiedlichen statischen Anforderungen angepasst. Über eine kreuzförmige Abspannung zwischen den Obergurten wurden die mit den Trägern gebildeten Felder und die Konstruktion in der Vertikalen entlang der Längsrichtung durch die dreieckförmige Anordnung der Füllstäbe ausgesteift. In Querrichtung wurden an den Enden der Brücke rechteckige Füllstäbe eingebaut, um ein biegesteifen Anschluss an die oberen Träger zu erreichen und so einen Zweigelenkrahmen zu bilden. Die Brücke wurde in der 1924 gegründeten Abteilung Stahlbau entworfen. Diese Abteilung war für die Entwicklung von Hallen und Brücken zuständig. Dies zeigte sich in der Konstruktionsweise der Brücken, die dem Fachwerkträger für Hallendächer glich. Die Form der Brücke wurde konsequent aus der Konstruktion abgeleitet. Das System sowie die Funktion der einzelnen Teile ist leicht zu erkennen. Die Brücken waren in ihrer Konstruktion und Erscheinung sehr fortschrittlich.

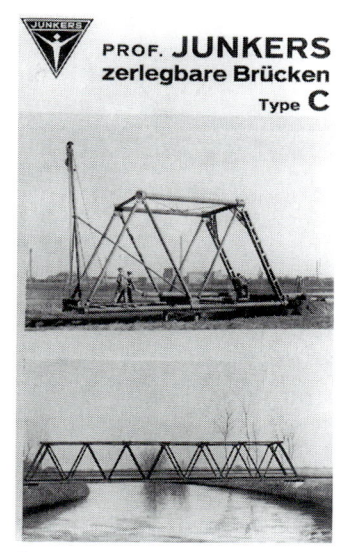

Typenblatt Junkers-Brücken

Stahlskelettbau
Für den Hochbau lieferte Junkers auch Stahlskelettbausysteme. Diese wurden nach den Bedürfnissen der Kunden geplant. Sie fanden jedoch keine derartige Verbreitung wie die Lamellenhallen, davon abgesehen waren sie keine selbständigen, sondern eingebaute Konstruktionen. Der Verwaltungsbau der Junkerswerke, das heutige Regierungspräsidium in Dessau, ist wohl das beste Beispiel dieser Produktlinie. Das Gebäude wurde 1934/1935 mit einem Stahlskelettbausystem er-

Junkers-Hochhaus JFM 1933/34

Junkers - Produkte

Junkers - das Baubüro

Kraftwerk Klingenberg - Hochhaus für Büros und Sozialeinrichtungen

Aus den Aufzeichnungen eines Junkers-Ingenieurs vom 31. 3. 1933, Quelle: H. Erfurth, unveröffentlichtes Manuskript
C. Fieger: Das Wohnhaus als Maschine, Baugilde 6 (1923)
H. Erfurth: Im Rhythmus der Zeit - Hugo Junkers und die zwanziger Jahre, Anhaltische Verlagsgesellschaft mbH., Dessau, 1994

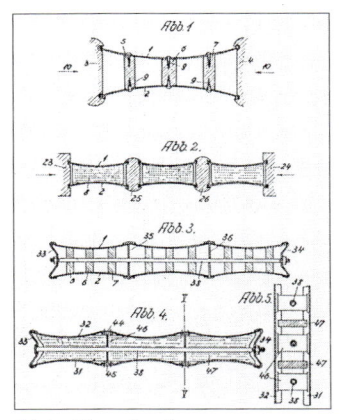

Schnittzeichnung Paneel

richtet. Hugo Junkers war aber bereits aus seinen Unternehmungen ausgeschieden und nicht mehr beteiligt. Das Gebäude spiegelte die Bauauffassung des mit der Planung beauftragten Architekten Werner Issel wider und glich sehr anderen von Issel geplanten Gebäuden, wie z. B. das in Zusammenarbeit mit W. Klingenberg 1925-1926 entstandene Kraftwerk in Berlin-Lichtenberg zeigt.

Paneelbauten - Metallhausbau

Durch persönliche Initiative Hugo Junkers entstanden 1926 Arbeiten an einem eigenen Hausbausystem aus Stahl. Es sollte hohen praktischen und ästhetischen Ansprüchen genügen. Stahlskelett-Konstruktionen, insbesondere das Lamellendach, wurden zunächst bevorzugt. Als Vorbild diente eine Dachkonstruktion in Lamellen-Bauweise aus Holz, die Friedrich Zollinger schon 1906 verwendet hatte. Junkers entwickelte eine Variante aus Stahl, welche stützenlos und tonnenförmig gewölbt, große Spannweiten überdachte wie z. B. seine Flugzeug-Hangars. Für den Hausbau bediente sich Junkers ebenfalls einer Metall-Leichtbauweise. Mit diesem System wurde schnelles und preiswertes Bauen möglich. Ziel war es, den neuen Wohn- und Lebensgewohnheiten gerecht zu werden. Hier halfen ihm wieder seine Erfahrungen aus dem Flugzeugbau. Mit dem Patent von 1931 erschienen mehrere erste Varianten von Paneelsystemen. Alle Elemente, sogenannte Paneele, waren beidseitig mit einer Blechhaut versehen und muldenförmig nach innen gewölbt. Ein ausgereifteres Bausystem folgte mit dem Patent von 1937. Die revolutionäre Idee lag darin, dass die Fassade als tragendes System wie auch als raumumschließende Gebäudehülle funktionierte. Die Elemente bestanden aus geschosshohen Paneelen, die innen hohl waren und auf beiden Seiten eine dünne Metallhaut aufwiesen. Dieses System gewährleistete eine hohe Flexibilität und leichte Montierbarkeit, so dass ein- aber auch mehrgeschossige Bauten gebaut werden konnten. Eine Wärmedämmschicht wurde fugenlos auf dem Außenblech aufgebracht. Die Innenseite wurde über Öffnungen belüftet. Eine genauere Beschreibung der Konstruktion lässt sich durch Aufzeichnungen eines Junkers-Ingenieurs aus dem Jahr 1933 nachvollziehen. Hier wurde zunächst der Zweck des „Ganzstahl-Versuchshauses" erläutert. Die bis zum damaligen Datum, dem 31. 3. 1933, erstellten Gebäude waren lediglich einräumige Versuchsbauten, welche noch verschiedene Innenkonstruktionen nach Skelettbauweise aufwiesen und lediglich eingeschossig ausgeführt wurden. Diese Versuche sollten die Festigkeit und Stabilität sowie die Wärmedämmeigenschaften einer solchen

Junkers - Produkte

Junkers - das Baubüro

Leichtbauweise nachweisen. Während es sich bei den vorangegangenen Bauten aus wirtschaftlichen Gründen immer um Zweckbauten handelte, wie z. B. bei dem Farbspritzhaus und der Garage, sollte dieses Versuchshaus unter dem Aspekt „. . . der an ein Wohnhaus zu stellenden Anforderungen. . ." betrachtet werden. Angestrebt wurde hier der Bau eines Siedlungshauses. Der rechteckige Grundriss hatte die lichten Maße von 10 x 8 m. Die Innenräume waren flexibel ausführbar. Die Gesamtkonstruktion war nicht als Serienbau-Typ, sondern für eine schrittweise Erweiterbarkeit des Gebäudes ausgelegt. „Im vorliegenden Fall war vorgesehen, mit steigender Leistungsfähigkeit des Siedlers wie folgt auf- und anzubauen: 1. Stadium: Raum 1, 2 ,3; 2. Stadium: Raum 4, 5; 3. Stadium: Raum 6, 7." Des Weiteren war der Anbau einer Veranda (überdacht oder nicht) durch das Herausnehmen einiger Elemente optimal möglich. Verschiebbare Innenwände waren geplant aber zu teuer. Die Räume in der Mitte, unter anderem die Küche, waren für Versuche mit künstlichem Licht vorgesehen und verfügten daher nicht über Fensteröffnungen. Später sollten diese Räumlichkeiten über Oberlichter natürlich belichtet werden. Das äußere Erscheinungsbild wurde durch die nach innen gewölbte Form jedes einzelnen Elements, die Anordnung der Fenster und die Gestaltung des Daches geprägt. Das Dach des Hauses wurde aus wirtschaftlichen Gründen als Flachdach ausgeführt und aus den gleichen Elementen wie die Wände erstellt. Die Tragkonstruktion bestand aus Gitterträgern, die in einem Abstand von 500 mm angeordnet wurden. Dazwischen spannten sich jeweils die gewölbten Blechbahnen. Auch die Wandelemente, die Paneele, wiesen eine Breite von 500 mm auf und passten sich in das Raster ein. Ein Paneel hatte eine Höhe von 3000 mm und an der breitesten Stelle eine Tiefe von 150 mm. Die einzelnen Ankerpunkte oder „Holme" einer so genannten Rippe befanden sich in einem Abstand von 560 mm. Das Fundament konnte in unterschiedlicher Form ausgeführt werden. Das Versuchshaus wurde auf Punktfundamenten gegründet. Diese sollten die „. . . zunächst versuchsmäßige Aufstellung auf Rohrfüße . . ." tragen, „. . . die nach Abschluß der Versuche bzw. bei Nichtbewährung leicht durch Untermauerung . . ." hätten ersetzt werden können. Das vergleichsweise geringe Gewicht der Blechbauweise ermöglichte als Konstruktionsvariante die Gründung auf Rohrfüßen. Gegenüber einem normalen Steinhaus mit ca. 80 000 kg wog das leere Stahlhaus nur noch rund 20 000 kg. Auch eine eventuelle Senkung konnte aufgrund der zusammenhängenden Konstruktion kompensiert und ein ernster Schaden vermieden werden. Die Rohrfüße standen in einem

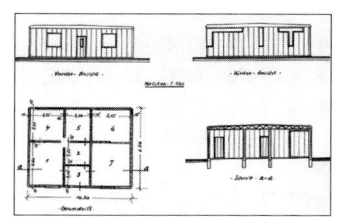

Grundriß, Ansicht, Schnitt

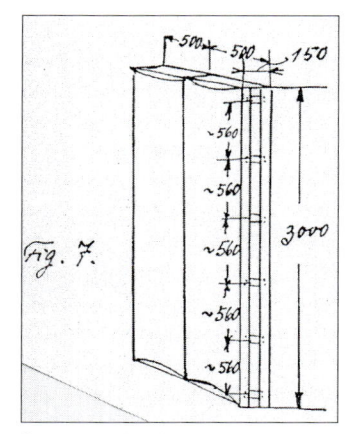

Isometrie eines Paneels

Junkers - Produkte

Junkers - das Baubüro

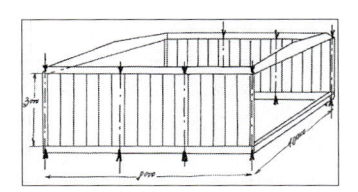

Isometrie der Versuchshauskonstruktion

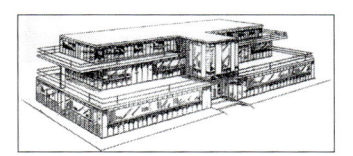

Entwurf eines mehrgeschossigen Verwaltungsgebäudes 1932 (H. Griebsch)

Bungalow-Entwurf, gezeichnet vom Bauhäusler Edgar Hecht (1932/33)

Rasterabstand von 1500 mm. In die Fundament-Profile wurden Kanäle für Belüftungsversuche eingeplant. Diese schwächten allerdings die Tragfunktion der Profile. Um die Fußbodenlasten abzufangen, baute man den Unterbau aus Lagerhölzern. So hatten die Fundamentprofile und Stützen lediglich Wand- und Dachlasten aufzunehmen und mussten nur geringe Fußbodenlasten tragen. Die in sich festen Wandelemente griffen an ihren Randseiten durch Profilformen - wie Nut und Feder - ineinander und bildeten mit den Dachelementen ein festes Tragwerk. Diese hatten eine Länge von 10 000 mm, waren auf den beiden Schmalseiten des Gebäudes aufgelagert und mit den oberen Rahmenprofilen des Baus fest verschraubt. Durch die starren Eckverbindungen des Rahmens ergab sich so für die Decke eine Scheibenwirkung, welche sie in der Diagonalen unverschiebbar machte. Um den natürlichen Reibungsdruck zu erhöhen, wurden senkrechte Anker eingezogen. Das ergab im Verbund auch hier eine diagonal ausgesteifte Scheibe. Die konstruktive Verbindung aller Wandscheiben erfolgte über den Einsatz von horizontal gelagerten Ankerbändern. Die Dach- und Wandscheiben bildeten die genannte „Kastenfestigkeit des Bauwerks". Unterstützt wurde das Kastentragwerk zusätzlich durch kreuzweise eingebaute Innenwände.

  Das Metallhaus war durch seine vorgefertigten Bauelemente strukturiert und wirkte durch angenehme Proportionen, passende Fensterbänder und dem Wechselspiel von Licht und Schatten auf den gewölbten Paneelen lebendig. In seiner Erscheinung wurde das Metallhaus oft mit dem Schaft einer dorischen Säule verglichen. Das auf einem Sockel oder Ständern stehende Gebäude zeigte am Dachrand ein schlichtes Band und aus Kostenersparnis nicht das damals noch übliche Hauptgesims. Der große Vorteil dieser Bauweise war die einfache und schnelle Montage. Die Elemente waren modular entwickelt worden und die Gesamtkonstruktion wurde über einem Rastersystem aufgebaut. Dem Bauherr war es möglich, das Haus seinen wechselnden Bedürfnissen anzupassen, er konnte es leicht erweitern oder verkleinern. Das Bausystem bot so ein großes Maß an Flexibilität. Von Nachteil war die nur mäßig oder unzureichend vorhandene Wärmedämmung. Zudem fehlte noch eine Ermittlung des haustechnischen Bedarfs, wie Heizung oder Warmwasserversorgung. Hugo Junkers ließ das Metallhaus für unterschiedliche Aufgaben entwickeln. Es entstanden zunächst Zweckbauten, später Wohnhäuser, Tropenhäuser oder Clubhäuser sowie größere, meist repräsentative Gebäude ohne nähere Bestimmung. Zusätzlich lieferte er Stahlskelettbau-Konstruktionen zum Beispiel an den Philipp-Holzmann-Konzern (Doppelhaus

Junkers - Produkte

Junkers - das Baubüro

in Berlin) und die Architekten Gebrüder Luckhardt und Alfons Anker (Hochhaus in Berlin).
Beispiele für diese Bauweise waren:
1. Farbspritzhalle auf dem Werksgelände (1929)
2. Tennisclubhaus auf dem Tennisplatz der Familie Junkers
3. I. Versuchshaus (ab 1935 in München)
4. II. Versuchshaus mit einem seitlich gedeckten Sitzplatz
5. Siedlung in Dessau-Ziebigk (nicht realisiert)
6. 3-geschossiges Verwaltungsgebäude auf dem Gelände des Kaloriferwerkes in Dessau

Die technische Forschung bildete für Hugo Junkers auch im Bauwesen die Grundlage seiner Entwicklungsarbeit. Wirklichkeitssimulation und Effektivitätsmessungen waren ihm einfache, aber um so wirksamere Mittel des Erkennens. Er baute sich zum Beispiel einen langgestreckten Holzkasten zum Messen der Ausleuchtung von Räumen durch Tageslicht in Betrachtung unterschiedlicher Fenstergrößen sowie durch Tageslichtstreuung mittels Spiegeln. Das Ergebnis der Lichtmessung im Holzkastensimulator ist das Patent der „Einrichtung zur Tagesbeleuchtung, mit Tagesbeleuchtung und künstlichem Licht, insbesondere mit beiden Lichtarten, gleichzeitig". Die Entwicklung des Metallhauses wurde über den Tod von Hugo Junkers hinaus bis 1941 von der Forschungsgesellschaft Prof. Junkers mbH. in München/Allach fortgesetzt.

Farbspritzhalle Ifa-Werksgelände

Tennisclubhaus

Bautechnik und Baukunst

Die Absicht des Konstrukteurs und Unternehmers Hugo Junkers war das Entwickeln von neuen Technologien und technischen Synergien durch Verwenden neuer Materialien. Es war ihm gelungen, durch den Einsatz von Metall die Technologie des Flugzeugbaus zu revolutionieren. Auch das Bauhaus Dessau hatte sich diesen Fragen und Entwicklungen angenommen. Gropius wollte im Produkt die Einheit von technischer Gestalt und künstlerischer Form unter Einbeziehung der seriellen Vorfertigung herausbilden. Hier zeigten sich Unterschiede im Interesse und Bewusstsein von Ingenieur und Architekt im ersten Viertel des letzten Jahrhunderts. Metalle, Eisen und Aluminium begannen auch das Bauwesen zu revolutionieren: es entstanden weit gespannte Hallen, Hochhäuser und verglaste Fassaden - und bevor sich Stahlwerke und Bauunternehmen den Baustoff Stahl für den Hausbau entdeckten, hatten sich schon Architekten und Formgestalter dieses Materials angenommen. Das Bauhaus Weimar hatte 1923 mit dem Wechsel von Johannes Itten zu László Moholy-Nagy auch den

Junkers - Produkte
Junkers - das Baubüro

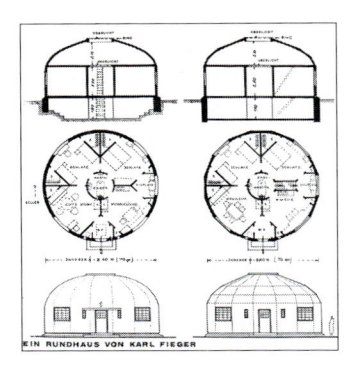

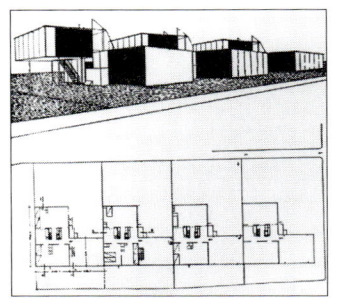

BAMBOS-Häuser, Marcel Breuer (1928)

Wohnhochhaus, Georg Muche (1924)

Sprung vom Handwerk zur Industrie vorbereitet. Nun standen technisch-analytisches Denken verbunden mit Strukturfragen, Systemdenken und radikalem Einbeziehen neuer Technik im Vordergrund. Carl Fieger zeichnete bereits 1923 den Entwurf eines „schlüsselfertigen, nur von einem Monteur zu errichtenden Kleinhauses . . ., das für den Großteil der Wohnbedürftigen erschwinglich ist". Als Rundbau, ganz aus Stahl in einer „freitragenden Leichtbauweise" gefertigt, war das Haus ein extremes Beispiel des neuen Denkens fern aller Tradition. Neben Fieger befasste sich auch Farkas Molnár mit Skelettstrukturen. Er tat dieses aber eher im Hinblick auf mehrgeschossige Reihenhäuser für Kleinwohnungen im Maisonetten-System - eine Idee, auf die Gropius 1924 bei der DEWOG-Versuchssiedlung zurückgriff. Ab 1924 beschäftigte sich auch Marcel Breuer mit architektonischen Strukturstudien und Fragen der Vorfertigung. 1925 entwarf er seinen bis heute bekannten Stahlrohrsessel. Es folgten Entwürfe von Metallhäusern mit Stahlskelett und einer Metallaußenhaut. Breuer versuchte neue Entwurfs- und Baumethoden zu entwickeln, um eine leicht wirkende Architektur im Gegensatz zur schwerfälligen Mauerbauweise zu schaffen. Breuers Streben nach Neuem zeigt sich auch in den so genannten BAMBOS-Häusern, den Meisterhäusern der jungen Bauhausmeister Breuer, Albers, Meyer, Bayer, Otte und Scheper. Die mit Paneelen verkleidete Stahlskelettbauweise entstand in drei Reihenhausvarianten. Bei den ersten beiden Typen waren die Arbeits- und Wohnräume durch zwei verschiedene Ebenen voneinander getrennt. Der Atelier- bzw. Wohntrakt wurde erhöht, auf Stützen stehend, dem Erdgeschosstrakt angesetzt. Der dritte Typ war ebenerdig. So entstand ein gewisses Maß an Flexibilität und Raumaufteilung. Die hohen Kosten erwiesen sich jedoch als hinderlich: trotz des hohen technischen Anspruchs wurden das Kleinmetallhaus oder die BAMBOS-Häuser nicht realisiert.

Ein weiterer Vertreter des neuen Denkens war Georg Muche. 1924 entwarf er ein Wohnhochhaus mit Etagengärten, als einen Beitrag zur „grünen Architektur". Muche wählte eine Skelettbauweise, um damit die Freiheiten der Grundrissgestaltung auszuschöpfen und spätere Erweiterungen rationell durchführen zu können. Mit Richard Paulick entwickelte Muche ab 1925 ein Skelettbausystem für ein- und vielgeschossige Häuser. 1926 errichteten sie in Dessau-Törten das Stahlhaus als Musterhaus. Dem folgten bald weitere Beispielentwürfe, u. a. auch „das Haus für einen Künstler". In diesem ebenerdig ausgeführten Bau gliedern sich die überhöhten Wohn- und Atelierräume dem langen Mittelflur an. Der Gedanke des

Junkers - Produkte
Junkers - das Baubüro

voll industrialisierten Bauens und seine Auswirkungen auf Architektur und Städtebau waren hier revolutionär. Walter Gropius beschrieb die neue Rolle des Architekten wie folgt: „Seine Hauptaufgabe ist heute die eines Organisators, der alle biologischen, sozialen, technischen und gesellschaftlichen Probleme zu sammeln und zu einer selbständigen Einheit zu verschmelzen hat".

In Dessau eröffnete Walter Gropius sein privates Baubüro, in dem auch das neue Bauhausgebäude entwickelt wurde. Weitere Projekte, wie das Arbeitsamt, der Siedlungsbau und die Meisterhäuser folgten. Unter dem Aspekt des „Neuen Bauens" beschäftigte sich das Baubüro mit Fragestellungen unterschiedlicher Art, wie Typisierung, Grundstückskosten oder Raumplanung mit dem Ziel technisch-ökonomischer Lösungen. Die Bauten des Baubüros Walter Gropius in Dessau (1925-1929) sind Beispiele des „Neuen Bauens" in ihrer Zeit. Architektur und Kunst werden nicht länger als Handwerk, sondern als Industrie verstanden, vermittelt und ausgeübt. Bauen ist Produktion. Industrielles Bauen heißt, Produkte seriell zu gestalten und zu fertigen. Der Fordismus, Fließband und Montage, das Optimieren und Koordinieren einzelner Arbeitsgänge prägen die Arbeit des Büros. So war das konstruktive Vorfertigen mit Endmontage auf der Baustelle und die Rationalisierung des Baugeschehens durch ein industrielles Bauen das Bemühen und wurde ein wichtiger Bestandteil der Planung und des Baubetriebs. Der Gedanke der Effektivität war aber noch nicht ausgereift. Dies zeigt sich beispielsweise in der Entwicklung der Siedlung Dessau-Törten. Trotz ineinander greifender Arbeitsvorgänge erzielte man keine Zeit- oder Kostenersparnis, weil zum Beispiel anstelle kostengünstigerer Holzfenstern teurere Stahlfenster eingebaut wurden. Bemerkenswert ist, dass die Architektur im Gegensatz zur Werbung oder Produktgestaltung die Fachinteressen Junkers und des Bauhauses nicht unmittelbar verknüpfte - obwohl doch der Ingenieur-, Flugzeug- und Schiffsbau für viele Architekten jener Zeit ein großes Vorbilder ihres angestrebten Schaffens darstellte!

Produktgestalter

In der Zeit nach dem I. Weltkrieg suchte Junkers nach neuen Absatzfeldern. Um möglichst viele Arbeiter halten zu können, wurde fast alles, was aus Metall produziert und verkauft werden konnte, in den Dessauer Junkers-Werken hergestellt. Dazu gehörten unter anderem Essbestecke, Schlüsselrohlinge, Schlittschuhe, Blechkoffer, schmiedeeiserne Tore, Fenstergitter und Metallmöbel. Die in den Junkerswerken entstandenen Gebrauchsgegenstände entsprachen dem neuen

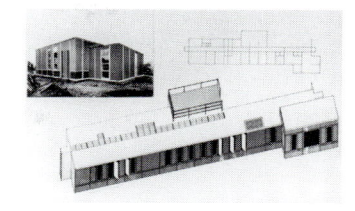

„Haus für einen Künstler", 1927
G. Muche/R. Paulick

Junkers - Produkte

Junkers - das Baubüro

Helmut Erfurth: Der Stahlrohrstuhl, Seine Entwicklung durch das Industriedesign, Dessau 1986
Helmut Erfurth: Symbiose von Kunst und Technik, Das Bauhaus und die Junkerswerke in Dessau, in: Klaus Weber: Die Metallwerkstatt am Bauhaus, Berlin 1992
Helmut Erfurth: Junkers plante in Metall, in: Erfurth/Tharandt: Ludwig Mies van der Rohe, Dessau 1995

Zeitgeist und einer damit verbundenen anderen Lebensart. Der von Peter Drömmer entworfene Scheren-Armlehnstuhl aus Duraluminium-Rohr entstand zwischen 1925 und 1926. Er wurde in den Junkers-werkstätten entwickelt und in kleinen Serien gebaut. Weitere Modelle folgten wie der so genannte Junkers-Metallrohrsessel und der Wellblechsessel. Es wird deutlich, wie diese Dinge durch die Erfahrungen Junkers im Flugzeugbau beeinflusst wurden. Dies zeigte auch der Terrassenstuhl aus 1 mm starken Eisenwellblech, der schon ab 1920 in der IFA, in Anlehnung an den Flugsitz der Junkers F 13, hergestellt worden ist. Auch hier beschritt Hugo Junkers völlig neue Wege. Weitere Metallerzeugnisse kamen Anfang der 30-er Jahre auf den Markt wie ein Duraluminium-Türgriff mit Schließsicherung. Auch Telefonzellen zur Ausstattung der Hauptpoststelle Dessau wurden geliefert.

Junkers.Dessau
Mechanische Stadt?

Dessau war Residenzstadt und ist es nicht mehr. Dessau war die Bauhausstadt und ist es nicht mehr. Dessau war die Junkersstadt und ist es nicht mehr. Dessau war eine Industriestadt und ist es nicht mehr. Streichen wir wieder die Wörter Residenz, Bauhaus, Junkers und Industrie, dann steht das Wort Stadt wieder für sich allein. Was hinterlassen Residenz, Bauhaus, Junkers und Industrie für eine Stadt? Die Einwohnerzahl Dessaus sinkt und wird aller Voraussage nach wieder ihren Stand von 1920 erreichen: ca. 60 000. Es gibt kaum noch Industrie und Arbeit in der Stadt. Die in der Industrie arbeiteten, gingen fort. Was hat sich geändert? Unser Verständnis von Stadt kaum, es ist heute immer noch ein mechanisches. Trotz aller Übermalungen sehen wir in ihr eine Maschine, und unsere Städte sind tatsächlich durch Maschinen, Apparate und Automaten geprägt - vom Haushalt über die Automobile, die Eisenbahn und die Stadtwerke hin zur digitalen Elektronik der Rechner. Deswegen sprechen wir hier von der mechanischen Stadt: Sie meint diese Apparate und Maschinen, mit denen wir zusammenleben und unser urbanes Leben führen.

Hugo Junkers (1859-1935) hat daran seinen Anteil. Das Wirken dieses Ingenieurs und Industriellen mit der Frage nach der mechanischen Stadt zu verbinden, erscheint uns aus zweierlei Gründen nicht abwegig: zum einen verändern seine bahnbrechenden Erfindungen das Haus-, Bau- und Stadtwesen, zum anderen unterhält er in seinem Unternehmen eine Bauabteilung und entwickelt serielle Metallhäuser, um den neuen Werkstoff Metall, den er gegen alle Widerstände und mit Erfolg im Flugzeugbau einsetzt, auch im Bauwesen durchzusetzen. Von der Bedeutung und dem Wirken des Hugo Junkers hat Dessau fast ein halbes Jahrhundert bis zum Krieg und Niedergang nach 1945 gelebt. Das alles ist Vergangenheit. Im Krieg stark zerstört, werden im Wiederaufbau der DDR Spuren verwischt, Stadtgeschichte verdrängt und überbaut. Die Geschichte ist in dieser Stadt tot. Sie kann sie kaum noch vorweisen. Die Wende hat wenig geändert - im Gegenteil: Sie hat diese Geschichtslosigkeit verstärkt. Die Denkmalpflege hat kräftig mitgeholfen: Vieles nimmt Bezug auf die sogenannte Geschichte, worin sie tatsächlich besteht, das weiß keiner so recht. Diese Ratlosigkeit wird oft durch blinden Tatendrang ersetzt: der Plan wird erfüllt. Der Bedarf wird gedeckt, die Ver- und Entsorgung der Bevölkerung wird gesichert. Werden auch die Bedürfnisse des Menschen befriedigt? Die Mechanismen der verwalteten Stadt funktionieren immer noch gut. Technokratie und Bürokratie sind Auswüchse der Mechanik - Abbilder der Maschine und ihrer Ästhetik in Staat, Wirtschaft und Gesellschaft. Imre Kertész

Junkers.Dessau
Mechanische Stadt?

Imre Kertész: Das Galeerentagebuch, Berlin 1993, S. 49/50

Joachim Fest: Speer, Berlin 1999, S.380

Werner Durth: Deutsche Architekten, Braunschweig 1986

W. G. Sebald: Literatur und Luftkrieg, München/Wien 1999, S. 15

(1929) notiert für die Zeit nach 1939: „Albert Speers Erinnerungen. Eine Paradefall deutscher Schizophrenie. Sein Kampf für eine stärkere Verwendung von Frauen in der Kriegsindustrie. Sein Argument: daß Frauen in den angelsächsischen Staaten ... in sehr viel größerem Umfang ‚verwendet' und beschäftigt würden. Ihm kommt überhaupt nicht in den Sinn, daß Denkweise und psychologische Situation in diesen freien Ländern grundlegend unterschieden sind von der Denkweise und der psychologischen Situation eines totalitären und aggressiven Staates, der das Individuum prinzipiell zertreten und die individuelle Verantwortung total auf sich gezogen hat ... Der Totalitarismus ... ist immer ideologisch: Während er mit staatlich organisierten, institutionalisierten Sadismus und legalisierten Raubmord gegen das Individuum vorgeht, vertritt er anderseits auf väterliche Weise die sozialen Interessen des auserwählten Volkes. Speer wurde von Hitler, Göring und Sauckel zurückgepfiffen. Stattdessen gab Sauckel eine Erklärung ab, daß man im Interesse der Gesundheit der deutschen Frauen und zur Schonung ihrer Kräfte 400 000 bis 500 000 Zwangsarbeiterinnen ins Reich liefern werde. Klar: In einer Situation, in der er noch nicht geschwächt ist, daß er seiner eigenen Logik und Natur zuwiderhandeln muss, kann dem Totalitarismus nur ein solches Verfahren logisch und praktikabel erscheinen. Speer jedoch hat das nicht im mindesten begriffen ... Er wollte Kriegswirtschaft und Rüstungsindustrie gut führen, doch das Unverständnis des Führers und die Dummheit der nationalsozialistischen Parteispitze haben ihn daran gehindert. Die Lehre: Man hätte den nationalsozialistischen Krieg ohne die Nationalsozialisten viel besser führen und beenden können. All das ist für Speer völlig logisch, nicht widersprüchlich und - für ihn als Menschen, Deutschen und Ingenieur - zutiefst schmerzlich ..." Entspricht es auch der technokratischen Logik, wenn Albert Speer (1904-1981), Architekt und deutscher Rüstungsminister des Weltkrieges 1933-1945, während seiner Verhöre im Mai 1945 durch das „U.S. Strategic Bombing Survey" darauf hofft, Wiederaufbauminister zu werden? Als Rüstungsminister organisiert er die Kriegsindustrie und bereitet seit 1943 in seinem „Arbeitsstab zum Wiederaufbau bombenzerstörter Städte" ihre Neuordnung vor. So stellt W. G. Sebald (1944-2001) für die Zeit nach 1945 fest: „Der inzwischen bereits legendäre und, in einer Hinsicht, tatsächlich bewundernswerte deutsche Wiederaufbau, der, nach den von den Kriegsgegnern angerichteten Verwüstungen, einer in sukzessiven Phasen sich vollziehenden zweiten Liquidierung der eigenen Vorgeschichte gleichkam, unterband durch die geforderte Arbeitsleistung sowohl als auch durch

Junkers.Dessau
Mechanische Stadt?

die Schaffung einer neuen, gesichtslosen Wirklichkeit von vorneherein jegliche Rückerinnerung, richtete die Bevölkerung ausnahmslos auf die Zukunft aus und verpflichtete sie zum Schweigen über das, was ihr widerfahren war."

Was soll aus Dessau werden? Häuser stehen leer. Wer sich mit dem Phänomen Geschichte beschäftigt, erkennt bald, dass es letztlich nur Gegenwart gibt, ohne übersehen zu wollen, wie sich heute, gestern und morgen verweben. All das, was Dessau gestern - sozusagen jüngst noch - besaß, Glanz, Bedeutung und Weltruhm, ist heute verblasst. Dessau ist bis in die Wurzeln zerstört. Die ehemalige Residenz ist bis auf einen Flügel des Stadtschlosses verschwunden, die Industrie bis auf geringfügige Bestände. Hugo Junkers wurde aus der Stadt verbannt, das Bauhaus vertrieben. Das Bauhausgebäude ist als heute rekonstruiertes „Weltkulturerbe" mit integriertem Stiftungsbetrieb mehr ein Fall von unrechtmäßiger Aneignung und Erbschleicherei. Die 1932 aus der Stadt geworfene Schule erscheint plötzlich wieder auf der Bildfläche, alles scheint wieder „gut" und wir fangen dort wieder an, wo wir einst aufgehört haben. Hier zeigen sich ein mechanisches Geschichtsbewusstsein und eine unmögliche Vergangenheitsbewältigung. Ist das Spuk oder vielleicht schon virtuell? „Aufstieg und Fall der Stadt Mahagoni" könnte es mit Bertolt Brecht (1898-1956) und Kurt Weill (1900-1950) heißen.

All das scheint uns bekannt zu sein:
Mitte des 19. Jahrhunderts verändern neue Technologien und Industrien das Leben in Europa so grundlegend, dass wir wie von der französischen oder russischen Revolution von der „industriellen Revolution" sprechen. Die Maschinen erleichtern und ersetzen menschliche Arbeit. Ihre Mechanik beginnt den Alltag der Menschen, das Leben zu beeinflussen, bedingt und bestimmt Zeit und Raum. Der gewohnte menschliche Maßstab verschwimmt. Industrie und Wirtschaft setzen ungeheure Kräfte frei und sprengen all bisher bekannten Bilder von Architektur und Stadt. Dieses wilde Wuchern kennt keine Kontrolle, jagt den Architekten Angst und Schrecken ein - den Ingenieuren und Unternehmern nicht; denn sie entwickeln die neuen Technologien, entwickeln und bauen die Maschinen. Sie sind die neuen Herren und beherrschen das Geschehen. Die gewohnten Bilder gehen verloren und sind zunehmend nicht mehr verfügbar. Die Architekten zeichnen Gegenbilder, Wege zurück in die heile Vergangenheit oder vorwärts in die glückliche Zukunft. Utopien und Visionen entstehen. Bild ist auch immer Glaubensbekenntnis, und heute im

Junkers.Dessau
Mechanische Stadt?

Jahre 2002 sind mit dem Glauben auch die Bilder verschwunden, zerstört und aufgehoben. Es werden die alten „neuen Bilder" beschworen oder auseinandergebaut, dekonstruiert wie es im Architektenjargon heißt. Genau so wenig wie es uns gelingen wird, über unseren Schatten zu springen, scheint es uns möglich, den mechanischen Bann zu verlassen. Das mechanische Prinzip ist der anerkannte, unverzichtbare Grundsatz unserer menschlichen Existenz geworden. Wir haben das göttliche Prinzip trotz der Erkenntnis, dass die Maschine - deus ex machina - keinen Rückhalt bietet, aufgegeben. Die Maschinen sind weder erfinderisch noch schöpferisch. Sie kennen kein Erbarmen, keine Gnade, keinen Trost - obwohl sie uns wärmen, transportieren, für uns kochen, uns unterhalten, für uns arbeiten. Wir - und das sind auch unsere Ansiedlungen - sind von den Maschinen abhängig und werden auch von ihnen beherrscht.

Walter Gropius und sein Bauhaus treten in Dessau an, um Kunst und Technik zu versöhnen. Was ist gemeint? Versöhnen klingt immer gut und fordert keinen Widerspruch heraus. Dieser Anspruch setzt voraus, dass Kunst und Technik im Streit liegen. Worin besteht der Streit?

Um 1930 entwickelt Ludwig Hilberseimer (1885-1967) am Bauhaus Dessau mit seinen Studenten einen Plan für ein neues Dessau. Dieser Plan räumt mit dem alten Dessau auf, räumt und schafft es ab. Ludwig Hilberseimer will der chaotischen Industrieansiedlung Dessau eine neue, in sich logische Ordnung geben. Diesen Plan arbeitet er später in Chicago am Illionois Institute of Technology zum Siedlungsmodell aus. Mit diesem Plan entwickelt Ludwig Hilberseimer Grundlagen für eine Großsiedlung, wie wir sie erst aus der zweiten Hälfte des letzten Jahrhunderts kennen. Wohnen, Arbeiten, Erholung und Verkehr werden auf sehr einfache Weise in einer klaren kammartigen Bebauung zusammengefasst: Es gibt große gleichförmige Arbeitsstätten aller Art im Osten und niedrige Wohnstätten im Westen. Dieses neue Dessau erstreckt sich bandartig zwischen Fluss und Bahngleisen.

Hat Hugo Junkers diesen Plan vielleicht gekannt, beeinflusst oder kritisiert? Wir wissen es nicht. Ähnlich radikal und revolutionär wie Tony Garniers (1869-1948) Une Cité Industrielle und Le Corbusiers (1887-1965) Ville Contemporaine (Plan voisin) für Paris (1922) stellt auch Ludwig Hilberseimer mit diesem Plan Dessau, aber auch den zur seiner Zeit praktizierten Städte- und Siedlungsbau grundsätzlich in Frage. Er legt das wahre Wesen der mechanischen Ansiedlung bloß, zeigt ihren Charakter, der durch Technik, Industrie, Verkehr

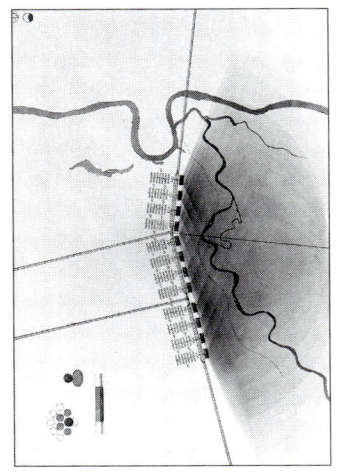

Ludwig Hilberseimer: Planstudie Dessau, Sollvariante, 1932

Junkers.Dessau
Mechanische Stadt?

und rasanten Fortschritt bestimmt ist: das alte Gefüge taugt nicht mehr. Es gibt keine kulturelle Entwicklung, es gibt nur technischen Fortschritt, es macht keinen Sinn mehr zu erneuern. Stadt als Gestalt und Begriff scheint überholt. Ihre überlieferte Form bietet keine ausreichende Lebensgrundlage mehr. Vielleicht hätte Hugo Junkers dieser Vorschlag sehr gefallen. Dieser Plan stellt die bestehende Form der Stadt nicht nur in Frage, er bietet Ersatz und zeigt eine Maschine, einen Motor, dessen Teile mechanisch verbunden wirken.

Fritz Schumacher (1869-1947) schreibt 1926:

„In unserer Zeit ist das Bauen besonders in den Großstädten zum großen Teil Sache eines mechanisch arbeitenden Unternehmertums geworden. Zinskästen und Fabrikschuppen aus den letzten fünfzig Jahren geben davon traurige Kunde. Diese Leistungen, die offensichtlich unter dem Niveau ihrer eigenen Zeit stehen, haben mit Architektur ebenso wenig etwas zu tun, wie der Kolportageroman mit Literatur. Die Fragen, die mit ihnen zusammenhängen, bilden ein höchst wichtiges und interessantes Kapitel der Wirtschaftgeschichte, nicht aber der Architekturgeschichte . . ." Und später - nach 1939 - stellt er fest :

„Die große Aufgabe der Zeit war es, für eine neue Großmacht, die, eng verbunden mit neuen Formen des Verkehrs, im Leben der Menschheit auftrat, die baulichen Formen zu finden. Diese Großmacht war die Industrie, in deren Gefolge neue Konstruktionsmethoden, neue Materialbehandlungen, vor allem aber neue Organisationsformen des Lebens auftraten, die allem baulichen Denken neue Aufgaben stellten.

Diese Aufgaben verschoben sich auf völlig andere Gebiete als diejenigen, auf denen man bisher die ausschlaggebenden Leistungen suchte, es waren nicht Aufgaben der repräsentativen, sondern Aufgaben der zweckgebundenen und sozialen Architektur.

Mit der Entwicklung der Industrie hing das Wachsen der Städte eng zusammen. An den Hauptpunkten Deutschlands führte es im winzigen Zeitraum von zwei bis drei Jahrzehnten zur doppelten bis vierfachen Vergrößerung der wichtigsten deutschen Stadtgemeinden. Das bedeutet die Notwendigkeit, diese Menschenhäufung völlig neu zu ordnen. Es war eine Aufgabe, wie sie in diesem Ausmaß und mit dieser jähen Plötzlichkeit dem gestaltenden Menschen bisher noch nicht gestellt war. Die Einrichtungen des Verkehrs, der Versorgung mit den Elementen der täglichen Lebensnotdurft - der Arbeit, der Erholung, der Bildung und des Wohnens - mussten, um dem Massenbetrieb gerecht zu werden, im Sinne einer immer stärkeren

Der Architekt und Kunsthistoriker Paul Zucker (1888-1971) entwickelt in dieser Zeit ein ganz anderes Verständnis von Stadt. Paul Zucker: Entwicklung des Stadtbildes, Die Stadt als Form, Berlin 1929

Schumacher/Thiersch/Bühlmann/Michel: Architektonische Komposition, S. 5, Leipzig 1926

Fritz Schumacher: Vom Städtebau zur Landesplanung und Fragen städtebaulicher Gestaltung, Tübingen 1951, S. 9

Junkers.Dessau
Mechanische Stadt?

Mechanisierung umgestaltet werden ... Das unverkennbare Anzeichen für die Ungelöstheit aller dieser neuen Anforderungen des Daseins war ein Fall der künstlerischen Erscheinung unserer Städte. Es war deshalb nicht verwunderlich, dass man den Keim der Krankheit zuerst suchte in einem künstlerischen Versagen und glaubte, sie vom Künstlerischen aus heilen zu können."

Tony Garnier zeichnet in der Villa Medici als Rompreisträger (1899-1903) „Une Cité Industrielle" - ein Werk, das erst 1917 veröffentlicht wird und nach Camillos Sitte (1843-1903), Der Städte-Bau nach seinen künstlerischen Grundsätzen (Wien 1889, Frankreich 1902) und Ebenezer Howard (1850-1928), Tomorrow: A peaceful path to Real Reform (England 1898, Frankreich 1902, Deutschland 1904) einen dritten Weg aufzeigt. Ihm gelingt es, Industrie und Stadt, Technik und Architektur, Gesellschaft und Wirtschaft nicht als unvereinbare Widersprüche, sondern als ausgeglichene Form zu sehen und darzustellen. Er gilt als Wegbereiter und Begründer der funktionalen Stadt. Seine Zeichnung blieb Theorie. Er erklärt seinen Plan nur knapp und fasst seine Vision in folgendem abschließenden Satz zusammen: „Dies ist in Kürze das Programm für die Gründung einer Stadt, in der es jedem bewusst ist, dass Arbeit das Gesetz des Menschen ist und dass die Vollkommenheit, die dem Kult der Schönheit und des gegenseitigen Wohlwollens innewohnt, durchaus genügt, um das Leben herrlich zu machen." Tony Garnier gleicht die Kräfte im technischen Gefüge der industriellen Stadt aus, ordnet sie zum Ganzen und führt uns ein besseres, im Sinne der antiken Tradition gutes Leben vor Augen als wolle er uns nahe legen zu erkennen, dass wir Menschen arbeiten, um gut zu leben, und nicht nur für die Arbeit leben. Und er zeichnet eine gute, bessere Stadt. Wir wissen nicht, ob Fritz Schumacher das Planwerk Tony Garniers oder Ludwig Hilberseimers oder Ludwig Hilberseimer den Stadtentwurf Tony Garniers kennt, als er den Plan für Dessau entwickelt. Beide Vorschläge werden wenig beachtet und finden wenig Gefallen. So schreibt Julius Posener (1904-1996) über Tony Garnier: „Ein schönes Programm - aber anstrengend: ich sagte schon, dass keiner dort einen eigenen Garten hat. Da ziehe ich Howards Gartenstadt vor und sogar die Industriedörfer solcher Unternehmer wie Cadbury. Der eigene Garten trägt viel zur Lebensfreude arbeitender Menschen bei, abgesehen davon, dass man dort Gemüse anbauen kann. Ich finde in seinem Plan auch keine Läden. Und ob es wirklich eines arbeitenden Menschen Wunsch ist, ständig in den großen Auditorien sich zu bilden, sich geistig zu bereichern, sich zu idealisieren, weiß ich auch

Tony Garnier: Une Cité Industrielle, 1917, Paris 1988, Tübingen 1989 (Tony Garnier, Die ideale Industriestadt)

ebenda, Tübingen 1989, S. 18

ebenda, Tübingen 1989, S. 8

Junkers.Dessau
Mechanische Stadt?

nicht so recht." Julius Posener bekennt sich hier zur Gartenstadt - sowie er auch den Architekten Hermann Muthesius (1861-1927) schätzte, Ludwig Mies van der Rohe (1886-1969) weniger und als Schüler des Hans Poelzig (1869-1936) auch seine Schwierigkeiten mit dem Bauhaus Dessau hatte - wie die meisten: die Wohn- und Werksiedlungen der alten Industriestadt sind Beispiele der deutschen Gartenstadtbewegung nach dem Motto: Man lebe in der Stadt wie auf dem Lande. Was auch für die Bauhaussiedlung Törten gilt, die Walter Gropius (1883-1969) als halbländliche Siedlung zusammen mit dem Gartenarchitekt Leberecht Migge (1864-1935), dem Verfasser des grünen Manifestes, entwickelt.

Leberecht Migge: Das grüne Manifest, Siedlungs-Wirtschaft, Jahrg. IV, Nr. 3, März 1926

Der Plan Hilberseimers ist schlüssig, mutig, ehrlich, ernsthaft, leidenschaftlich kühl, beängstigend und erhaben zugleich. Er ist theoretisch, konkret, utopisch. Aber ist dies nicht das Wesen der Technik? Rudolf Schwarz spricht von den Gefahren der Technik: „Wo rationalistische Weltanschauung den Ausblick sperrt, gilt es umzudenken." Hilberseimer bricht mit der Tradition der europäischen Stadt des 19. Jahrhunderts. Stadt ist mehr als ein verschlissener Flickenteppich aus Parkanlagen, Repräsentations-, Fabrik und Wohnbauten. Dieses Siedlungsgebilde zeigt nicht hier und dort Technik: Es ist in sich technisch und mechanisch gebaut ganz Maschine. Es ist rational wie der Plan für Arc-et-Senans von Claude Nicolas Ledoux (1736-1806), der eine Saline als kreisförmige Ansiedlung mit Wohnstätten um eine grüne Mitte entwirft und in Teilen realisiert. Hier liegen die wahren Quellen der Inspiration für einen Howard, Garnier oder Hilberseimer, hier finden wir die Grundlagen der neuen bürgerlichen Stadtanlage. In Vision und Utopie zeigt der Plan Hilberseimers auch Bezüge zum Werk von Antonio Sant'Ellia (188-1916) und italienischen Futurismus.

Rudolf Schwarz: Wegweisung der Technik, Potsdam 1929. Ders. Hg., Ulrich Conrads u. a.: Wegweisung der Technik und andere Schriften, Braunschweig 1979

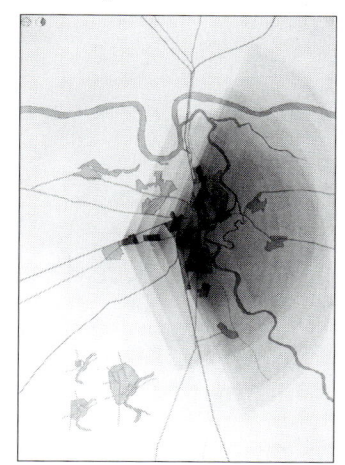

Die technische Vision Hilberseimers ist nicht umzusetzen und wird bis heute wenig beachtet, ganz anders als die Pläne zur neuen Bauhaussiedlung in Dessau-Törten von Walter Gropius. Leo Adler (1891-1962), Architekt und Schriftleiter von Wasmuths Lexikon der Baukunst (Bd. I-IV, Berlin 1929-1931), unterscheidet zwischen Fortschritt und Entwicklung: Technik bringt Fortschritt, Kunst entwickelt sich. Für Leo Adler umfasst die Architektur „ein Gebiet zwischen Technik, Wirtschaft und Kunst. Der physisch-praktische Zweck der Baukunst wird erfüllt durch die Technik . . ., und das Kennzeichen des Fortschrittes auf diesem Gebiete ist wie in aller Technik die Verbesserung des Umsatzverhältnisses zwischen dem von der Natur gebotenen Material und dem für menschliche Bedürfnisse

Ludwig Hilberseimer: Planstudie Dessau, Istvariante, 1932

Leo Adler: Vom Wesen der Baukunst, Leipzig 1926, S. 76/77

159

Junkers.Dessau
Mechanische Stadt?

Werner Nerdinger: Der Architekt Walter Gropius, Berlin 1985, 2/1996 darin: Walter Gropius - Vom Amerikanismus zur Neuen Welt. Hier wird diese Vorliebe von Walter Gropius ausführlich dargestellt
Hg. Stiftung Bauhaus Dessau u. a.: Zukunft aus Amerika, Dessau 1995

Dieter Marcello: Albert Kahn - Architekt der Moderne, Film. Rainer Banham: Das gebaute Atlantis, Amerikanische Industriebauten und die Frühe Moderne in Europa, Basel 1990

Ludwig Mies van der Rohe: Industrielles Bauen, 1924, in: Ulrich Conrads: Programme und Manifeste zur Architektur des 20. Jahrhunderts, Berlin/Frankfurt.M./Wien 1964, S. 91

ebenda S. 146: Ludwig Mies van der Rohe: Technik und Architektur

erzielten Nutzen. Soweit wir technische Probleme im Auge behalten, dürfen wir in der Tat von einem Fortschritt in der Architektur reden... Es ist auffallend, dass gerade auf dem Gebiete der Baukonstruktion die Fortschritte in keinem Verhältnis zu den Fortschritten auf anderen technischen Gebieten stehen. Während diese in letzten Jahrzehnten fast durchweg Umwälzungen in allergrößtem Maße aufweisen, zeichnet sich das Gebiet der Bautechnik durch eine bemerkenswerte Stabilität aus. Selbst die furchtbare Not der Nachkriegsjahre hat trotz zahlloser „Sparbauweisen" keinerlei Umwälzung der Bautechnik in dem Umfange gebracht, wie auf dem Gebiete des Verkehrswesens die Luftschiffahrt..." Es ist Walter Gropius, der sich dieser Frage in Dessau annimmt und Baubetrieb, Baumaterialien, Baukonstruktion, Baukosten und Bauzeit in der Bauhaussiedlung Törten aufeinander abstimmt. Als großer Bewunderer von Henry Ford, der amerikanischen Fabriken und Fließbandproduktion, sind für ihn die Bauten des Architekten Albert Kahn (1869-1942), der für Henry Ford neue Bau- und Produktionsmethoden entwickelt und umsetzt, hervorragende Beispiele einer trockenen, anonymen Ingenieurbautechnik und Vorbilder eines anzustrebenden, neuen Bauens. Im Fall des Faguswerkes erhebt Walter Gropius in der Nachfolge seines Lehrers Peter Behrens (1868-1940) die Zweckform Fabrik zur Kunstform Industriearchitektur - Robert Venturi entsprechend könnten wir hier vom „dekoriertem Schuppen" sprechen. Im Sinne Leo Adlers befördert solch ein Bemühen mehr den Fortschritt von Technik und Wirtschaft als die Entwicklung der Baukunst. Auch Mies van der Rohe setzt ein Fragezeichen hinter dieses Streben: „Es kommt nicht so sehr auf eine Rationalisierung der bisherigen Werkmethoden an als auf eine grundlegende Umgestaltung des Bauwesens überhaupt... Die Industrialisierung des Bauwesens ist eine Materialfrage." 1950 sagt er in einem Vortrag: „Die Technik wurzelt in der Vergangenheit. Sie beherrscht die Gegenwart und reicht hinein in die Zukunft... Wo immer die Technik ihre wirkliche Erfüllung findet, dort erhebt sie sich in die Sphäre der Architektur. Es ist richtig, dass Architektur von Fakten abhängig ist, aber ihr eigentliches Wirkungsfeld liegt im Bereich des Ausdrucks. Ich hoffe, Sie werden verstehen, dass Architektur nichts zu tun hat mit der Erfindung von Formen. Sie ist kein Tummelplatz für Kinder, kleine oder große. Architektur ist der echte Kampfplatz des Geistes."

Walter Gropius wendet sich dem Bautrieb zu und von der Baugeschichte ab. Er beschäftigt sich mit Vorgängen von Techniken, mit Kräften, Stoffen und deren Zusammenwirken. Er übernimmt Methoden der Mechanik für sein Denken und Handeln. Werner

Junkers.Dessau
Mechanische Stadt?

Oechslin bemerkt: „Eine möglichst schnell zu erreichende Eindeutigkeit in der Zuordnung von Theorie und Praxis ist so verständlicherweise als Kennzeichen ‚moderner' Theoriebildung gesehen worden. Kein Wunder, dass andererseits Emil Utitz schon 1927 das Doktrinäre und Mechanistische nicht bei Semper, sondern bei Gropius ausmacht." Dies dogmatische, doktrinäre Verhalten, eine Art programmatische Linientreue, die auch die Moderne des 20. Jahrhunderts kennzeichnet und im mechanischen Kurzschluss von Denken und Handeln gründet, zeigt Gropius z. B. bei der Auftragsvergabe zur Werksiedlung in Bad Dürrenberg (1930) für die Chemieindustrie am Standort Leuna bei Halle an der Saale. Da Walter Gropius nicht bereit ist, geneigte Dächer zu bauen, übernimmt und verwirklicht Alexander Klein (1879-1961) das Siedlungsprojekt. In der Bauhausdebatte von 1953, die nach dem Krieg im Westen Deutschlands in der Zeitschrift Baukunst und Werkform durch eine Polemik Rudolf Schwarz (1897-1961) gegen Walter Gropius ausgelöst wird und sich zu einem heftigen, öffentlichen Streit ausweitet, wendet sich Rudolf Schwarz gegen das Bauhaus von Walter Gropius, nicht gegen Ludwig Mies van der Rohe und Ludwig Hilberseimer. Dem Walter Gropius wirft Rudolf Schwarz vor, nicht zu wissen, was „abendländisches Denken heißt", dem Ludwig Mies van der Rohe und seinem Weggefährten Ludwig Hilberseimer nicht. Das Denken des Architekten Walter Gropius ist sicherlich grundsätzlich ein anderes als das der Architekten Ludwig Mies van der Rohes und Ludwig Hilberseimers. Darüber wird bisher wenig vergleichendes geschrieben. Was sind die Unterschiede?

Das Selbstverständnis dieser beiden Architekten ist dem des Maschinenbauers Hugo Junkers, dem Erfinder und Unternehmer, um vieles näher als das des Walter Gropius, der dem überkommenen Bild des Architekten und Künstlers verhaftet bleibt. Gropius sieht seine Aufgabe darin, als Künstler Produkte zu formen: Er versucht die Industrie, die Maschinenbauer und Ingenieure, wie zum Beispiel Hugo Junkers in Dessau, als Formgestalter künstlerisch zu beraten und als Protagonist des industriellen Bauens neue Produktionsweisen im Hausbau einzusetzen. Er prägt einen technischen Stil, den Bauhausstil. „Das Bauhaus will der zeitgemäßen Entwicklung der Behausung dienen, vom einfachen Hausgerät bis zum fertigen Wohnhaus ... Das Bauhaus vertritt die Ansicht, dass der Gegensatz zwischen Industrie und Handwerk weniger durch den Unterschied des Werkzeuges gekennzeichnet wird als vielmehr durch die Arbeitsteilung dort und die Arbeitseinheit hier ... Spekulative Versuche in Laboratoriumswerkstätten werden für die produktive Durchführungsarbeit

Werner Oechlin: Gottfried Semper und die Moderne, NZZ Nr.118 v. 25./26. Mai 2002, S. 59

Myra Warhaftig: Sie legten den Grundstein, Tübingen/Berlin 1996, S. 191

Hg. Ulrich Conrads u. a.: Die Bauhaus-Debatte 1953, Dokumente einer verdrängten Kontroverse, Vorwort von Winfried Nerdinger: Das Bauhaus zwischen Mythisierung und Kritik, Braunschweig/Wiesbaden 1994

Siehe Winfried Nerdinger. Hier verweist Winfried Nerdinger lediglich auf die Bauhausdebatte. Werner Durth erörtert die Bauhaus-Debatte als „Wiederaufbau-Debatte" (Werner Durth: Deutsche Architekten, Braunschweig 1986, S. 367 ff.)

Ludwig Hilberseimer und Ludwig Mies van der Rohe, 1934

Walter Gropius: Grundsätze der Bauhausproduktion, 1926, in: Ulrich Conrads: Programme und Manifeste zur Architektur des 20. Jahrhunderts, Berlin/Frankfurt.M./Wien 1964

Junkers.Dessau
Mechanische Stadt?

ebenda S. 114: Ludwig Mies van der Rohe: Die neue Zeit, 1930

Marianne Blankenfeld: Messingwerk Eberswalde-Finow, in: Bauwelt, Heft 14/Berlin 1994, S. 776. Winfried Nerdinger: Der Architekt Walter Gropius, Berlin 1996/2, S. 170. Eines dieser Kupferhäuser steht in Berlin in der Schorlemer Allee, andere in Haifa/Israel

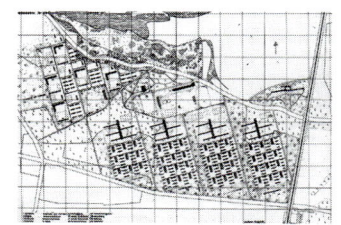

Ludwig Mies van der Rohe, Ludwig Hilberseimer, Junkerssiedlung Dessau, 1932 (nicht ausgeführt)

der Fabriken Modelle - Typen - schaffen." Da zeigt sich dieser Wunsch, Kunst mit Technik zu versöhnen. Ganz anders Ludwig Mies van der Rohe: „Die neue Zeit ist eine Tatsache; sie existiert ganz unabhängig davon, ob wir ‚ja' oder ‚nein' zu ihr sagen. Aber sie ist weder besser noch schlechter als irgendeine andere Zeit. Sie ist eine pure Gegebenheit und an sich wertindifferent. Deshalb werde ich mich nicht lange bei dem Versuch aufhalten, die neue Zeit deutlich zu machen, ihre Beziehungen aufzuzeigen und die tragende Struktur bloßzustellen. Auch die Frage der Mechanisierung, der Typisierung und Normung wollen wir nicht überschätzen . . . Entscheidend wird allein sein, wie wir uns in diesen Gegebenheiten zur Geltung bringen . . . Denn Sinn und Recht jeder Zeit, also auch der neuen, liegt einzig und allein darin, dass sie dem Geist die Voraussetzung, die Existenzmöglichkeit bietet."

Walter Gropius verlässt Dessau und das Bauhaus, um 1928 zusammen mit dem Bauunternehmer Adolf Sommerfeld und dann 1931/1932 zusammen mit der Metallfirma „Hirsch, Kupfer- und Messingwerke" von Aaron Siegmund und Dr. Emil Hirsch Häuser in der Fabrik zu fertigen. Warum versucht er nicht, zusammen mit dem Erfinder, Flugzeug- und Maschinenbauer Hugo Junkers Häuser herzustellen? Warum nutzt er nicht die einmalige Gelegenheit, mit dem damals weltweit führenden Technologieunternehmen Hugo Junkers, das in einer eigenen Bauabteilung forscht, zusammenzuarbeiten? Ludwig Hilberseimer und Mies van der Rohe ziehen andere Schlüsse und beschreiben andere Wege: Für sie sind Architektur, Stadt und Technik eins. Sie suchen nicht die neue Kunstform. Sie denken und arbeiten in und mit den Gegebenheiten ihrer Zeit - wie Hugo Junkers oder auch Ludwig Wittgenstein (1889-1951), der ursprünglich Maschinenbauingenieur ist und Düsentriebwerke entwickelt, dann als Lehrer und Philosoph wirkt. Will er Technik und Philosophie versöhnen? Er baut zusammen mit dem Architekten Paul Engelmann (1889-1951) in Wien ein Haus für seine Schwester: Will er Technik mit Architektur und Philosophie versöhnen? Was treibt ihn und uns dazu, Architekten zu werden, Gebäude und Städte zu bauen? Abgesehen davon, dass wir in Dessau und anderen Städten der ehemaligen DDR gezwungen sind, Gebäude abzureißen und Städte zu verkleinern.

Walter Gropius ist es nicht gelungen, Kunst und Technik miteinander versöhnen, weil diese beiden Tätigkeitsfelder menschlichen Strebens nicht im Streit liegen. Ihm ist es auch nicht wie dem Ingenieur und Unternehmer Hugo Junkers gelungen, ohne Produk-

Junkers.Dessau
Mechanische Stadt?

tionsmittel, das heißt ohne eigene Maschinen und Kapital, seine Ideen zu entfalten und eigene Erfindungen umzusetzen - trotz des Bauhauses oder gerade wegen des Bauhauses, das eine von der Stadt Dessau abhängige Schule und Werkstatt zugleich war, ein selbstständiges Industrieunternehmen aber nicht. „Das Bild vom Bauhaus wird ... vor allem durch die 1938 in New York gezeigte Bauhaus-Ausstellung, die Walter Gropius zusammen mit einigen ehemaligen Bauhaus-Meistern organisierte, (geformt) ... In späteren Jahren hat Mies ... dem Bauhaus nur noch Desinteresse entgegengebracht. Während Gropius sich immer mehr zu einem ‚Mister Bauhaus' entwickelte und seine eigene Historie lebte, war Mies als Architekt durchaus der Gegenwart verwachsen. Gropius begann 1932, die Geschichte der modernen Architektur und des Bauhauses in seinem Sinne zu schreiben ... In zahlreichen Reden und Veröffentlichungen konnte er später seine Zuhörer und Leser davon überzeugen, daß er die Idee für eine neue Art der Künstlerausbildung entwickelt hat ... Mies dagegen beantwortete nach Auflösung des Bauhauses die Anfrage von ehemaligen Studierenden nach Privatunterricht 1934/1935 zunächst einmal mit dem Satz, daß der von ihm zu erteilende Unterricht keine Fortsetzung des Bauhauses wäre ... Seine Abkehr vom Bauhaus steigert sich während der Vorbereitung zur Bauhaus-Ausstellung 1968 zu den Worten ‚Ich habe nichts mit dem Bauhaus zu tun', was für ihn eine konsequente wie ehrliche Aussage darstellt, nachdem die Gleichsetzung von ‚Bauhaus' und ‚Gropius' Allgemeingut geworden war."

Für Ludwig Mies van der Rohe und Ludwig Hilberseimer gibt es nichts zu versöhnen, für sie sind Kunst und Technik kein Widerspruch; denn jede Zeit hat sich aus und mit ihren Gegebenheiten gebaut, ob dies gelingt oder nicht: Kunst und Technik bedeuten das Gleiche. Die These des Bauhauses unter Mies van der Rohe steht gegen die These des Bauhausgründers Walter Gropius: „Kunst und Technik entsprechen sich" steht gegen „Kunst und Technik widersprechen sich". Walter Gropius verhält sich scheinbar radikal in seiner Zeit, wenn er fordert, die Geschichte, alle Bücher und jedwedes akademisches Bemühen um den Stil aufzugeben. Mies van der Rohe und Ludwig Hilberseimer dagegen stehen radikal in ihrer Zeit. Sie bedeutet und ist ihnen alles: Geschichte, Gegenwart und Zukunft - sie leben die Zeit und ihr Wollen richtet sich nicht auf ein WAS, sondern auf das WIE; denn im WIE bilden Kunst und Technik eine Einheit. Das WAS klären Zeit und Gesellschaft. Es stellt eine letztlich nicht zu beeinflussende Größe dar. Ist es kritiklos, sich ins Gegebene zu fügen?

Christian Wolfsdorff: Ende gut - Alles gut? Mies van der Rohe und das Bauhaus, in: Mehr als der blosse Zweck, Ausstellungskatalog Bauhaus-Archiv Berlin, Berlin 2001

Junkers.Dessau

Mechanische Stadt?

Für Gropius ist der Gestalter jemand, der die Welt verbessern, bestimmen, Kräfte und Entwicklungen beeinflussen will - ein Macher. Er steht auch im Widerspruch - in Opposition - zu seiner Zeit, Mies van der Rohe nicht. Er gestaltet mit den Gegebenheiten und Kräften seiner Zeit. War Gropius ein Moralist und Mies van der Rohe ein Opportunist? Möge das jeder für sich selber entscheiden oder lassen wir diese Frage hier einfach offen und kehren zum Plan von Hilberseimer zurück: Er ist nicht umzusetzen und zeigt aus diesem Grunde sehr viel deutlicher ein neues Siedlungsmodell von Stadt, das einer Maschine gleicht. Es zeigt den Entwurf einer bisher nicht gekannten, technischen Größe von Stadt als Ausdruck der ihr innewohnenden, mechanischen Eigenschaften.

Das Mechanische ist die heimliche, unverzichtbare Grundlage unseres Lebens - das Paradigma unserer urbanen, menschlichen Existenz. Wir könnten auch sagen: seine unbewusste Substanz. Ganz gleich wie ein Gebäude ausschaut, letztlich besteht es aufgrund seiner Technik. Deswegen ist es einigen Architekten gleichgültig wie ihre Gebäude ausschauen: sie schauen sowieso aus wie sie ausschauen - sie sind das Spiegelbild ihres mechanisch reproduzierten Erscheinens. Schmuck ist überflüssiger Zierrat, Fetisch. Architekten sind überflüssig, Ingenieure notwendig. Architekten proportionierten, Ingenieure dimensionieren. Das klingt wie Verrat, ist es aber nicht: Maschinen bestimmen unser Denken und Handeln. Maschinen haben die Stadt erobert und halten sie besetzt. Wir leben im Bannkreis der Maschine. Die Maschine ist Tabu und ein Fetisch, den wir verehren. Die mechanische Stadt trägt dann kein lebendiges Bild, keine geistige Idee, keine menschliche Geschichte mehr in sich, wenn Mensch und Maschine sich spiegeln, der Mensch dinghaft veräußert wird. Dann entsteht die Unstadt - nicht Zwischenstadt - als Negation von Stadt nicht im Sinne eines Gegenbildes, sondern ihrer vergegenwärtigten Abwesenheit. Stadt kann uns dann nicht mehr gelingen. Es ist diese ständig sich ersetzende, anwesende Abwesenheit von Stadt, die ihre mechanischen Eigenschaft und verneinenden Charakter ausmacht. Mit ihr wird wie mit einem Apparat oder einer Maschine umgegangen, sie wird an- oder abgestellt, ganz nach Belieben und Willkür. Viele wollen in ihr nur noch den gegenwärtigen Zustand ihrer materiellen Existenz wahrnehmen: das was sie gerade ist, hat sie auch gefälligst zu sein. Das ist eine Frage von Propaganda - nicht von Stadt. Ähnlich wie die Naturwissenschaften aus den apokalyptischen Ängsten, so entsteht der Städtebau aus den katastrophalen Zuständen menschlicher Ansiedlungen und ist eine junge Disziplin. Früher war die Stadt

Junkers.Dessau
Mechanische Stadt?

Thema einer Architektur, heute ist sie Thema der Urbanisten. Die Maschinen verändern unser Leben und bieten wie die Stadt Möglichkeiten an, menschliche Energie durch Werkzeug zu vervielfachen, in gerichtete Kraft umzusetzen. Schon Aristoteles (384-322 v. Chr.) und Leonardo da Vinci (1452-1519) ersannen Maschinenkonstruktionen. Aber nicht die Maschine ist die Frage, wir sind die Frage. Die Frage ist, wie wir heute mit der Technik umgehen, wie wir sie anwenden und einsetzen. Friederich Dessauer (1881-1963) schreibt hierzu 1926: „Die zeitgenössische Welt kennt von der Technik nur das Äußerliche, das mit der Wirtschaft Verflochtene und den Nutzungswert ihrer Formen. Daraus begreift sich das ungeheure Missverstehen, das Vorenthalten der Würde gegenüber dem technischen Berufe in der öffentlichen Meinung. Aber das Beschränken auf das Äußerliche in der Anschauung der Technik beraubt auch die Menschheit des großen Kulturwertes, der nicht in den äußeren Gestalten, sondern im Wesen der Technik beschlossen ist." Rudolf Schwarz schreibt 1929 voll dunkler Vorahnung: „Darum verlangt eine Zeit, deren Form Serie sein soll, ein Geschlecht kühner Gründer, verwegener Machthaber. Im äußersten Falle verlangen die Massen den Diktator als einzige Hilfe, ohne diese müssen sie verkommen. In ihm aber, dem Diktator, durchbricht sich das Prinzip selbst. Es enthüllt sich als doppelseitiges Gesetz. Der gleiche Begriff, der nach innen Serie heißt, bedeutet nach außen historische Tat. In jenem äußersten Fall und gerichtet auf Menschen teilt er diese in zwei unvergleichbare Klassen, Herren und Untertanen, und verleiht der einen übermenschliche Größe auf Kosten der anderen. Der Begriff hat eine Tendenz zur Despotie in sich." Mit Recht fragen Dessauer und Schwarz nach dem Wesen der Technik. Schwarz überlegt, sich aus dem Geschehen zurückziehen, zu transzendieren, „lieber ein System zu zerschlagen, als eine Despotie zu dulden". Von 1933-1945 wütet dann der despotische Mechanismus in Wirtschaft und Gesellschaft. H. G. Adler (1910-1988) verweist auf den mechanischen Materialismus, der das Leben im letzten Jahrhundert in Deutschland in die Zwangsarbeit, in das Zwangskollektive und Konzentrationslager führte und aus Menschen Häftlinge, Sachgüter mit Nummern machte: „Das Zeitalter des mechanischen Materialismus und der ihm analogen Ideologien verbietet kollektive Leistungen von Wert. Zwar redete man nie vorher so viel von Gemeinschaft, aber der Pseudokollektivismus meinte in Wahrheit nur Masse und Komplexe." Hier ist alles gesagt: Wo liegen die Bedeutung der Industriegeschichte und der sogenannten Industriekultur? Zygmunt Bauman (1925) bezeichnet die zwischenmenschliche

Friederich Dessauer: Streit um die Technik, Frankfurt/M.,1926

Siehe Rudolf Schwarz

Gauforum Dessau an der Elbe, 1941

Ludwig Büchner (1804-1899), Bruder von Georg Büchner, gilt mit seinem Buch „Kraft und Stoff" (1855) als der Begründer des mechanischen Materialismus, der das 19. und 20. Jahrhundert maßgeblich prägte
H. G. Adler: Theresienstadt 1941-1945, Tübingen 1960, S. 656

Junkers.Dessau
Mechanische Stadt?

Zygmunt Bauman: Dialektik der Ordnung:
Die Moderne und der Holocaust, Hamburg 1992

H. G. Adler: Panorama, Olten 1968, Kapitel:
Lager Langenstein, S. 518

Stollen der unterirdischen Fabrik „Malachit" bei
Halberstadt, April 1945
(Imperial War Museum London)

Imre Kertész: Eine Gedankenlänge Stille,
während das Erschießungskommando neu lädt,
Hamburg 1999

Imre Kertész: Galeerentagebuch, Berlin 1993,
S. 64

Distanz in den heutigen Industriegesellschaften, die mit dem Fortschritt von Wissenschaft, Technik und Bürokratie stetig zunimmt, als die Gefahr, moralische Verantwortung und Kontrolle zu verlieren.

„Einmal möchte Josef im Wald liegen, er möchte die leuchtenden Waldbeeren pflücken und duftende Pilze entdecken, hier sind die Vorberge vom Harz, wie nah dürfte es nach Goslar sein, nach Werningerode, nach all den zauberhaften Orten, aber fern sind sie; Josef wird es auch vor der Einsamkeit grauen, die er jetzt so herbeisehnt, er wird erschöpft sein und nach Erholung lechzen; es ist alles nur nichtsnutzige Träumerei, über den heutigen Tag soll keiner hinausdenken, das Panorama ist eng und abgeschlossen, das Panorama unter der Erde mit dem Blick in schon fertige ausbetonierte Hallen hinein, wo schmerzende Neonlichter glühen, da ist alles erst so recht in Vorbereitung, die Herrschaften bilden sich ein, sie können hier Flugzeugbestandteile herstellen, eine Firma mit dem Märchennamen ‚Malachitwerk A.G. Halberstadt' ist hier einquartiert, der Betrieb soll zu den Junkerswerken gehören, aber mehr wurde bisher nicht geschafft, als unter Quälerei von Verlorenen mühsam die ersten Maschinen aufzustellen und die Speicher mit einigem Zeug aus Duralumin zu füllen." Sind diese Arbeitslager nicht auch Modell und Synonym von moderner (deutscher) Stadt im 20. Jahrhundert? Imre Kertész spricht in diesem Zusammenhang von der für das letzte Jahrhundert charakteristischen und neuen Erfahrung des „Nicht-Aufgearbeiteten, oft Nicht-Aufarbeitbaren." Was uns bleibt, ist Landschaft - auch die des Geistes trotz und gegen alle mechanistischen Weltprogramme: „Wenn ich resigniere, verkümmere ich. Wenn ich verkümmere, vergeistige ich. Wenn ich Geist werde, werde ich Kunst, ein hagerer, unausgeschöpft erschöpfter, asketischer Mensch der Tat. - Doch lieber würde ich Geist, Kunst, ein Mensch der Tat und eine vollkommene Existenz werden auf dem Weg der Leidenschaft." Interessanterweise wird die Musik des Johann Sebastian Bach (1685-1750) oder Friederich Händels (1685-1759) heute nach Partituren aufgeführt. Aber niemandem würde es einfallen, geschweige denn es gutheißen, nach Zeichnungen eines Walter Gropius oder Hugo Junkers zu bauen. Warum ist das so? Warum hat sich die Architektur der Meisterhäuser zum Baudenkmal überlebt und warum werden die Möbel eines Marcel Breuer (1902-1981) oder Mies van der Rohe heute noch gebaut und verwendet? Was bedeutet uns Architekten die Technik heute? Ist sie für uns mehr als ein Stil? Im gegenwärtigen Schaffen des Bauingenieurs und Architekten Santiago Calatrava (1951) zeigt sich, was Architektur und Bauen angeht, eine mögliche

Junkers.Dessau
Mechanische Stadt?

Antwort. Wie ist es auf den anderen Gebieten der Technik bestellt? Welche Rolle spielt die Technik heute in unserem Leben? Wenn eine ihrer Gefahren die zunehmende zwischenmenschliche Distanz ist, dann geht es sicherlich auch darum, die Vormacht der mechanischen Eigenschaft von Stadt zu mäßigen und dem öffentlichen Leben in den Städten wieder Raum zu geben. So bleibt abschließend festzustellen, dass das öffentliche Leben der Bewohner im Plan von Tony Garnier einen großen und im Plan von Ludwig Hilberseimer einen geringen Wert darstellt.

OP/0 Opera Progetto: Santiago Calatrava, Quadracci Pavillon Milwaukee Art Museum, Bologna 2001

Außenstelle Langenstein-Zwieberge des Konzentrationslagers Buchenwald bei Halberstadt, Luftaufnahme vom 10. April 1945
(Imperial War Museum London)

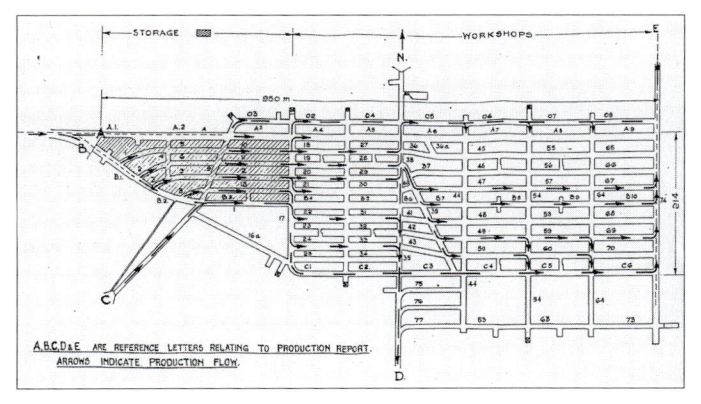

Lageplan der Stollenanlage und unterirdischen Fabrik „Malachit"
(Imperial War Museum London)

167

Junkers.Dessau
Eine Chronologie

Eine Chronologie

1888 Am 28. Oktober nimmt Hugo Junkers auf Empfehlung von Professor Adolf Slaby (TH Charlottenburg) bei Wilhelm Oechelhaeuser sen. (1820-1902), Direktor der Deutschen Continental-Gas-Gesellschaft Dessau, seine Tätigkeit als „Civilingenieur" auf.

1889 Gemeinsam mit Wilhelm von Oechelhaeuser jun. (1850-1923) gründet Junkers eine Versuchsstation für Gasmotore. Am 22. Oktober Eintragung als „Regierungsbauführer Hugo Junkers" in die Bürgerrolle von Dessau, der Residenz- und Landeshauptstadt Anhalts. Seine erste Anschrift in Dessau lautet nach dem Adressbuch von 1889/90: Kaiserplatz 16, I. Etage.

1892 Wilhelm von Oechelhaeuser und Hugo Junkers entwickeln den ersten Doppelkolben-Gasmotor mit 100 PS, dessen Leistung innerhalb eines Jahres verdoppelt werden kann. Das Kaiserliche Patentamt in Berlin registriert am 8. Juli unter der Klasse 46 die Patentschriftnummer 66 961 eine „Hochdruck-Gasmaschine mit zwei in demselben Arbeitsraum in entgegengesetzter Richtung sich bewegende Kolben". Mit diesem sogenannten Gegenkolbenmotor entwickelten Junkers und Oechelhaeuser eine neue Motorengeneration.
Am 29. Juni wird Hugo Junkers' erstes alleiniges Patent unter der Klasse 42 mit der Nr. 71 731 mit der Bezeichnung „Kalorimeter" in das Patentregister eingetragen. Es handelte sich dabei um ein Messgerät zur Bestimmung des Heizwertes von Brenngasen. Auf der Weltausstellung 1893 in Chicago wird das Kalorimeter mit einer Goldmedaille ausgezeichnet.
Am 21. Oktober 1892 kommt es zur Gründung der ersten eigenen Firma „Hugo Junkers - Civilingenieur Dessau" mit Sitz in Mieträumen der „Centralwerkstatt Dessau" im Gasviertel.

Patenturkunde für das Kalorimeter vom 29. Juni 1892

1893 Von April bis Juli reist Hugo Junkers erstmals in die USA und unternimmt eine Studienreise zur Erforschung der Marktlage und des Absatzes technischer Erzeugnisse.

Junkers.Dessau
Eine Chronologie

1894 Hugo Junkers entwickelt den ersten stehenden Gasbadeofen auf der Grundlage seines Kalorimeters und meldet ihn unter der Bezeichnung „Flüssigkeitserhitzer", DRP-Nr. 84 781, als Patent an. Auf der „Thüringer Gewerbe- und Industrieausstellung zu Erfurt" erhält Junkers eine Silbermedaille für sein weiterentwickeltes Handkalorimeter.

1895 Am 2. Juli Eintragung der Warmwasser-Apparatefabrik „Junkers & Co." Dessau, kurz „Ico" genannt, heute „Gasgeräte GmbH", in das Handelsregister der Stadt Dessau. Es bildet die Ausgangsbasis der weiteren Junkers-Unternehmen, in denen ausschließlich eigene Forschungsergebnisse vermarktet werden. Die Fabrikation umfasst in der Gründungszeit:
- Herstellung von Kalorimetern verschiedener technischer Spezifikationen;
- Bau von Warmwasser-Durchlauferhitzern, sogenannter Junkers-Gasbadeöfen;
- Fertigung von Gasdruckreglern als messregulierende und sicherheitstechnische Vorrichtungen.

Mit Wirkung vom 19. Juli übernimmt die französische Firma Ducre'te't in Paris die Lizenzproduktion für das Kalorimeter.
Im Dezember Gründung der Vertriebsfirma „Junkers & Lessing" in Berlin. Junkers erkennt, das auf regionaler Ebene der individuelle Kundenservice erhöht werden muss.

1896 Errichtung des ersten Junkers-Fabrik-Gebäudes in der Dessauer Albrechtstrasse an der Strecke der Dessau-Wörlitzer-Eisenbahn. Mit diesem zweigeschossigen Klinkerbau, in gelb/roter Farbkombination gehalten, setzt Junkers in Anlehnung an die Webereibauten der väterlichen Fabrik in Rheydt im mitteldeutschen Raum neue Akzente im industriemäßigen Zweckbau.

1897 Berufung Hugo Junkers' mit Wirkung vom 13. September als ordentlicher Professor für Thermodynamik an die Technische Hochschule Aachen mit gleichzeitiger Übernahme der Leitung des neu eingerichteten Maschinenlaboratoriums. Im gleichen Jahr gründet er in Aachen eine „Versuchsanstalt Professor Junkers" in Form eines Forschungs- und Konstruktionsbüros, um dort neben der Hochschultätigkeit praktische Entwicklungsarbeit durchzuführen. In Dessau entwickelt Junkers den statisch feststehenden Gasbadeofen

Junkers.Dessau
Eine Chronologie

zu einem Modell leichter Bauart, einer an der Wand befestigten Hängekonstruktion, der Junkers-Gastherme.
Bereits 1900 beträgt das Sortiment der Warmwasser-Durchlauferhitzer 10 verschiedene Modelle für Haushalt und Gewerbe, das bis 1908 auf 44 Typen erweitert wird.
Diese Junkers-Geräte erhalten in der Folgezeit im In- und Ausland auf Ausstellungen und Messen hohe Auszeichnungen bzw. Medaillen. Dazu gehören u. a.:
- 1897 Anhaltische Staatsmedaille für vorzügliche Leistungen;
- 1898 Bayrische Staatsmedaille für Wissenschaft und Technik;
- 1899 Staatspreis des Königlich Preußischen Kultusministeriums;
- 1900 Silbermedaille auf der Weltausstellung in Paris und Staatsmedaille des Landes Württemberg in Stuttgart;
- 1902 Silbermedaille des Landes Westfalen auf der Industrie- und Gewerbeausstellung in Düsseldorf;
- 1904 Goldmedaillen auf der Weltausstellung in St. Louis und auf der 8. Fachausstellung im Verband Deutscher Klempner-Innungen in Berlin;
- 1910 Bronzemedaille auf der Weltausstellung in Brüssel und Auszeichnung mit dem Staatspreis des Landes Württemberg;
- 1911 Ehrenmedaille auf der Hygiene-Ausstellung in Dresden.

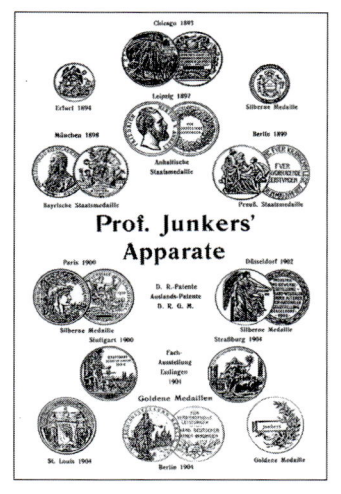

Reklameblatt mit Auszeichnungen für Junkers-Apparate, 1904

1898 Hugo Junkers heiratet am 31. März Therese Bennhold (1876-1950), Tochter des Dessauer Gymnasialprofessors Carl Bennhold (1837-1917).
Am 1. Juli kommt es in München zur Gründung der Vertriebsfirma „Junkers & Schnabel".
Errichtung der Zweigfirma „Junkers & Co." in Köln im September, die unter der Leitung des Bruders Otto Junkers steht.

1899 „Junkers & Schnabel" eröffnen am 1. März in Köln eine Zweigfirma, die der Bruder Ernst Junkers leitet.
Mit seinem Schwager Walter Bennhold richtet Junkers in Aachen ein „Konstruktionsbüro für Warmwassergeräte" ein, in dem Gasbadeöfen mit Lamellenheizung (dadurch verbesserte Wärmeübertragung) entwickelt werden.

Therese und Hugo Junkers, 1898

Junkers.Dessau
Eine Chronologie

1901 Anmeldung wichtiger Junkers-Patente auf dem Gebiet der Wärmeübertragung gasförmiger Medien auf Flüssigkeiten mittels dünnwandiger Metallflächen:
- 6. September, das sogenannte Lamellenpatent, DRP-Nr. 158 960;
- 9. September, Wärmeaustauscher-Vorrichtung, DRP-Nr. 157 008;
- 22. Oktober, das erweiterte Lamellenpatent, DRP-Nr. 167 608;
- 22. Dezember, der Flüssigkeitserhitzer, DRP-Nr. 141 755.

1902 Gründung der „Versuchsanstalt für Ölmotoren" in Aachen. Diese Versuchsanstalt und das bereits erwähnte Konstruktionsbüro sind der Grundstein der späteren „Forschungs-Anstalt Professor Junkers".

1903 Veröffentlichung einer Junkers-Denkschrift zur Erhöhung wissenschaftlich-technischer Leistungen durch Verbesserung der physikalischen Laboratorien an den Technischen Hochschulen.

1904 Gründung einer Abteilung Kalorifer innerhalb der Firma „Junkers & Co.", des späteren Junkers-Kaloriferwerkes in der Altener Strasse (ab 1952 VEB Junkalor Dessau, heute Junkalor GmbH). In diesem Bereich werden ausschließlich Warmluft-Erhitzer entwickelt und gebaut.
Auf der 8. Fachausstellung im Verband der Deutschen Klempner-Innungen in Berlin verdeutlicht Hugo Junkers erstmals sein Konzept einer modernen Haushaltsführung. Die Nachfrage an Junkersgeräten steigt sehr schnell an, so dass bei Junkers & Co. die Schichtarbeitszeit eingeführt werden muss.
Am 8. November wird der Verbundgasmotor Junkers M 11 in Probelauf genommen, der wahlweise mit Gas oder Schweröl (Diesel) betrieben werden kann.

1905 Am 5. August erhält Hugo Junkers den Rote-Adler-Orden 4. Klasse durch das kaiserlich-preußische Staatsministerium für seine praxisorientierte Hochschultätigkeit. Gleichzeitig wurden damit seine Forschungsarbeiten auf dem Gebiet der Gaskraftmaschinen gewürdigt.

Junkers.Dessau
Eine Chronologie

Am 21. Dezember Patenterteilung für einen Gas-Heizofen, DRP-Nr. 186 014, der in Verbindung mit dem 1907 ebenfalls von Junkers patentierten Stromautomaten zur zentralen Warmwasserversorgung mehrerer Zapfstellen die Basis der heutigen modernen Gas-Warmwasser-Heiztechnik bildet.

1906 Übersiedlung der Heizofenfabrik Max Junkers (1856-1906), des Bruders von Hugo Junkers, von Rheydt nach Dessau als eine Abteilung von Junkers & Co. Von der Stadt Dessau erwirbt Professor Junkers ein 2,6 Hektar großes Gelände „im Hasenwinkel an der Cöthenschen Straße Nr. 303", der heutigen Junkersstraße, und baut dort eine moderne Ico-Fabrik auf.

1907 Errichtung der „Forschungs-Anstalt Professor Junkers" in Aachen. Auf den neu entwickelten „Gegenkolben-Dieselmotor", DRP-Nr. 220 124, erhält Hugo Junkers seine 27. Patentanmeldung. Es ist ein nach dem Dieselverfahren betriebener Motor mit zwei in einem Zylinder gegenläufigen Arbeitskolben. Junkers gewinnt auch erfolgreich eine Reihe von Patentstreitigkeiten, unter anderem mit der Firma MAN.
Ab 1. Oktober wird Dr. Ing.Otto Mader (1880-1944) leitender Mitarbeiter bei Junkers.

1908 In Aachen entsteht das „Kaloriferwerk Hugo Junkers" für Warmluft-Heizgeräte. Diese Firma ist ab 1917 in Dessau, Altener Straße 43, angesiedelt.
Angeregt durch Flugversuche mit einem französischen Voisin-Doppeldecker durch seinen Aachener Hochschul-Kollegen, Professor Hans Jakob Reissner, der für seine weiteren Versuche auch die Junkers Werkstätten in Aachen und Dessau in Anspruch nimmt, beginnt Junkers sich mit der Problematik der Aerodynamik zu beschäftigen. In der Firma Junkers & Co. in Dessau entstehen die wesentlichsten Bauteile für das erste Reissner-Flugzeug, einem Eindecker aus Metallholmen mit dünnwandigen verspannten Wellblech-Tragflächen. Die ersten Metall-Luftschrauben (Propeller) für Flugzeuge entstehen in der Junkers Versuchsanstalt.

Junkers.Dessau

Eine Chronologie

1909 Hugo Junkers führt am 2. März seinen Stationär-Motor vom Typ M 12 dem deutschen Kronprinzen Wilhelm vor. In Auswertung der Reissner-Flugversuche entwickelt Junkers ein aerodynamisches Konzept, das die bisher praktizierte Flugzeug-Bauweise in ihrer Konstruktion völlig revolutionieren sollte. Es entsteht die Idee der körperlich selbsttragenden Flugprofile. Am 2. Dezember liegen die ersten handschriftlichen Entwürfe für ein neues Patent vor.

1910 Auf Initiative von Professor Hugo Junkers wird an der TH Aachen ein Windkanal gebaut. Nach einer Reihe von praktischen und methodischen Forschungen auf aerodynamischem Gebiet erkennt Junkers die Hauptgrundsätze für die Gestaltung strömungsgerechter und dicker Tragflächenprofile in steifer Ausführung, deren Hohlräume zur Aufnahme von Personen, Lasten, Flugzeugmotoren und Treibstoff genutzt werden konnten. Es erfolgte die Erteilung des ersten Junkers-Flugzeugpatentes, DRP-Nr. 253 788, am 1. Februar unter der Bezeichnung „Gleitflieger mit zur Aufnahme von nicht Auftrieb erzeugenden Teilen dienenden Hohlkörpern", in der Literatur oft irrtümlich als „Nurflügel-Flugzeug-Patent" bezeichnet.
In Petersburg in Russland wird am 19. Mai erstmals ein Großgasmotor vom Typ Junkers M 12 in Betrieb genommen.
Auf Anregung von Hugo Junkers konstruiert Otto Mader den Junkers M 13, einen leichten Tandem-Gegenkolbenmotor.
Der Junkersmotor M 15 wird entwickelt. Etwa zeitgleich baut Junkers in Aachen eine Wasserwirbelbremse.

1911 Junkers und Reissner stellen auf der „Internationalen Luftschifffahrt-Ausstellung" (ILA) in Frankfurt am Main ihre neuentwickelten Luftschrauben aus und erhalten dafür Ehrenpreise. Den „Kaiserpreis" erhielt eine Junkers-Metall-Schraube.
Am 7. Juli wird der Junkers M 15, eine Zweizylinder-Schweröl-Maschine, mit einer projektierten Leistung von 1000 PS in Betrieb genommen. Speziell für den Antrieb von Schienenfahrzeugen wird der Junkersmotor M 17 entwickelt.

1912 In Berlin wird am 3. April die „Allgemeine Luftfahrt-Ausstellung" (ALA) eröffnet. Dem Festkomitee dieser Ausstellung gehören auch Professor Junkers und Professor Reissner an, auf deren Initiative hin die „Wissenschaftliche Gesellschaft für Flugtechnik" gegründet wird.

Junkers.Dessau
Eine Chronologie

Der 100 000. Warmwasser-Durchlauferhitzer wird im Werk Junkers & Co. gefertigt.
Versuchsreihen im Windkanal zur Ermittlung der aerodynamischen Grundformen und Abmessungen für brauchbare Flügelprofile und anderer äußerer Flugzeugteile werden durchgeführt.
Es beginnen die Entwicklungsarbeiten für den Junkers-Schweröl-motor M 18. Der Junkers-Schweröl-Schiffsmotor M 22 mit einer Leistung von 200 PS wird gefertigt.
Im September fliegt in Berlin-Johannisthal die umgebaute Reissner-Ente. Der Pilot Robert Gsell legt am 8. Oktober mit der Reissner-Ente seine Fliegerprüfung ab.
Mit Wirkung vom 1. Dezember schied Professor Hugo Junkers aus seinem Amt an der Technischen Hochschule Aachen aus. In Dessau beginnen die ersten konstruktiven Vorarbeiten für den Bau eines Junkers-Schweröl-Flugmotors.

1913 Am 13. Juli nimmt in Magdeburg-Süd die Firma „Junkers Motorenbau GmbH" ihre Produktion auf. Hugo Junkers erhält den Auftrag, einen Versuchsmotor für Schienenfahrzeuge zu entwickeln. So entsteht der Junkers M 23, ein umsteuerbarer und schnelllaufender Einzylinder-Schweröl-Motor. Nach diesem Wirkungsprinzip werden auch die Junkersmotore M 24 und M 25 entwickelt. Erste Lizenzvergaben eines Junkers-Schweröl-Schiffsmotors an die Firma Doxford & Söhne in England, an das amerikanische Unternehmen W. Doseford & Co. und die Maschinenfabrik Nobel in Russland.
Unter Anleitung von Junkers und Mader werden in Dessau Versuche über die Einsetzbarkeit dünnwandiger Eisenbleche im Flugzeugbau durchgeführt.

1914 Hugo Junkers gründet in New York sein erstes ausländisches Unternehmen, die „American Junkers Company".
Am 1. Mai wird auf der Frankenburg in Aachen der erste Großwindkanal der „Versuchsanstalt Professor Junkers" unter der Leitung von Dr. Ing. Philipp von Doepp in Betrieb genommen.
Ende 1914 beschäftigt Hugo Junkers rund 500 Arbeiter und Angestellte in seinen Unternehmungen, gegen Ende 1918 sind es cirka 2000 Personen.

Junkers.Dessau

Eine Chronologie

Junkers-Hauptbüro in Dessau, 1920

1915 Professor Junkers verlagert seine Forschungs-Büros von Aachen nach Dessau. So entsteht am 12. Februar das Hauptbüro der Junkerswerke am Kaiserplatz 21 und am 1. Juli auf dem Junkers & Co.-Gelände in der Köthener Kreisstraße die „Forschungs-Anstalt Professor Junkers", das Herzstück seiner praxisorientierten Forschungstätigkeit und Keimzelle von Patententwicklungen.
Am 30. März ist der Junkers-Versuchs-Flugmotor Mo 3 fertiggestellt und es beginnt der Probelauf. Gleichzeitig wird in Dessau nach den Aachener Erfahrungen ein verbesserter Windkanal projektiert. In Auswertung seiner strömungstechnischen Versuche sowie der erbrachten Ergebnisse über die Verwendbarkeit von Eisenblechen im Flugzeugbau entsteht in der Firma Junkers & Co. das erste freitragende Ganzmetall-Flugzeug der Welt. Das Junkers-Tragflügel-Patent, DRP-Nr. 310 040, wird am 7. August beim kaiserlich-preußischen Patentamt in Berlin angemeldet.
Mit der Herstellung der Junkers J 1 leitete Junkers eine Revolution im Flugzeugbau ein, erfolgte doch der Bau der Flugzeuge bis dahin mit Materialien aus Holz und Stoff. Durch den Einsatz von Metall konnten die Eigenschaften hinsichtlich der Festigkeit, Formbeständigkeit sowie der Aerodynamik wesentlich verbessert werden. Der Erstflug der Junkers J 1 fand am 12. Dezember in Döberitz bei Berlin durch den Flugzeugführer Leutnant von Mallinchrodt statt.
Im November pachtet Junkers bei Dessau-Mosigkau ein größeres Wiesengrundstück und lässt seinen ersten Werk-Flugplatz anlegen. In Dessau entsteht das Projekt eines Junkers-Riesenflugzeuges. Professor Hugo Junkers und Ferdinand Graf von Zeppelin begegnen sich erstmals persönlich am 18. Dezember in Berlin.

1916 Am 26. Februar Baubeginn des ersten Junkers-Windkanals in Dessau, der sich in einem geschlossenen Raum als Rundlauf befand (Entwurf: Philipp von Doepp).
Erstflug der Junkers J 2 am 11. Juli durch den Piloten Friedrich Mallinchrodt in Döberitz. Auch der holländische Flugzeug-Konstrukteur Anthony Fokker fliegt mit dieser Maschine.
Am 12. August erfolgreicher Kaltstart eines Junkersmotors M 15 mit sogenanntem Teeröl.
Junkers besucht im Oktober den Flugzeug-Konstrukteur Claude Dornier am Bodensee.
Erste Besprechung zwischen Junkers und Fokker in Berlin am 22. Dezember zwecks Gründung eines gemeinsamen Flugzeugwerkes auf Wunsch der Reichsbehörden.

Junkers.Dessau
Eine Chronologie

Mit dem Junkers-Patent „Tragflügel mit Wellblechdecke",
DRP-Nr. 337 522, entsteht das typische Wellblechprinzip der Junkers-Flugzeugbauweise.
Fertigstellung und Probelauf des Junkers-Flugmotors Fo 1. Ein verbesserter Typ, der Fo 2, ist bereits im Bau und bringt während eines Probelaufes am 24. Januar 1917 eine Leistung von 478 PS.

1917 Anfang Januar, Entwurf des Jagdeinsitzers Junkers J 5, wahlweise mit Umlauf- oder Reihenmotor ausgestattet.
Erstflug der Junkers J 4, einem gepanzerten Anderthalbdecker-Flugzeug, am 29. Januar.
Unter behördlichem Zwang gründet Junkers mit dem Holzflugzeugbauer Fokker, der ab 1919 wieder ausscheidet, die „Junkers & Fokker AG" (IFA Dessau), ab 1919 „Junkers-Flugzeugwerk AG Dessau" und beginnt mit der Serienfertigung von Militärflugzeugen.
Erstmals wird der Werkstoff Duraluminium systematisch bei der Entwicklung der Junkers J 6 und J 7 im Flugzeugbau genutzt. Dabei arbeitet Junkers in seiner Forschung konsequent die Vorteile der Leichtmetallbauweise heraus und entwickelt zielstrebig die Tragkonstruktion der freitragenden Tiefdeckerbauweise weiter.
Zwischen dem 17. und 20. September fliegt der Flugzeugführer Arved von Schmidt das Jagdflugzeug Junkers J 7 ein und lobt dessen hervorragende Flugeigenschaften.
Während einer Flugvorführung in Johannisthal bei Berlin, am 4. Dezember, vollzieht Fokker mit einer Junkers J 7 eine absichtliche Bruchlandung, um seine eigene Maschine zu favorisieren.
Im Junkers-Konstruktionsbüro beginnen die Entwurfsarbeiten für das Großflugzeug R 1.
Hugo Junkers trifft am 14. Dezember erneut mit Claude Dornier zusammen. Es geht um die Projektierung und den Bau von Schwimm-Flugzeugen für die Marine.

1918 Verleihung des Eisernen Kreuzes II. Klasse am schwarz-weißen Band an Prof. Junkers am 18. Februar.
Anmeldung des Junkers-Patents „Eindecker-Flugzeug mit selbsttragenden Flügeln" mit der DRP-Nr. 313 692. Dieses Patent bildet die Grundlage für die Aufnahme von größeren Lasten, z. B. Flugmotoren, an den Tragflächen.

Junkers.Dessau

Eine Chronologie

Erstflug des Jagdeinsitzers Junkers J 9 im April. Bereits am 4. Mai erfolgt der erste Start des Junkers-Zweisitzers vom Typ J 10.
Die Firma Junkers & Co. fertigt am 4. Oktober ihre 3000. Feldküche für das deutsche Heer.
Hugo Junkers reicht dem Reichsmarineamt das Projekt über ein viermotoriges Ganzmetall-Riesen-Flugboot ein. Am 23. Oktober erster Probeflug des Wasserflugzeuges Junkers J 11 für die kaiserliche Marine.
Im Dezember startet der Junkers Zweisitzer J 8 zu seinem Jungfernflug.
Mit Schreiben vom 3. Dezember tritt Anthony Fokker per Jahresende aus der Firma Junkers & Fokker AG aus.

1919 Hugo Junkers erhält am 17. Januar den Ehrentitel eines Dr. Ing. h. c. der Technischen Hochschule München.
Das Reichsluftfahrtamt in Berlin erteilt am 3. Mai den Junkers-Werken die offizielle Genehmigung für die Aufnahme des Luftverkehrs mit Flugpostbetrieb auf der Strecke Berlin–Dessau–Weimar zum Tagungsort der Nationalversammlung. Der Flugverkehr wird mit einer modifizierten Junkers J 10 durchgeführt.
Ab 2. Juni läuft die Ifa unter dem Namen: „Junkers-Flugzeugwerk AG" Dessau.
Der Konstrukteur Otto Reuter (1886-1922) entwickelt auf Anregung von Junkers ein Verkehrsflugzeug, das bereits nach sechs Monaten, am 25. Juni 1919, zum Jungfernflug auf dem Junkers-Werkflugplatz bei Mosigkau startet. Es ist das erste Ganzmetall-Kabinen-Verkehrsflugzeug der Welt. Mit dieser einmotorigen Maschine in Tiefdecker-Bauweise, der Junkers F 13, wird am 13. September mit acht Personen (Brandenburg, Duckstein, Erfurth, Gsell, Madelung, Müller, Werkpiloten Monz und Schmitz) ein Höhenweltrekord von 6750 Metern aufgestellt.
Professor Junkers hält am 10. Dezember vor der Wissenschaftlichen Gesellschaft für Luftfahrt einen Vortrag über die Leitziele einer künftigen Luftfahrtindustrie.

Junkers F 13

1920 Hugo Junkers gründet mit dem amerikanischen Geschäftsmann John M. Larsen in New York die „Junkers-Larsen Airkraft-Corporation". In den USA läuft die F 13 unter der Typenbezeichnung JL 6 (Junkers-Larsen-6-Personenflugzeug).

Junkers.Dessau
Eine Chronologie

Pionierflüge der Junkers F 13 in Amerika:
- Februar: Tandemflug zweier F 13 von Baranquilla nach Bogota;
- Juli: Einsatz von zwei Junkers F 13 -Flugzeugen auf der Poststrecke New York–San Francisco; Rekordflug von Omaha nach Pinevalley, 1900 km in 12 Stunden und 10 Minuten;
- August: Flug einer F 13 von San Francisco nach El Paso;
- Oktober: Nonstopflug einer F 13 von Baranquilla nach Cali (1200 km);
- November: Überfliegung der Cordilleren zwischen Girardot und Cali (5200 m Höhe).

Der eigens in die USA gereiste Junkers-Pilot Emil Monz stellt auf der Strecke Atlantic City–Philadelphia mit annährend 210 km/h einen neuen Geschwindigkeitsrekord auf.

In Südamerika wird durch die Deutsch-Kolumbianische Gesellschaft, der „SCADTA", die erste internationale Luftverkehrslinie mit Junkers F 13-Flugzeugen eröffnet.

Otto Reuter beginnt mit der Neuentwicklung einer Luftschraube aus Metall.

Der im Juni 1919 in Versailles unterschriebene Friedensvertrag wird ratifiziert und damit gilt u. a. ein Bauverbot für Flugzeuge in Deutschland. Bereits gefertigte Flugzeuge werden beschlagnahmt bzw. zerstört.

Am 1. Oktober nimmt der Dipl.-Ing. Ernst Zindel seine Tätigkeit als Konstrukteur im Dessauer Flugzeugwerk auf. Alle wesentlichen Neuentwicklungen im Junkers-Flugzeugbau, wie die W 33 und W 34, die G 23, G 24, G 31, G 38, Ju 52 und die Ju 88 mit ihren Folgemustern, sind eng mit seinem Namen verbunden.

1921 Die Junkerswerke stellen infolge der Vertragsbestimmungen von Versailles ihre Produktion um. Neben dem Standardprogramm der Gasdurchlauferhitzer und Kalorimeter werden nun auch Metallschränke, Aluminiumkoffer, Wellblechsessel, Essbestecke und andere Haushaltsgeräte gefertigt. Diese Alternativ-Produktion macht sich erforderlich, da die Flugzeugfertigung in Deutschland ausschließlich dem Alliierten Kontrollrecht unterliegt.

Professor Junkers meldet sein „Tiefdecker-Patent", DRP-Nr. 310 619, an, das fortan die Basis der modernen Konstruktionsweise im Flugzeugbau bildet.

Junkers.Dessau

Eine Chronologie

Im Junkers-Flugzeugwerk entsteht am 1. Dezember eine „Abteilung Luftverkehr Berlin–Dessau", die später zum Flugplatz Berlin-Tempelhof verlegt wird (ab 1926 Teil der Deutschen Lufthansa) und eine Abteilung „Junkers Luftbild". Durch die Luftbildfotografie wird eine neue kartographische Aufnahmetechnik entwickelt, welche die bisherigen Landvermesser-Verfahren wesentlich verbessert. Die Abteilung Luftverkehr hat neben der zivilen Personen- und Luftfrachtbeförderung die Aufgabe, eine Zusammenarbeit mit internationalen Fluggesellschaften zu organisieren.

Flugtechnische Leistungen:

- Januar: 26-Stunden-Nonstopflug einer Junkers F 13 von Long Island (USA) nach Edmonton (Kanada);
- März: Flug einer F 13 von San Francisco nach Gualaljera;
- Juni: Aufstellung des Weltdauerrekordes in der Luft von 26 Stunden und 19 Minuten mit einer F 13 durch den amerikanischen Piloten Stinson;

Tägliche Flugleistung des Junkers-Flugverkehr 2424 km.

Jahresergebnisse mit Junkers-Flugzeugen:
- Zurückgelegte Flugstrecke: 350 000 km;
- Fluggäste: 2230 Passagiere;
- Transport: 2500 kg Frachtgut.

1922 Das Bauverbot für Flugzeuge wird in Deutschland durch die sogenannten „Begriffsbestimmungen" abgelöst. Junkers nimmt die Arbeit auf dem Gebiet des Flugzeugbaues wieder auf. Bei Nürnberg wird die Flugzeugwerft „Junkers-Werft Fürth" gegründet.

Abschluss eines Geheimvertrages zwischen Junkers und der Sondergruppe Reichswehr/Reichswirtschaftsministerium zum Aufbau eines Flugzeugwerkes in Fili bei Moskau.

Flugtechnische Leistungen:

- Januar: Einsatz der ersten Junkers F 13 in Russland;
- Mai: Erster Direktflug einer Junkers F 13 von Berlin nach Moskau durch den Werkpilot Gothe;
- Juli: Entfernungsrekord im Nonstopflug Berlin–Moskau, 1600 km in 10 Std. 40 Min., mit einer Junkers F 13;
- August: Teilnahme am Flugwettbewerb in Coppa del Re mit einer Junkers F 13 W durch den Werkpilot Zimmermann, Erringung des Thyrrenischen Ehrenpokals und des 2. Preises;

Junkers.Dessau
Eine Chronologie

November: Beginn einer Junkers-Flugexpedition mit einer F 13 in Havanna zur wirtschaftlichen Erkundung der kubanischen Inseln.

Jahresergebnis mit Junkers-Flugzeugen:
- 536 355 zurückgelegte Flugkilometer, das entspricht einer täglichen Flugleistung von 7708 km;
- 11 005 Personen im Passagierflug befördert;
- 16 180 kg in Frachtflüge transportiert.

Der Reichspräsident Friedrich Ebert besucht am 6. Dezember die Dessauer Junkerswerke und fliegt mit einer Junkers F 13 von Dessau nach Leipzig.

1923 Eröffnung einer IFA-Zentrale am 29. Januar in Moskau. In Fili bei Moskau entsteht ein Zweigbetrieb des Junkers-Flugzeugwerkes. Damit werden die wirtschaftlichen Beziehungen zu der im Dezember 1922 vereinigten UdSSR ausgebaut, die bereits durch die Firma Junkers & Co. im Zarenreich bestanden. Es kommt zum Abschluss von drei Konzessionsverträgen auf den Gebieten des Flugzeug- und Motorenbaus, dem Luftverkehr und der Luftbildvermessung. Dieses Abkommen entstand mit ausdrücklicher Genehmigung der obersten Reichsbehörden.

Professor Hugo Junkers hält vor der Royal Aeronautical Society, London, einen Vortrag über „Metal Aeroplane Construction". Im Originaltext veröffentlicht im Aircraft Journal, Nr. 153, vom September 1923 in London.

Hertha Junkers, die älteste Junkerstochter, übernimmt die Vertretung der Junkers Corporation of America in New York, 342 Madison Avenue.

Als spezielles Post- und Luftbildflugzeug wird die Junkers A 20 entwickelt und in Serie produziert.

Im nationalen und internationalen Flugverkehr setzen sich die Junkers-Flugzeuge aufgrund ihrer hohen technischen Parameter, der Sicherheit und Zuverlässigkeit immer mehr durch.

Die Junkers F 13 gilt weltweit als das am meisten benutzte Verkehrsflugzeug.

Eröffnung der Luftlinien Berlin–Zürich über Leipzig und Wien–Budapest mit Junkers F 13-Maschinen.

Ausstattung des Versuchshauses „Am Horn" des Staatlichen Bauhauses in Weimar mit Warmwasser-Apparaturen durch die Firma „Junkers & Co.". Hugo Junkers besucht die Bauhaus-Ausstellung „Kunst und Technik - eine neue Einheit".

Junkers.Dessau

Eine Chronologie

Reklameblatt über den Junkers-Motorenbau, 1926

Luftbildkamera in einem Junkersflugzeug

Arbeitsprinzip der Junkers-Luftbild-Fotografie

In Dessau wird am 27. November der Gesellschaftsvertrag für den „Junkers-Motorenbau G.m.b.H." unterzeichnet. Unter der Leitung von Professor Otto Mader werden in diesem Betrieb in der Folgezeit Versuche und die Produktion von Stationär- und Schweröl-Flugmotoren vorangetrieben.

1924 Im Junkers Motorenwerk geht der Flugmotor Jumo L 2 mit einer Leistung 265 PS in Serie, während im Flugzeugwerk die Junkers G 23, das erste dreimotorige Junkers-Verkehrsflugzeug, entsteht.
Am 27. Mai wird aus der Abteilung Luftbild die „Junkers-Luftbild-Zentrale" in Dessau gegründet. Schwerpunkt bildet die Luftbildvermessung und geologische Erkundung aus der Luft. Das Unternehmen ist ab 1928 auf dem Flugplatz Leipzig-Mockau angesiedelt.
Studie und Projekt eines Nurflügelflugzeuges Junkers J 1000 für 80 bis 100 Reisende mit einer Flug-Reichweite von 1700 Kilometern.
Von Mai bis Juli reist Professor Junkers zum zweiten Mal in die USA. Junkers schlägt das Projekt einer interkontinentalen Fluglinie London–New York vor, doch Henry Ford lehnt ab.
Die Abteilung Luftverkehr wird am 1. August aus dem Flugzeugwerk herausgelöst und bildet ab 13. August die selbständige „Junkers-Luftverkehr AG" (ILAG).
Eröffnung der Nachtflugstrecke Berlin–Stockholm und Hamburg–Kopenhagen am 18. August mit Flugzeugen vom Typ Junkers A 20.
Im Kaloriferwerk entsteht eine separate Abteilung „Junkers Stahlbau", in der Hallen und Brücken gefertigt werden. Als besonders ökonomisch bewähren sich dabei die unter streng konstruktivtechnologischen und wirtschaftlichen Gesichtspunkten entwickelten Hallen in der Junkers-Stahl-Lamellen-Bauweise, DRP 459 038, und weiterer zwölf Patente. Hallen dieser Art entstanden in zahlreichen Ländern, unter anderem in Brasilien, Italien, der Türkei und in der Sowjetunion.
Schaffung eines neuen Junkers-Werkflugplatzes, zwischen den Stadtteilen Siedlung, Kleinkühnau und nördlich der Eisenbahnlinie Dessau–Köthen gelegen.

1925 Zur weiteren und ständigen Pilotenausbildung wird in Dessau eine „Junkers-Flugzeugführer-Schule" eröffnet.
In Malmö-Limhamm, Schweden, entsteht ab 25. Januar in enger Zusammenarbeit mit dem Junkers-Flugzeugwerk die „A. B. Flygindustri" (AFI).

Junkers.Dessau
Eine Chronologie

Anfang des Jahres stellt Junkers seine Tätigkeit im Zweigwerk Fili bei Moskau ein.
Die Firma „Junkers Corporation of America" (Jucoram) wird in New York in das Handelsregister der USA eingetragen.
In Ankara und Eskischehir gründet Junkers die „Türkische Flugzeug & Motoren AG".
Durch einen Gemeinderatsbeschluss der Stadt vom 23. März wird die Übersiedlung des Bauhauses von Weimar nach Dessau möglich. Die 1919 von Walter Gropius (1883-1969) in Weimar gegründete Kunstschule erhält ab 1. April in Dessau eine neue Heimstatt. Moderne und zeitgemäße Architektur, industrielle Formgestaltung, neue Kunstauffassungen und Sachlichkeit verkörpert das „Experiment Bauhaus".
Mit einer Junkers G 24 wird im Juni ein Siebenstaatenflug durch Europa gestartet und dabei eine Flugstrecke von 4000 km zurückgelegt.
Die Universität Gießen ernennt im Juli Professor Junkers zum Dr. phil. h.c..
Im Juli wird im Kaloriferwerk die erste Versuchshalle in selbsttragender Stahl-Lamellen-Konstruktion mit einer Grundfläche von 30 x 12 m errichtet.
Der im Motorenwerk entwickelte L 5-Flugmotor wird zugelassen und seine Leistung später von 310 PS auf 425 PS gesteigert. Dieser Motor zeichnet sich durch eine hohe Zuverlässigkeit aus, so dass er sich schnell im Flugzeugbau durchsetzt.
Mit dem in den Junkerswerken beschäftigte Lehr-Schlossermeister Karl Körner (1905-1986) entwickelt der Bauhäusler Marcel Breuer (1902-1981) die ersten Stahlrohrmöbel, die weltweit einen neuen Trend auf dem Gebiet des Neuen Wohnens einleiten.
Gründung einer Abteilung Schädlingsbekämpfung aus der Luft im Junkers-Flugverkehr in Zusammenarbeit mit dem Chemiewerk Merck in Darmstadt. Mit dieser Maßnahme sollen die Waldbestände besser geschützt werden. Zur Anwendung kommen Junkers-Flugzeuge vom Typ W 33.
In den Junkerswerken sind nach Angaben des Personalamtes 5000 Mitarbeiter beschäftigt.

      1926 Gründung der „Deutschen Luft-Hansa AG" am 6. Januar durch den Zusammenschluss der „Junkers-Luftverkehr AG" und der „Deutschen Aero-Lloyd" auf Weisung der Reichsregierung.

Junkers.Dessau

Eine Chronologie

Ernennungsurkunde zum Ehrensenator

Die Gewerbehochschule Köthen ernennt Junkers wegen seiner ehrenamtlichen Tätigkeit als Prüfungskommissar zum Ehrensenator. Eröffnung des neuen Junkers-Flugplatzes zwischen den Stadtteilen Siedlung, Kleinkühnau und Alten nördlich der Eisenbahnlinie nach Köthen. In der Folgezeit werden dort über 28 Flugweltrekorde aufgestellt.
Im Flugzeugwerk wird die dreimotorige Junkers G 31 für 15 Passagiere und das einmotorige Transportflugzeug W 33 gebaut.
Die Firma Junkers & Co. stattet das neuerrichtete Bauhausgebäude und die Meisterhäuser mit Heizungs- und Lüftungsanlagen sowie Warmwasser-Apparaturen aus.
Der „Junkers Stahlbau" wird am 4. Juni im Junkers Kaloriferwerk ein selbständiger Produktionsbereich. Im August entsteht die erste Großhalle in Lamellenkonstruktion mit einer Länge von 80 m und einer Spannweite von 20 m.
Das Junkers-Zweigwerk Flugzeugbau in Fili bei Moskau wird der Sowjetunion übergeben.
Der deutsche „Verband der Gas- und Wasserfachmänner" verleiht Professor Junkers die Bunsen-Pettenkofer-Ehrentafel.
Hugo Junkers ist Ehrengast bei der Einweihung des Dessauer Bauhausgebäudes am 4. Dezember. Aus diesem Anlass gibt es eine Sonderfluglinie Berlin–Dessau–Berlin. Junkers und drei weitere Mitglieder seiner Familie werden „Förderndes Mitglied im Kreis der Freunde des Bauhauses".
Hertha Junkers fliegt am 17. Dezember mit einer Junkers F 13 von New York nach Kill Devil Hill, bei Kitty Hawk in Nord Carolina. Sie besucht die historischen Stätten der Gebrüder Wright.

1927 Die Junkerswerke richten im Kaloriferwerk Dessau eine „Zentrale Lehrwerkstatt" ein.
Der Verband Deutscher Ingenieure (VDI) überreicht Hugo Junkers die goldene „Grashof-Gedenkmünze".
Im März startet das Junkers-Großflugzeug G 31 einen 5000 km-Werbeflug durch Europa. Dabei werden u. a. Wien, Rom, Barcelona, Teheran und Angora angeflogen.
Vom 21. bis 22. März werden mit einer Junkers W 33 zwei neue Weltrekorde über Nutzlast und Flugstrecke aufgestellt. Zwischen dem 1. April und 10. Juli fliegt allein die Junkers G 24 vierzehn Weltrekorde.

Junkers.Dessau
Eine Chronologie

Auf der Leipziger Frühjahrsmesse wird der erste eigens für den Lastwagenbetrieb entwickelte Junkers-Dieselmotor Zweizylinder Typ SA 9 mit einer Leistung von 45 PS der Öffentlichkeit vorgestellt. Als Nachfolgemodell entsteht danach der Junkers-Diesel Dreizylinder Typ SA 12 mit einer Leistung von 80 PS.
Der Raumheizer „Junkers-Gasradiator" wird unter den von Junkers erarbeiteten Forschungskriterien einer „Gebrauchswert-Kostenanalyse" innerhalb weniger Wochen entwickelt und in die Produktion überführt.
Als erster europäischer Flugplatz erhält die Dessauer Anlage der Junkerswerke ab Juli eine betonierte Start- bzw. Landebahn.
Auf der Werkbund-Ausstellung „Die Wohnung" in Stuttgart (23. Juli - 9. Oktober), deren Weißenhof-Siedlung von namhaften europäischen Architekten gestaltet wurde, stellt Junkers seine Heizungs- und Warmwasser-Gasgeräte aus sowie eine speziell für diese Schau entwickelte Reform-Kücheneinrichtung. Zur gleichen Zeit wird auf dem Experimentiergelände der Werkbund-Ausstellung das Junkers-Stahlhaus „System Urban" vorgestellt.
Am 14. August starten zwei Junkers W 33, die „Bremen" und „Europa" zu einer Nordatlantik-Überquerung in Ost-West-Richtung. Wegen starken Unwetters kehren beide Besatzungen wieder um.
Die Firma Junkers & Co. stellt am 12. Oktober den 500 000. Gas-Warmwasser-Apparat her.
Eröffnung der Flugstrecke Berlin–Prag–Wien mit einer Junkers G 24.
Der Niederösterreichische Gewerbeverein verleiht am 9. Dezember Professor Junkers die Exner-Medaille.
Mit 33 Flugweltrekorden kann das Jahr 1927 als das erfolgreichste Jahr für den Junkers-Flugzeugbau bezeichnet werden.
Die Junkers F 13 gilt noch immer als das meistverkaufte Flugzeug.

Junkers-Warmwasserversorgung für die Bauhaus-Meisterhäuser, Reklameblatt von 1928

1928 In den Junkers-Flugzeugwerken erfolgt am 25. Februar die Fertigstellung des 1000. Flugzeuges, eine dreimotorige Junkers G 31.
Erstmals fliegt eine Junkers W 33, die „Bremen", mit der deutsch/irischen Besatzung Köhl, von Hünefeld und Fitzmaurice am 12./13. April erfolgreich von Europa nach Nordamerika.
Hugo Junkers wird Ehrenbürger der Städte Dessau, Aachen und seiner Geburtsstadt Rheydt. In Dessau wird eine Straße nach ihm benannt.
Die Technische Hochschule Aachen ernennt Junkers am 25. Mai zum Ehrensenator. Professor Junkers tritt seine dritte Amerikareise an. Er führt in den USA unter anderem Gespräche mit dem Industriellen Henry Ford und dem Architekten Albert Kahn.

Zeitungsbericht über den erfolgreichen Ozeanflug, Berliner Illustrierte Zeitung Nr. 18/1928

Junkers.Dessau

Eine Chronologie

Junkers-Reklameblatt von 1929

Durch Aktienankauf wird Junkers der Hauptaktionär der „Dessauer Möbelfabrik A.G." (Möfa) und lässt dort Windkanalmodelle sowie Inneneinrichtungen in Holz und Metall nach eigenen Entwürfen für den Haus- und Flugzeugbau fertigen.
Junkers beginnt, sich intensiv mit der Problematik des standardisierten Metallhausbaues zu beschäftigen. In der Folgezeit entsteht ein umfangreiches Entwurfsprogramm von Metallhaustypen. Eine Besonderheit ist die neu entwickelte Paneel-Bauweise mit 14 Patenten.
Am 8. September starten der Deutsche von Hünefeld und der schwedische Pilot Lindner mit der Junkers W 33 „Europa" zu ihrem Berlin-Tokio-Flug.
Im selben Monat stellt der Junkers-Pilot Reginald Schinzinger mit einer Junkers W 34 zwei neue Weltrekorde auf.
Im Junkers-Flugzeugbau entwickelt und projektiert der Diplom-Ingenieur Johann Arntzen das zweisitzige Reise- und Sportflugzeug A 50 Junior.
Das Flugzeugwerk Dessau eröffnet mit der „Junkerswerft Leipzig-Mockau" einen weiteren Reparaturstützpunkt für die bei der Lufthansa eingesetzten Junkers-Flugzeuge.

1929 Professor Junkers wird korrespondierendes Mitglied der Preußischen Akademie der Wissenschaften in Berlin und Ehrensenator der Technischen Hochschule Karlsruhe.
Am 3. Februar, seinem 70. Geburtstag, eröffnet Hugo Junkers im Naturkundemuseum Dessau seine „Lehrschau", das erste und bisher einzige technische Forschungs-Museum in Form einer Schule für Neuerungen.
Der erste betriebsbereite Junkers-Gegenkolben-Schweröl-Flugmotor, der FO 4, besteht am 3. Februar seinen Flugtest mit einer Junkers F 24. Erfolgreicher Abschluss der Prüfstandversuche des neu entwickelten Junkers-Flugmotors L 88 mit einer Leistung von 700 PS.
Einweihung des neuen Verwaltungsgebäudes für die Firma Junkers & Co. in der Köthener Kreisstrasse am 7. Februar.
Hugo Junkers wird Mitglied des Kuratoriums für die Gedenkfeiern des jüdischen Philosophen und Gelehrten Moses Mendelssohn (1729-1786), dem u. a. Albert Einstein, Walter Gropius, Max Liebermann und Arnold Zweig angehören.
Die Reklamewerkstatt des Bauhauses unter der Leitung von Joost Schmidt (1893-1948) gestaltet den Ausstellungsstand der Firma Junkers & Co. auf der Ausstellung „Gas und Wasser", die vom 19. April bis 21. Juni in Berlin eine starke internationale Resonanz findet.

Junkers.Dessau
Eine Chronologie

Mit einer Junkers W 34 erreicht der Pilot Wilhelm Neuenhofen am 26. Mai eine Flughöhe von 12 739 m und stellt damit einen neuen Welthöhenrekord auf.
Auf der Elbe bei Dessau werden im Juli raketentechnische Versuche mit einer Junkers W 34w durchgeführt und die Entwicklung von Flüssigkeitstriebwerken eingeleitet.
Erstflug der Junkers K 47 am 15. September, einem zweisitzigen Jagdflugzeug, dessen Entwicklung und Konstruktion in den Händen von Diplom-Ingenieur Hermann Pohlmann lag.
Am 10. Oktober wird erstmals ein Flugzeug, eine Junkers A 50, durch den „Vogtländischen Flugverein" auf den Namen „Hugo Junkers" getauft.
Am 9. November startet die viermotorige Junkers G 38, das größte Landflugzeug der damaligen Zeit, zu seinem ersten Versuchsflug.
Ernennung von Professor Junkers als Ehrensenator der TH München am 7. Dezember.
Verleihung des Siemens-Ringes, einer Stiftung der TH Berlin-Charlottenburg und des Deutschen Museum München, am 17. Dezember an Hugo Junkers „in Anerkennung seiner bahnbrechenden Forschungen und Erfolge auf dem Gebiete der Wärmeausnutzung, Verbrennungsmotoren und Metallflugzeuge".

Hugo Junkers mit seinen leitenden Mitarbeitern vor der Junkers G 38, 9. November 1929 in Berlin-Tempelhof

1930 Am 27. Februar wird versuchsweise für den Physikunterricht an deutschen Mittelschulen eine Rundfunk-Übertragung zum Thema: Luftfahrt aus dem Dessauer Flugzeugwerk durchgeführt.
Zwischen dem amerikanischen Ford-Unternehmen und den Junkers-Werken kommt es zu Patentstreitigkeiten, da die Firma Ford entgegen internationaler Rechtssprechung permanent Junkers-Patente, speziell im Flugzeugbau, verletzt.
Die Junkers G 38, Kennung D-2000, stellt am 10. April mit den Piloten Wilhelm Zimmermann und Reginald Schinzinger sechs Weltrekorde in Geschwindigkeit, Entfernung und Dauer auf.
Vom 4.-18. Juni startet die Junkers G 38 mit dem Chefpiloten Zimmermann und Flugkapitän Otto Brauer zu einem Europa-Rundflug, der eine hohe internationale Resonanz findet.
Der Junkers-Pilot Grundke stellt im Juni mit dem Sportflugzeug A 50 Junior acht Rekorde auf. Am 20. August startet der japanische Journalist Yoshihara Seiji mit einer Junkers A 50 zu einem Flug Dessau–Tokio und legt dabei die Strecke von 10 960 km in elf Tagen zurück.

Junkers.Dessau
Eine Chronologie

Mit dem Prototyp des Jagdzweisitzers Junkers K 47 werden in Schweden bei der A. B. Flygindustri in Malmö in Abstimmung mit der Reichswehr Erprobungen im Sturzflug durchgeführt. Dabei wird eine neuartige Sturzflug-Bremsvorrichtung entwickelt und unter DRP-Nr. 665 316 am 4. Juli 1933 angemeldet.
Auf dem Dessauer Flugplatz finden am 11. und 16. September die ersten Probeflüge der einmotorigen Junkers Ju 52, Werk-Nr. 4001, statt. Mit diese Maschine schuf Ernst Zindel nicht nur eines der bekanntesten und meistgefertigten Flugzeuge der Welt, sondern auch eine der sichersten und zuverlässigsten Konstruktionen im Flugzeugbau.
Professor Hugo Junkers erhält am 23. September einen mehrseitigen Drohbrief der NSDAP, in dem ihm seine ethischen und demokratischen Ansichten als Weltbürger vorgeworfen werden.
An der TH in München spricht Junkers am 6. Dezember zum Thema: Die Bedeutung des praktischen Gefühls im Berufsleben und in der Ausbildung des Ingenieurs.

1931 Die immer stärker wirkende Weltwirtschaftskrise führt zu einer vorübergehenden Illiquidität und zu einem Gläubigervergleich der Junkers-Werke. Zur Verbesserung der finanziellen Lage und zur Umverteilung der Kosten gründet Junkers in Dessau die „Gesellschaft für Junkers Dieselkraftmaschinen mbH" (Jukra) und in Chemnitz die „Junkers-Dieselkraftmaschinen GmbH".
Erfolgreicher Start der ersten europäischen Flüssigkeitsrakete, der HW 1, am 14. März auf dem Gelände des ehemaligen Exerzierplatzes in Dessau-Großkühnau durch den Diplom-Ingenieur Johannes Winkler (1897-1947), Wissenschaftlicher Mitarbeiter der Abteilung Strömungstechnik im Junkers-Flugzeugwerk. Danach Bau eines Raketenprüfstandes in den Junkerswerken.
Der Jumo Schweröl-Flugmotor FO 4, spätere Bezeichnung Jumo 204, eine Entwicklung von Professor Otto Mader und Oberingenieur Kurt Erfurth, wird am 12. April auf dem Flugplatz Tempelhof in verbesserter Form vorgestellt. Dieser Motor setzt mit einem Gewicht von nur 750 kg und einer Leistung von 750 PS neue Maßstäbe. Durch seinen ungewöhnlich geringen Brennstoffverbrauch verlängert sich der Flug-Aktionsradius um fasst 50 %.
Mit einer Junkers A 50 Junior ortet der Pilot Brehmer im Auftrag der isländischen Heringsfischerei Fischschwärme im Atlantik.

Junkers.Dessau
Eine Chronologie

Das Bauhaus projektiert unmittelbar am Flugplatz unter der Leitung der Architekten Ludwig Mies van der Rohe (1886-1969) und des Stadtplaners Ludwig Hilberseimer (1885-1967) eine Junkers-Siedlung.
Ab 1. Juli wird die Junkers G 38 im ständigen Liniendienst der Lufthansa auf der Strecke Berlin–Amsterdam–London eingesetzt.
Erster Nachtflug der Junkers G 38 am 23. August auf der Linie Berlin–Königsberg.
Die Reichswehr nimmt das Jagdflugzeug Junkers K 47 aus dem Erprobungsprogramm, da sich Professor Junkers nicht den gewünschten „militär-technischen Forderungen" unterordnet.
Am 2. Oktober startet das neuentwickelte Forschungs-Höhenflugzeug Junkers Ju 49 mit dem Piloten Diplom-Ingenieur Hoppe zu seinem Erstflug. Mit dieser Maschine werden in der Folgezeit mehrere Rekorde geflogen und die wissenschaftlich-technischen Voraussetzungen für den sogenannten Stratosphärenflug geschaffen.
Klaus Junkers (1906-1997), der zweitälteste Sohn von Hugo Junkers, übernimmt mit Dr. Adolf Dethmann (1896-1979) und August Mühlen am 1. Dezember die Geschäftsleitung des Flugzeugwerkes Dessau.

Junkers G 38, Kennung D-2500, überfliegt das Bauhaus in Dessau, 1932

1932 Am 21. Januar erhebt die Fraktion der NSDAP im Gemeinderat ihre erste Forderung auf Schließung des Bauhauses und Abbruch des „undeutschen Gebäudes".
Unter der Leitung des Städteplaners Ludwig Hilberseimer erarbeiten Bauhaus-Studenten für die Junkers-Werke neue Industriestandorte im Umfeld der Stadt Dessau.
Erstflug einer Junkers Ju 52/3mde mit der Werk-Nr. 4008 am 7. März, sie ist für Bolivien bestimmt.
Mit Wirkung vom 22. März müssen die Junkerswerke „die Zahlungen einstellen und das gerichtliche Vergleichsverfahren beantragen".
Die ersten in Serie gefertigten dreimotorige Junkers Ju 52 werden an die Deutsche Lufthansa übergeben. Aufgrund der guten technischen Parameter entwickelt sich dieser Flugzeugtyp schnell zum Standardtyp der Deutschen Lufthansa und zahlreicher ausländischer Fluggesellschaften.
Landtagswahl im Freistaat Anhalt am 24. April. Mandate: SPD 12 Sitze, Deutsche Staatspartei 1 Sitz, DVP 2 Sitze, DNVP und Stahlhelm 2 Sitze, Hausbesitzer 1 Sitz, KPD 3 Sitze und NSDAP 15 Sitze. In Anhalt wird am 21. Mai die erste nationalsozialistische Regierung gebildet.

Junkers.Dessau
Eine Chronologie

Eine Junkers Ju 52/3m im Liniendienst der Lufthansa, 1935

Auf Antrag der NSDAP-Fraktion beschließt der Gemeinderat am 22. August, bei Stimmenthaltung der SPD-Fraktion, gegen die Stimmen der KPD-Fraktion und des Oberbürgermeisters Fritz Hesse die Schließung des Bauhauses zum 1. Oktober.

Beim Internationalen Flugmeeting in Zürich wird am 25. August die Junkers Ju 52/3m übereinstimmend als der große Sieger gekürt. Professor Hugo Junkers hält am 11. Oktober im Haus der Technik in Essen seinen großen Vortrag: Grundsätze technisch-wirtschaftlicher Forschung, entwickelt aus ihren Zielen nach eigenen Erfahrungen.

Im Oktober übernehmen der Anhaltische Landtag und die Stadt Dessau für den Junkerskonzern eine Staatsgarantie von 200 000,– Reichsmark. Im gleichen Zeitraum sind im Freistaat Anhalt 32 490 Arbeitslose registriert. Die gerichtlich eingesetzten Treuhänder beurkunden am 8. November den Junkerswerken ihre Solidität und ein hohes wissenschaftlich-technisches Know-how, aber auch ihre Illiquidität. Deshalb hatte Hugo Junkers bereits am 1. November sein Stammwerk und den wirtschaftlich besten Betrieb, Junkers & Co., an die Robert Bosch AG verkauft.

Mit einer weiteren Neuentwicklung, der Junkers Ju 60, einem Schnell-Verkehrsflugzeug, wird zur Verringerung des Luftwiderstandes die Glattblechbauweise bei Junkers eingeführt. Am 8. November startet die Junkers Ju 60 V1 zu ihrem Erstflug.

Der neuentwickelte Junkers-Flugmotor Jumo 205 beginnt im Dezember mit seinen ersten Prüfstandsläufen.

Trotz technischer Erfolge kommen die Junkers-Werke nicht aus den Zahlungsschwierigkeiten heraus. Daher gründet Hugo Junkers in Dessau die Tochterfirma „Junkers Flugzeugwerk-Betriebs-GmbH", die „Junkers Flugzeug-Patentstelle GmbH" (IFA Patent), die „Junkers Motoren-Patentstelle GmbH" (Jumo-Patent) und in Roßlau bei Dessau als Teil der Forschungsanstalt die „Freikolben-Abteilung".

1933 Machtergreifung des Nationalsozialismus in Deutschland am 30. Januar. Zwei Tage danach fordert das neugeschaffene Reichskommissariat für Luftfahrt von Professor Junkers die Übertragung aller seiner Luftfahrt- und den Motorenbaupatente ohne finanzielle Gegenleistung. „Unter dem Zwang der Umstände" unterschreibt Junkers am 2. Juni den Übertragungsvertrag. Familienangehörige und enge Mitarbeiter von Professor Junkers wurden zeitweilig unter „Schutzhaft" gestellt. Unter Androhung eines Landesverratsprozesses wird Junkers zum Ausscheiden aus diesen Betrieben gezwungen.

Junkers.Dessau
Eine Chronologie

Das neu entstandene Reichsluftfahrtministerium erhält ohne Gegenwert 51 % der persönlichen Junkers-Aktien. Die für die Rüstung nicht relevanten Werke (Kalorifer, Kalorimeter und Stahlbau) bleiben im Besitz der Familie.
Professor Junkers darf die Stätten seines Wirkens und die Stadt Dessau nicht mehr betreten. Gleichzeitig ist ihm jeglicher Kontakt zu außenstehenden Personen, auch zu einem Teil der Familienangehörigen, untersagt. Als Aufenthaltsort ist Bayrischzell und München festgelegt. Dort muss er sich unter ständiger Polizeiaufsicht bewegen.
Auf Veranlassung des Reichsluftfahrtministeriums hat Junkers mit Wirkung vom 24. November seine Funktion im Aufsichtsrat der IFA und Jumo niederzulegen. Diese Ämter übernimmt am 6. Dezember Heinrich Koppenberg, ehemaliger Direktor des Flick-Konzerns.
Im Junkers Flugzeug- und -Motorenwerk (JFM) beginnt im Rahmen eines „Programms für Arbeitsbeschaffung" der Großserienbau von Junkers Ju 52/3m, W 33 und W 34 für militärische Zwecke im Auftrag von Hermann Göring als Reichsminister für Luftfahrt.
Gleichzeitig beginnt der systematische und großangelegte Ausbau der JFM-Werke (1933-1935 und 1939/40) zu einem der größten und modernsten Rüstungsbetriebe der Welt, dem sich auch zahlreiche Mittel- und Großbetriebe der Region Mitteldeutschland unterordnen müssen.

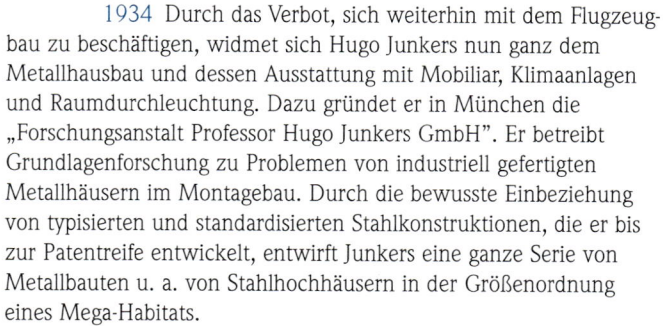

Großserienbau der Ju 52/3m, 1933

1934 Durch das Verbot, sich weiterhin mit dem Flugzeugbau zu beschäftigen, widmet sich Hugo Junkers nun ganz dem Metallhausbau und dessen Ausstattung mit Mobiliar, Klimaanlagen und Raumdurchleuchtung. Dazu gründet er in München die „Forschungsanstalt Professor Hugo Junkers GmbH". Er betreibt Grundlagenforschung zu Problemen von industriell gefertigten Metallhäusern im Montagebau. Durch die bewusste Einbeziehung von typisierten und standardisierten Stahlkonstruktionen, die er bis zur Patentreife entwickelt, entwirft Junkers eine ganze Serie von Metallbauten u. a. von Stahlhochhäusern in der Größenordnung eines Mega-Habitats.
Einen wesentlichen Teil seiner Patentanmeldungen lässt er von nun an auf den Namen seiner Ehefrau Therese oder anderer Familienmitglieder eintragen.
An seinem 75. Geburtstag, am 3. Februar, erhält er durch den Oberstaatsanwalt Lämmler weitere Beschränkungen auferlegt, die einer Haftstrafe gleichen. Er steht von nun ab unter ständiger Begleitung eines Kriminalbeamten der Gestapo.

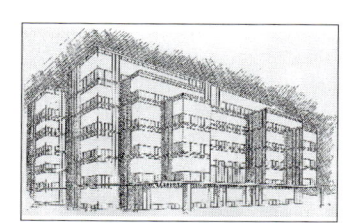

Entwurf für einen mehrgeschossigen Wohnkomplex in Junkers-Metallbauweise, 1933

Junkers.Dessau
Eine Chronologie

JFM Ju 86 - Flugzeuge vor dem Verwaltungshochhaus, 1937

Im März beginnen die Bauarbeiten für ein neues Verwaltungshochhaus für den JFM-Konzern, dem ein Forschungs- und Entwicklungszentrum angegliedert ist. Die Vorplanungen entstanden noch unter Anleitung von Professor Junkers. Neu an dem Stahlskelettbau ist die zur Anwendung gekommene Form der Deckenaufhängung nach dem Prinzip einer Hängewerkkonstruktion.
Ein neuentwickelter zweimotoriger Schnellbomber in Glattblech-Bauweise, die JFM Ju 86 V1, mit der Werk-Nr.: 4901, startet am 4. November zu seinem Erstflug über die Stadt Dessau.

1935 Am 3. Februar, seinem 76. Geburtstag, stirbt Hugo Junkers in seinem Haus in Gauting bei München, Hindenburgstraße 18. Auf dem Münchener Waldfriedhof findet am 9. Februar unter großer Anteilnahme der Öffentlichkeit die Beisetzung statt.
Der Münchner Bildhauer Professor Bernhard Bleeker gestaltet das Grabmal von Hugo Junkers. Es zeigt Ikarus im Fluge und in Begleitung mehrer Adler mit dem Spruch:
„Näher dem Adler
Näher der Sonne
Näher den Sternen".

Grabmal von Hugo Junkers

Erstflug des vom Diplom-Ingenieur Hermann Pohlmann neuentwickelten Sturzkampf-Flugzeuges JFM Ju 87 V1 am 17. September durch den Flugkapitän Friedrich Wilhelm Neuenhofen und dem Versuchsingenieur Heinrich Kreft. Entwicklung eines zweimotorigen Schnell- und Höhenbombers unter der Bezeichnung EF 61 und EF 73. In Köthen entsteht ein Großserienwerk für die Fertigung von JFM-Flugmotore.

1936 Absturz der JFM Ju 87 V1 während der Flugerprobung am 24. Januar, wobei beide Piloten am Rande der Ortslage Kleutsch, südöstlich von Dessau, den Fliegertod fanden.
Offizieller Zusammenschluss der Junkers Flugzeugwerk AG (IFA) und der Junkers Motorenbau GmbH (Jumo) zur Junkers Flugzeug- und -Motorenwerke AG (JFM) am 5. Juli.

Eine JFM Ju 87 A vor dem Start, 1937

Unter der Leitung von Professor Herbert Wagner beginnt im neuerrichteten JFM Motorenwerk Magdeburg die Großserienfertigung von Flugmotoren.
Erstflug des neuen zweimotorigen Universal-Bombers JFM Ju 88 V1, nach nur zwölf Monate Entwicklungszeit am 21. Dezember mit dem Flugkapitän Karl-Heinz Kindermann.

Junkers.Dessau
Eine Chronologie

1937 Die Serienproduktion der Militärversion der JFM Ju 86 K-1 bis K-7 für den Export läuft in Dessau an und gliedert sich wie folgt:
- JFM Ju 86 K-1 Serie für Schweden;
- JFM Ju 86 K-2 Serie für Ungarn;
- JFM Ju 86 K-3 Serie für Südafrika;
- JFM Ju 86 K-4 Serie für Schweden;
- JFM Ju 86 K-5 Serie für Schweden;
- JFM Ju 86 K-6 Serie für Chile und die
- JFM Ju 86 K-7 Serie für Portugal.

Zivilvarianten der JFM Ju 86 werden u. a. nach Bolivien, Chile, Schweden, der Mandschurei, Schweiz und Südafrika exportiert. Gleichzeitig wird die JFM Ju 86 P als Stratosphären-Aufklärer entwickelt, um in Höhen zwischen 10 000 und 14 000 m operieren zu können.

In Dessau und im Lizenzwerk Weser-Flugzeugbau GmbH Bremen mit der Endmontage in Lemwerder begann die Serienfertigung des Stukas JFM Ju 87 in neun verschiedenen Baureihen mit insgesamt 38 Versionen. Bis zur Einstellung der Stuka-Produktion vom Typ JFM Ju 87 im August 1944 wurden 6300 Maschinen gebaut, die als Menetekel deutscher Blitzkriegspolitik anzusehen sind. Zu berücksichtigen sind dabei auch die Export-Baureihen:
- JFM Ju 87 K-1 Serie für Japan;
- JFM Ju 87 K-2 Serie für Ungarn;
- JFM Ju 87 K-3 Serie für Bulgarien und die
- JFM Ju 87 K-4 Serie für Ungarn.

Am 24. August überquert eine JFM Ju 52/3m in 7000 m Höhe das Pamirgebirge.

Erstflug des viermotorigen Großtransportflugzeuges JFM Ju 90 V1 am 28. August.

Während eines Probefluges verunglückt am 19. September die JFM EF 61. Die Besatzung kann sich durch einen Fallschirmabsprung retten.

Der Generaldirektor des JFM Dessau, Dr. h. c. Heinrich Koppenberg, wird durch Hermann Göring mit Wirkung vom 1. Oktober zum Sonderbeauftragten des JFM Ju 88-Programms berufen.

Eine JFM Ju 86 im Flugdienst der Lufthansa, 1937

Die JFM Ju 90 „Der Große Dessauer" mit der Kennung D-AALU

Junkers.Dessau
Eine Chronologie

1938 Erstflug der JFM Ju 88 V6 am 18. Juni mit den spezifischen Parametern:
- als Horizontalbomber;
- als Sturzkampfbomber;
- als schweres Bombenflugzeug mit kurzer Reichweite;
- als leichtes Bombenflugzeug mit großer Reichweite;
- als schneller Aufklärer und
- als Zerstörer gegen bewegliche schwere Ziele.

Ab 1. September läuft in den JFM und ab Spätsommer 1940 in den Nachbaufirmen das größte deutsche Flugbeschaffungsprogramm an. Kein Flugzeugtyp zwischen 1938 und 1945 unterlag soviel konstruktiven Veränderungen und solch einer Typenvielfalt wie die JFM Ju 88-Baureihen mit 15 100 gefertigten Exemplaren in 12 Hauptgruppen und weit über 60 Versionen. Hinzu kamen noch die Nachfolgemodelle bzw. Neu- und Nachfolgentwicklungen wie die JFM Ju 188, Ju 288, Ju 388 und Ju 488. Auch hier gab es Hauptgruppen und eine Vielfalt an Versionen. Eigens in Bernburg entstand ein großes Endmontagewerk, dem Zulieferer aus dem gesamten mitteldeutschen Raum angegliedert waren.

Großserienfertigung des JFM Ju 88-Bombers im Zweigwerk Bernburg, 1938

1939 Das von dem Dessauer Physiker Dr. phil. Hans-Joachim Pabst von Ohain (1911-1998) entwickelte erste Turbinen-Strahltriebwerk der Welt wird als Prototyp am 27. August in einer Heinkel He 178 durch den Piloten Erich Warwitz in Rostock-Warnemünde erfolgreich getestet. Das Triebwerk erhielt die Typenbezeichnung He S 3B und leitete das Düsenjet-Zeitalter ein.

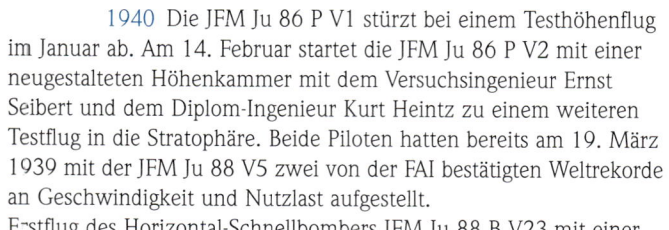

1940 Die JFM Ju 86 P V1 stürzt bei einem Testhöhenflug im Januar ab. Am 14. Februar startet die JFM Ju 86 P V2 mit einer neugestalteten Höhenkammer mit dem Versuchsingenieur Ernst Seibert und dem Diplom-Ingenieur Kurt Heintz zu einem weiteren Testflug in die Stratophäre. Beide Piloten hatten bereits am 19. März 1939 mit der JFM Ju 88 V5 zwei von der FAI bestätigten Weltrekorde an Geschwindigkeit und Nutzlast aufgestellt.
Erstflug des Horizontal-Schnellbombers JFM Ju 88 B V23 mit einer neuartigen sphärischen druckfesten Vollsichtkanzel am 19. Juni.
Entwicklung des Nachfolgemodells des Transportflugzeuges JFM Ju 52/3m. Das Projekt erhält die Typenbezeichnung JFM Ju 252 und wird ab 1942 in minimierter Form als JFM Ju 352 Transportflugzeug mit einer Rüstmasse von 12,5 t gefertigt.

Bewaffnung eines JFM Ju 188-Schnellbombers

Junkers.Dessau
Eine Chronologie

Die Bevölkerung der Stadt erlebt am 20. August ihren ersten Luftangriff durch britische Bombenflugzeuge.

1941 Dr. rer. pol. Leo Siegfried Rothe übernimmt den Vorsitz des Vorstandes der Konzernverwaltung der JFM Dessau und löst damit de facto Dr. h. c. Heinrich Koppenberg ab.
Das Reichsluftfahrtministerium (RLM) erteilt am 11. Februar den Vorbescheid für den Bau von Großtransport-Langstreckenflugzeugen der Typenreihe JFM Ju 90, die auch in ihrer Weiterentwicklung als vier- bzw. sechsmotorige Maschinen JFM Ju 190, Ju 290 und Ju 390 in verschiedenen Stückzahlen gebaut wurden.
Erstflug des schnellen Horizontalfernbombers JFM Ju 288 V2 am 1. März, der Ju 288 V3 am 18. April, der 288 V4 am 17. Mai und der Ju 288 V5 am 8. Oktober.
Die Junkers G 38, das größte Passagier-Landflugzeug Ende der 20er Jahre, Zivil-Kennung: D-2500, wurde mit der Militär-Kennung: GF + GG als Transportflugzeug im Krieg eingesetzt und am 17. Mai durch englische Jäger auf dem Flugplatz Athen-Tatoi zerstört.

Eine JFM Ju 288 im Probeflug

1942 In den JFM werden neuentwickelte Flugmotore verschiedener Typen getestet wie den Jumo 208 mit einer Leistung von 1110 kW (1500 PS). Mit einem Jumo 207 B, Leistung 550 kW (750 PS) wird eine Fluggipfelhöhe von 15 000 m erreicht.
Das Strahltriebwerk JFM Jumo 004 wird erstmals an einer Messerschmitt Me 262 am 18. Juli durch den Piloten Fritz Wendel auf seine Flugeigenschaften erprobt.
Der JFM-Konstrukteur Prof. Dr.-Ing. Heinrich Hertel lässt durch aerodynamische Windkanalversuche die wissenschaftlichen Voraussetzungen für die Entwicklung eines mehrstrahligen Schnell-Fernbombers, der späteren JFM Ju 287, erarbeiten. Die bis zur Patentreife entwickelten Modellstudien erbringen den Beweis, dass eine negative Pfeilung bei sehr dünn gehaltenen Tragflächen ein extrem schnelles Flugzeug im Schallbereich hervorbringt.

1943 Im Frühjahr geht die JFM Ju 188, im Zweigwerk Bernburg und beim Lizenznehmer ATG Leipzig mit einer Gesamtstückzahl von 1237 gefertigten Exemplaren, in Serie. Wie kein anderer Flugzeugtyp des zweiten Weltkrieges vereint diese Kampfmaschine in sich die Summe der militärtaktischen Erfahrungen der Piloten aus

Junkers.Dessau

Eine Chronologie

dem direkten Fronteinsatz in Verbindung mit den technologisch-konstruktiven Möglichkeiten im Flugzeugbau und in der Bewaffnung jener Zeit in Deutschland.
Erstflug der JFM Ju 288 V108, das heißt der 108. Versuchsmaschine, am 9. Oktober.
Flugkapitän Hans Joachim Pancherz und Flugversuchsingenieur Erich Gast starten am 20. Oktober das sechsmotorige Großtransport-Langstreckenflugzeug JFM Ju 390 mit einer Leistung von 8820 kW (12 000 PS), mit 74 t Abflugmasse und einer theoretischen Reichweite von 12 000 km zu seinem Erstflug.

1944 Das Reichsluftfahrtministerium erteilt dem JFM den Auftrag, verstärkt Mistelgespanne, als fliegende Bomben umgerüstete Flugzeuge, zu bauen. Mit dieser Waffentechnik soll eine Wende des Krieges angestrebt werden.
Die Stadt erlebt ihre ersten beiden Tages-Großangriffe durch die 8. US Air Force am 28. und 30. Mai. Im Bereich der historischen Innenstadt werden ganze Straßenzüge schwer beschädigt. Der JFM-Konzern weist schwere Bombentreffer aus, die das Rüstungsprogramm jedoch nicht gravierend beeinträchtigen.
Erstflug der JFM Ju 287 V1, einem vierstrahligen Schnellfernbomber mit vorwärts gepfeilten Tragflächen von großer Reichweite, am 16. August. Keinem deutschen Großflugzeug ist nach Beendigung des zweiten Weltkrieges von den Alliierten in Ost wie West soviel Bedeutung beigemessen worden, wie der wissenschaftlichen Untersuchung und Auswertung dieses Turbo-Strahlbombers.

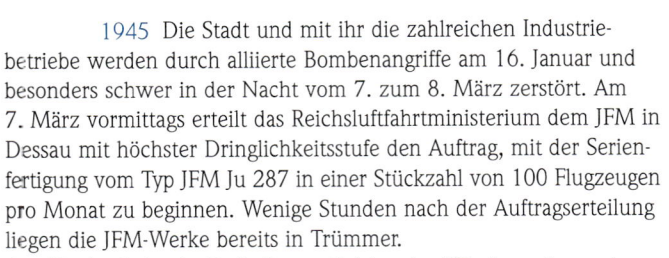

Dessau liegt in Trümmern, die zerstörte Poststraße

1945 Die Stadt und mit ihr die zahlreichen Industriebetriebe werden durch alliierte Bombenangriffe am 16. Januar und besonders schwer in der Nacht vom 7. zum 8. März zerstört. Am 7. März vormittags erteilt das Reichsluftfahrtministerium dem JFM in Dessau mit höchster Dringlichkeitsstufe den Auftrag, mit der Serienfertigung vom Typ JFM Ju 287 in einer Stückzahl von 100 Flugzeugen pro Monat zu beginnen. Wenige Stunden nach der Auftragserteilung liegen die JFM-Werke bereits in Trümmer.
Am 20. April riegelt die 3. Panzerdivision des VII. Armeekorps der 1. US-Armee die Stadt von drei Seiten in Richtung Elbe und Mulde systematisch ab. Am 21. April, ab 6.00 Uhr, beginnt der Sturm auf Dessau. In den Morgenstunden des 23. April sind die Kampfhandlungen in der weit über 80 % zerstörten Stadt beendet.

Junkers.Dessau
Eine Chronologie

Rund 3,4 Millionen Kubikmeter Trümmer und Schutt bedecken die Stadt, die durch diesen Krieg ihr historisches Antlitz für immer und ihr städtebauliches Ensemble (Raumbild) für Jahrzehnte verloren hat.

Epilog
Besatzungswechsel! Die Rote Armee zieht am 2. Juli 1945 in die Stadt ein. Auf der Grundlage der Konferenzen der Alliierten in Jalta und Teheran wird vereinbarungsgemäß Mitteldeutschland der sowjetischen Besatzungsmacht übergeben.
Im Zuge des „Technologietransfers" und der Reparationsleistungen an die UdSSR werden Junkerspezialisten nach Podberesje bei Moskau (Flugzeugbauer) und nach Uprawlenscheskije bei Kuibyschew (Motorenbauer) zwangsverpflichtet. Sämtliche Produktionsanlagen des JFM-Konzern werden Ende 1946 demontiert. Eine Rückkehr der Junkers-Mitarbeiter mit ihren Familien nach Deutschland erfolgte im wesentlichen zwischen 1952/53.
In Kassel wird 1950 von der amerikanischen Besatzungsmacht das einzige auf dem Gebiet der alten Bundesländer liegende JFM-Zweigwerk (Motorenfertigung) beschlagnahmt und demontiert. Das Land Hessen verkauft als Treuhänderin am 28. Februar 1950 das Grundstück für 4 096 543,– DM.

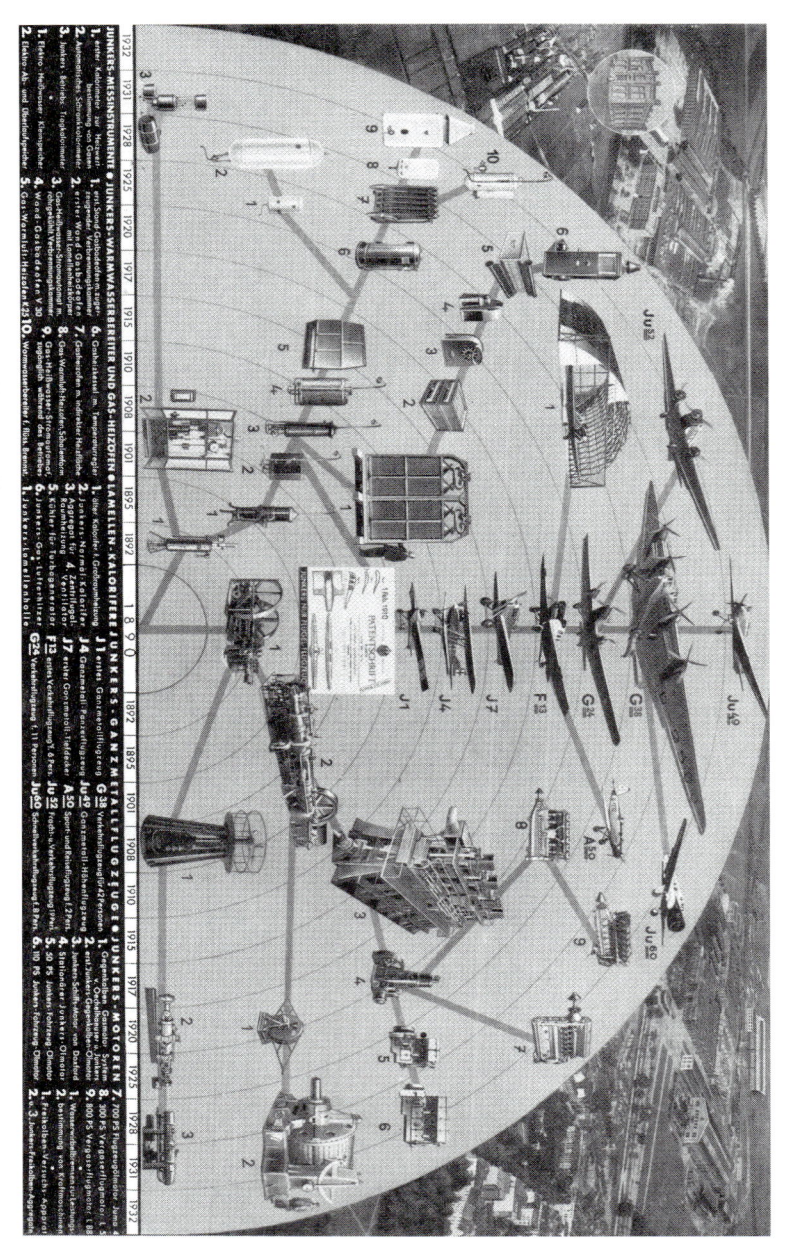

Junkers.Dessau
Eine Chronologie

Autorenbiografien

Helmut Erfurth, geboren 1948 in Dessau, Diplom-Ingenieur, interessierte sich schon früh für die Auseinandersetzung um Hugo Junkers und das Bauhaus Dessau. Seit den sechziger Jahren setzte er sich für die Rehabilitation des Bauhauses in der DDR und für die Rekonstruktion des Bauhausgebäudes ein. Er war Mitinitiator der 1. Junkersausstellung der DDR und Organisator der fünf Junkerskolloquien. Ab 1984 Aufbau und berufener Direktor des Museums für Stadtgeschichte Dessau. 1992 gründete er mit anderen Interessenten den Förderverein Technikmuseum Dessau. Langjährige regionale und überregionale Ausstellungstätigkeit. Zahlreiche Veröffentlichungen zur Industrie-, Kunst- und Luftfahrtgeschichte. Im Jahr 2002 konnte er auf eine 30-jährige Tätigkeit als Publizist und 25-jährige Arbeit im Verlagswesen zurückblicken.

Sebastian Gaiser wurde 1976 in Stuttgart geboren. Nach dem Abitur 1996 und Zivildienst studierte er dort Luft- und Raumfahrttechnik, bis er 1998 an die Hochschule Anhalt nach Dessau kam. Sein Großvater war, bis er 1942 tödlich mit einer Ju 88 verunglückte, Abnahmeflieger bei Junkers in Bernburg.

Christine Gräfenhain ist 1976 in Querfurt geboren. Nach dem Abitur 1995 absolvierte sie eine Lehre zur Bauzeichnerin in Borken/Westfalen und arbeitete ab 1997 in ihrem Beruf in Halle/Saale. Seit Oktober 1998 studiert sie an der Hochschule Anhalt (FH) Dessau Architektur.

Markus Potts, 1974 in Osnabrück geboren und dort aufgewachsen (Abitur 1995), Ausbildung im Tischlerhandwerk 1996-1998 in Osnabrück und seit 1998 Studium der Architektur an der Hochschule Anhalt (FH) in Dessau.

Jan Steinbrück, 1976 in Sangerhausen geboren und in Blankenheim bei Sangerhausen aufgewachsen. Realschulabschluß 1993 in Düsseldorf und von 1993 bis 1996 Ausbildung als Bauzeichner, 1997 Fachabitur in Halle/Saale, seit 1998 Studium der Architektur an der Hochschule Anhalt (FH) in Dessau.

Autorenbiografien

Autorenbiografien

Manfred Sundermann, geboren 1949 in Aachen, ist Architekt und seit Oktober 1992 Professor der Hochschule Anhalt (FH) in Dessau. Nach seinem Studium an der RWTH Aachen und dem UC London wirkte Manfred Sundermann als Architekt und Stadtplaner im In- und Ausland. Er war 1983/84 Studiengast der Deutschen Akademie Villa Massimo in Rom und ist Mitherausgeber der internationalen italienischen Architekturzeitschrift Opera Progetto.

Michael Textor, 1976 in Oldenburg geboren und in Westerstede aufgewachsen (Abitur 1996). Seit 1998 Studium der Architektur an der Hochschule Anhalt (FH). Mehrere Praktika bei Architekten, unter anderem bei Marina Stankovic in Berlin.

Hanjo Todte, geboren 1959 in Cottbus. Nach dem Abitur und Wehrdienst Studium an der Universität Leipzig mit dem Abschluss Diplomhistoriker. Ab 1986 wissenschaftlicher Assistent an der Hochschule für Landwirtschaft und Nahrungsgüterwirtschaft Bernburg einschließlich Lehrtätigkeit. 1990-1993 Studentenberater an oben genannter Hochschule. Seit 1993 Leiter des Studentensekretariates und Prüfungsamts an der Hochschule Anhalt (FH), Abteilung Dessau. Mitbegründer und wissenschaftlicher Betreuer des „Arbeitskreises Junkerswerke und Fliegerhorst Bernburg". Hierzu verschiedene Publikationen und Vorlesungen. Mitaufbau am Museum „Der Aufstieg und Fall der Bernburger Flugzeugindustrie". Herausgeber der Zeitschrift „Der Bernburger Ikarus".

Daniela Ziebell, geboren 1977 in Eberswalde, studiert nach dem Abitur 1997 ein Jahr in Liberec/Tschechien. Seit 1998 ist sie Studentin an der Hochschule Anhalt (FH) in Dessau im Fachbereich Design, Studienrichtung Grafik. Auslandserfahrung erhält sie durch ein Semester am Rochester Institute of Technology in New York, USA.

Autorenbiografien
Die Autoren

Von links nach rechts:
Helmut Erfurth, Christine Gräfenhain, Jan Steinbrück, Daniela Ziebell, Prof. Manfred Sundermann, Michael Textor, Hanjo Todte, Sebastian Gaiser und Markus Potts

Junkers.Dessau

Bildnachweis

Die Abbildungen im Artikel Mechanische Stadt (Seiten 166 und 167) werden mit freundlicher Genehmigung des Imperial War Museum London veröffentlicht.
Alle restlichen Abbildungen entstammen dem Bildarchiv von Herrn Helmut Erfurth, Dessau.
Das Titelfoto zeigt eine G 38 im Flug über Dessau. Eine Junkers-Luftbildfotografie im Jahre 1930. Das Bild stammt aus dem Bildarchiv von Herrn Helmut Erfurth, Dessau.